Knowledge House & Walnut Tree Publishing

Knowledge House & Walnut Tree Publishing

人民幣國際化——走向世界之路

陳雨露 著

前言

從二〇〇八年九月份開始，由美國次貸危機引發的全球金融危機，從金融領域向實體經濟，從美國到歐洲，再向全球，逐漸蔓延深化。此次全球金融危機所帶來的長期調整，不僅將深刻影響未來的全球經濟和金融格局，還將溯本清源地敦促我們的理論家和實踐者們去重建一個真正能實現可持續增長的新模式。

此輪危機表明，著力於對舊模式進行無關痛癢的修修補補注定會無功而退，拯救深陷泥淖的世界經濟需要一個全新的、可持續的、有利於全球共用和穩定增長的新機制。作為未來的全球治理模式，這種新機制需要日益成長壯大的發展中國家廣泛參與和支持。事實上，在形勢急轉直下的二〇〇九年，發展中國家的經濟貢獻佔了全球經濟增長的幾乎全部。

中國作為一個備受矚目的發展中大國，二〇〇九年經濟總量已佔到全球的七．九％，對外貿易總量已經佔到全球八％，外匯儲備已佔到全球外匯儲備總餘額的二八％。中國利用外國的資金十多年來一直處於世界前三位，有些年份還排到第一位。隨著改革開放的深入和現代化進程的加速，中國經濟已同世界經濟難以分割，中國的經濟增長已經成為全球經濟穩定復甦的重要引擎。

應該說，中國正面臨著全球化進程和現代化進程的交融，這種交融客觀上要求中國在極其複雜的國際金融環境中建立一個既有利於自身同時又惠及世界的新發展模式。一方面，中國具有自己特殊的國情，未來的經濟發展必須走中國特色的可持續發展道路；另一方面，有關金融的全球問題正引起愈來愈多的國際關注。面臨日益複雜的國際金融環境，中國未來的經濟和金融發展將以更加積極開放的心態去建設新的全球思維模式。

所謂全球思維模式，是指建立在互惠基礎上的、有利於跨文化交流和共同發展的思維模式。思維的創新往往存在於不同文明的切點上，動態的平衡管理和全球的創意思維，將有助於中國在全球經濟再平衡的過程中扮演更加積極主動的角色，為推動全球建立長期互信合作的共同治理機制而努力。

對於中國而言，天地人和的整體思維模式，是中國傳統思維模式的主流和優勢。以此為基礎，將整體統一、直覺感性、中庸調和及內在融合的中庸思維，與個體獨立、思維辯證的西方思維，在經濟全球化和現代化的進程中加以有效協調，將成為中國未來全球思維模式的核心思路。按照這一思路，中國未來的經濟發展將在與全球經濟的共同協調中獲得持續的動力，而中國貨幣也將在與全球金融體系的共同治理中獲得現實的發展基礎。

可以預期，建立在中國堅實的經濟基礎、穩定的社會結構和深厚的文化底蘊基礎之上，中國的經濟和貨幣發展不僅是一個現實的客觀進程，而且必將有利於世界經濟的繁榮與全球共同治理模式的建立。正是基於上述背景，本書將中國貨幣發展的進程置於中國的國情與全球思維模式之下，全面、系統地論證了中國貨幣發展的歷史背景、現實條件、核心問題和基本目標。

全書共分六章。第一章對從古至今中國貨幣文明的演進路徑進行簡要描述，系統梳理中國作為一個東方文明大國的貨幣變遷史。第二章全面介紹了堪稱世界經濟奇蹟的中國經濟發展之路的歷史及現狀，並對作為貨幣發展經濟基石的「無危機增長」模式進行了系統和深入的闡釋。第三章重點研究了開放經濟條件下中國貨幣政策實施的內外環境，以及貨幣政策體系如何調整，以應對經濟與金融結構的巨大變化，並滿足中國貨幣發展的現實需求。第四章從人民幣匯率的基本機制和匯率制度改革等方面全面描述了人民幣匯率制度的過去、現在和未來。第五章詳細分析了人民幣在實現完全可兌換的過程中所面臨的基本問題，並在綜合考慮國內和國際條件的基礎上大致預測了人民幣實現完全可兌換的時間表。第六章結合國際貨幣體系改革詳細論述了人民幣國際化的背景、現狀與主要問題，指出人民幣的國際化趨勢既是中國日益融入全球經濟並發揮重要作用的需要，也是未來多元國際貨幣體系改革的重要路徑選擇之一。

目錄

Contents

Contents

目錄

Chapter 6

國際貨幣體系改革與人民幣國際化 129

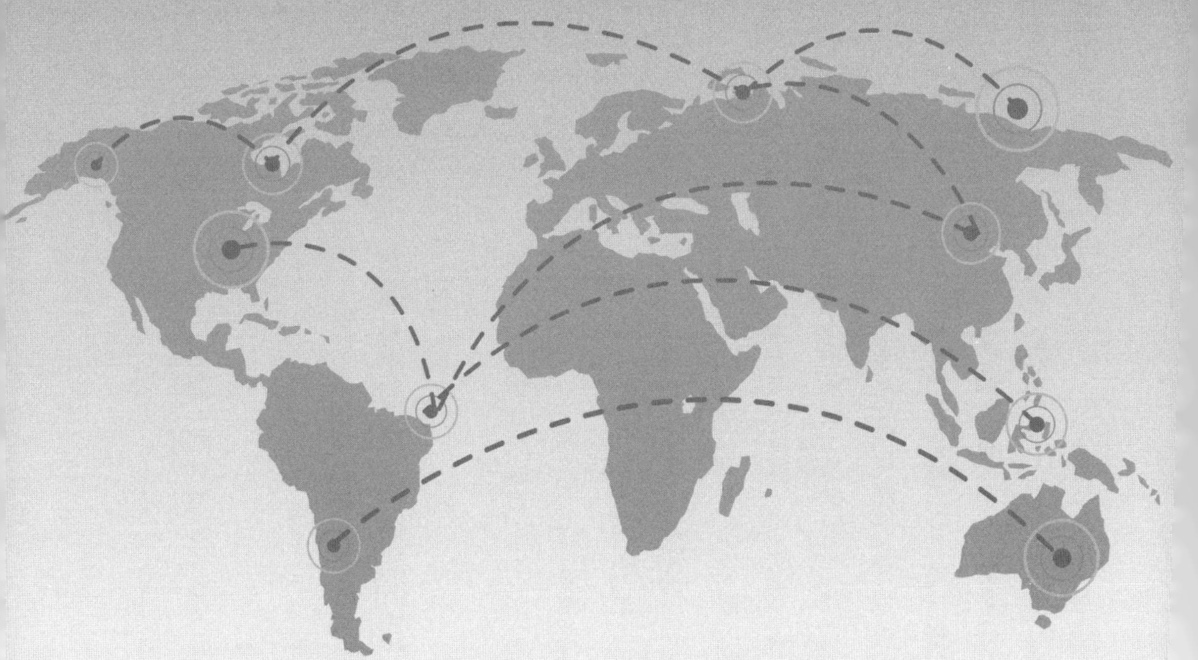

Chapter 1

中國貨幣文明的歷史變遷

從珠玉、五銖錢、飛錢、交子直到今天的人民幣。在華夏文明數千年的歷史中，中國貨幣的演進和發展，彰顯了社會、政治、經濟和文化的全面進步。五千年的中國貨幣演進史，體現的是中華文明的演進歷程。

貨幣是商品經濟的基礎，貨幣制度是社會經濟往來的基本制度安排。決定貨幣制度的不僅僅是經濟、技術和制度，更深層次的是文明。在目不暇接的當代貨幣變革背後，正是文明的發軔賦予了貨幣改變世界的魔力。

先秦與秦漢時期的貨幣與信用

中華文明發源於廣袤的中原大地。商周時期，中國人使用最為廣泛的貨幣是產於今山東和馬爾地夫群島的貝殼。中國的先民將遙遠海域的貝殼運輸到中原大地，這些貝殼成為王侯、貴族的裝飾品。今天，從中國出土的商周陶器文物中，我們可以看到古人把貝殼掛在脖子和腰間的情形。貴族在交換中率先使用了貝殼，計算單位以裝飾品為標準，一掛為一朋，二十朋貝可以換三畝田。在日復一日的交換中，以貝殼作為媒介逐漸形成習慣。於是，第一代中國貨幣誕生了（圖1-1、圖1-2）。

隨著生產力的發展，春秋時期諸侯國開始修建驛路，交通逐步便利起來。隨著海貝運輸的便利，海貝變得不再稀缺，其價值尺度功能逐漸喪失。春秋時期，中國人已經逐步掌握了金屬冶煉技術，青銅、金、銀等金屬幣材開始成為貨幣主角。此時，發行人信用概念並不存在，貨幣流通靠的是自身的使用價值。上古時代，最主要的流通貨幣並非由官方製造，也就沒有良幣、劣幣之分，人們仿照第一代貨幣——貝殼的樣子鑄造了銅貝，用於日常交易（圖1-3）。大宗商品交易時則使用銅餅，可以說銅貝和銅餅都屬於稱重貨幣，與最初的貝殼一樣是經濟自然演進的結果。春秋以降，銅已經為主要幣材。

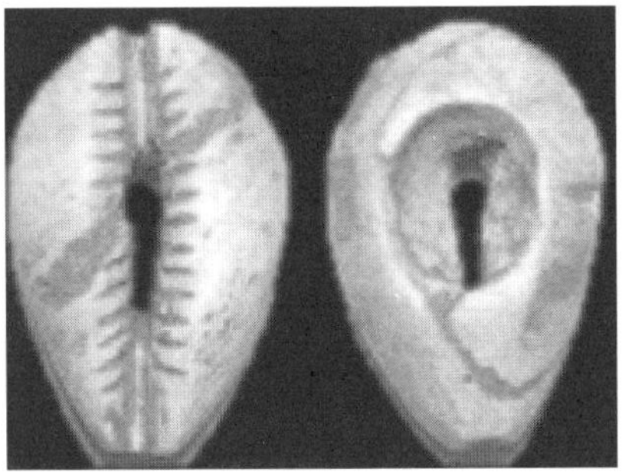

圖1-1　骨貝

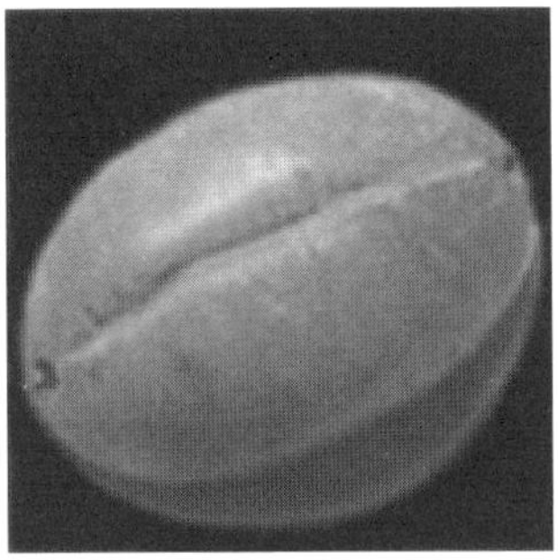

圖1-2　玉貝

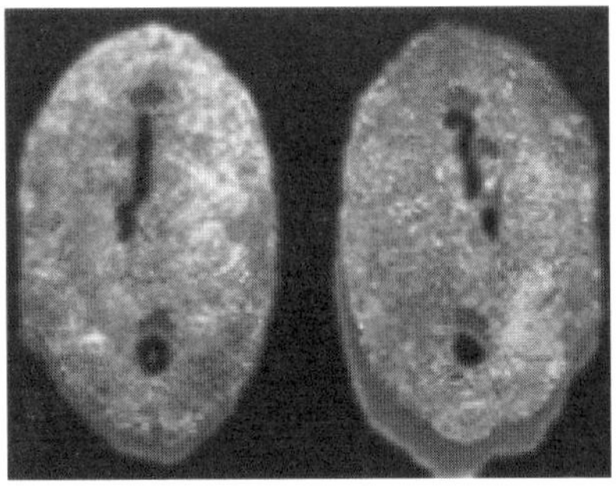

圖1-3　殷商銅貝：人類歷史上最原始的錢幣，中國銅鑄幣之鼻祖。

春秋戰國時代，周室各諸侯的經濟、生產、民俗特徵並不一致，與之相對應出現了不同的貨幣表現形式，中國貨幣開始實現多元化發展。從當時各諸侯國使用的貨幣來看，每一種貨幣都能反映當地居民的生產生活方式，從中也可以辨析華夏文明的演進路徑。其中，最為突出的有三種貨幣：一是代表三晉中原地區的布（鏟）幣（圖1-4、圖1-5），二是濱海地區的齊魯刀幣（圖1-6、圖1-7），三是荊楚地區的銅貝。

三晉地區包括黃河中游、關洛等地，春秋戰國前期包括韓國、魏國、趙國（所謂三家分晉）等諸侯。這是自古以來的農業區，農耕文明沁透了這裡的每一個角落。當地的貨幣叫做「空首布」，空首布聳肩尖足，原型是當地的一種農具——「鎛」。人們在空首布上銘記了對農耕生活的夢想，貨幣反映了當時三晉先民在黃土上日出而作、日落而息的生動圖景。三晉地區是中華法

圖1-4　晉國聳肩尖足空首布

圖1-5　晉國平肩弧足空首布

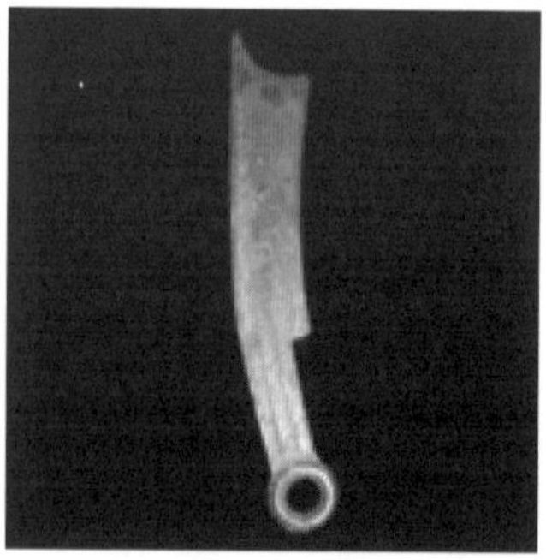

圖1-6　齊刀

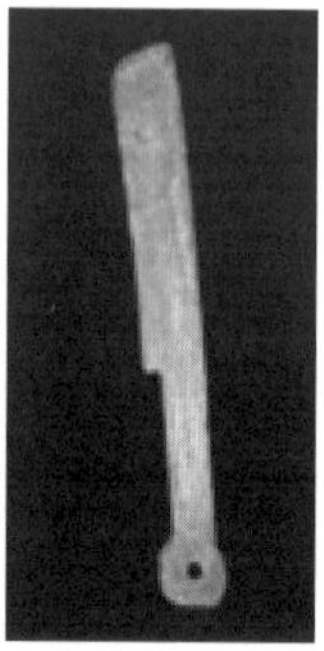

圖1-7　趙刀

家思想的發源地，韓非、申不害、商鞅均出生在三晉，在很多空首布的上方，人們往往可以看到一個明晰文字——「田」。「田」既是一種象形文字，也標示著法家嚴苛的治國之術。

與廣袤的內地不同，齊魯地區臨海，土壤並不適合農作物耕作。後世《史記》對齊國地形的評價是「負海瀉鹵、少五穀、人民寡」，這一帶主要是當時的齊國和魯國。在如此的灘塗之上，齊魯人民創造了發達的漁業和紡織業，「極技巧，通魚鹽」。漁業和紡織業的發展帶動了當地的工商業。當時齊國建制共分二十一鄉，其中六鄉為工商，「故齊冠帶衣履天下，海岱之間斂袂而往朝焉」。齊地最主要的貨幣是刀幣，從外形來看，刀幣形似一把刀，然而，刀幣代表的並非作戰武器，而是當地的漁獵工具。齊魯地區還是中華儒家文明的發源地，恰如發軔於齊魯的儒家學說，刀幣外形平穩周正、豐滿、圓潤，凹背而凸刃、外圓而內方。孔子故鄉先人們的構思確實精巧：刀幣（一般為十八公分左右）幾乎是人手的長度，如果將六枚刀幣首尾相接，可組成一個圓環。

相對於中原腹地，地處長江流域的荊楚則是中華文明綺麗的南支。荊楚山地居多，與齊魯一樣難以種植糧棉，在山林水澤之間，荊楚先民強於手工業，漆器一時冠絕天下。春秋戰國時期，荊楚一帶的商業在那個時代幾乎是最發達的，東南亞、中亞都曾出土過楚國的漆器。荊楚是中華道家的發源地，文化綺麗詭秘，與中原地區的「敬天」相比，荊楚人民更信神巫，由此，金屬貨幣模仿了第一代貨幣貝殼的形態，只不過以銅鑄貝殼，即「銅貝」（圖1-8）。多山地形也為荊楚提供了豐富的金礦。

圖1-8　荊楚銅貝——蟻鼻錢（又稱「鬼臉錢」）

荊楚是當時中華最主要的黃金產地，荊楚黃金隨著長江上的漆器貿易漂流到中華大地的很多角落，所謂「黃金出於楚」。此時黃金已經發展為重要貨幣之一，《史記》中記載：「蘇秦說趙王合縱，趙王贈蘇秦車百乘，黃金千溢（一溢為二十兩）。」這種貨幣的形狀目前仍不明確，但可以肯定黃金在當時是一種貴重的金屬稱量貨幣。「爰金」就是當時的一種重要的稱量貨幣，鑄於楚國，尤其以「郢爰」為多（圖1-9）。「郢」為楚國都城，

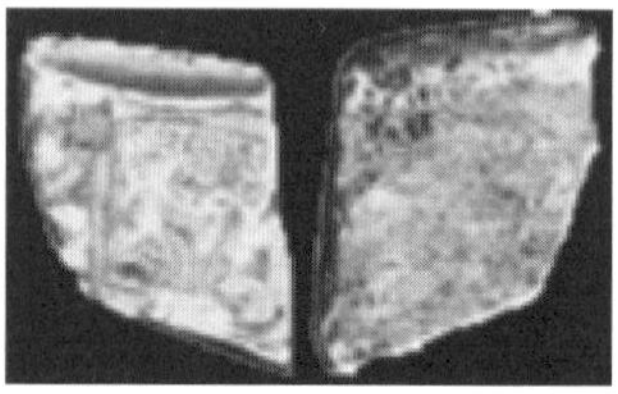

圖1-9　金郢爰

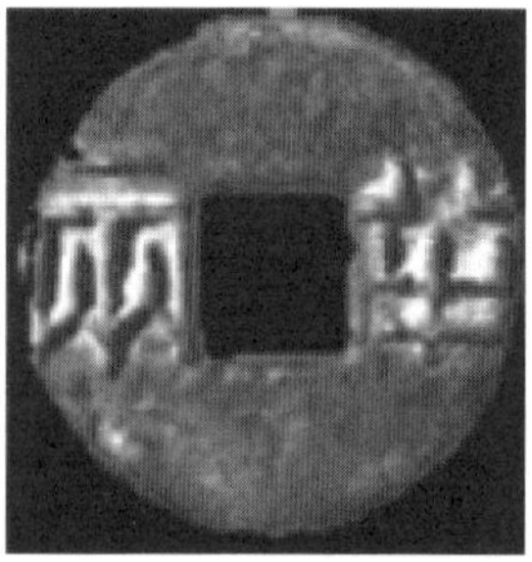

圖1-10　秦半兩

「爰」為貨幣重量單位。

戰國時代，秦國先後擊潰了齊、楚、韓、燕、趙、魏六個大諸侯國，公元前二二一年秦王嬴政滅齊，自此，六國狼煙漸次散去，秦國最終統一六國。中國形成了一個以漢族為主體的龐大國家。此後，無論豪強割據還是外族入侵，中國總是能歸於一個以漢族為主體的統一國家。

統一六國後，嬴政宣布：「黃金以溢名，為上幣；銅錢識曰半兩，重之如其文，為下幣，而珠玉、龜貝、銀錫之屬為器飾寶藏，不為幣」，即以秦國「秦半兩」統一六國貨幣（圖1-10）。秦二世胡亥在位的幾年內，多次頒布命令要求「復行錢」，以此推斷，嬴政的貨幣制度並未得到很好的推行。隨著秦朝被接踵而來的農民起義推翻，「秦半兩」並未成為中國的通用貨幣。

秦朝之後是劉邦建立的西漢，初期地方諸侯勢力很強，儘管劉邦曾經頒布《盜鑄錢令》，但由於無法完全控制局勢，民間私自鑄錢的情況很嚴重。西漢之初，中國官方貨幣計重幾經更迭，先後鑄八銖錢、三銖錢，但始終無法統一國內貨幣，也就只得允許諸侯鑄幣，所謂「更令民鑄錢」。統一貨幣必須既要有一個發達的經濟體，又要有一個強勢中央。漢武帝劉徹在位期間終於統一了鑄幣，

「上收銅，勿令布」，私鑄貨幣將被嚴厲懲罰，「盜鑄金錢，罪皆死」。漢武帝先後推行三銖錢、「白金幣」等，由於三銖錢、「白金幣」實際幣值與代表價值並不一致，流通中出現了很多問題。最後，漢武帝開始推行「五銖錢」（圖1-11）。

圖1-11　西漢五銖

五銖錢是中國貨幣史上一個重大突破，終於在稱重貨幣中找到了切實可行的幣值，加之劉徹已經壟斷了銅的生產及存量，基本上五銖錢在劉徹當政後期能夠成為一種穩定的貨幣。此後，儘管西漢末年經歷了王莽幣改，但始終未能打破五銖錢的信譽，王莽當政時期人們甚至以「黃牛白腹，五銖當復」的民謠反映對五銖錢的期望。

漢代已經有了大規模借貸。一是官方對民間的災荒借貸，雖然漢代之前也有這樣的紀錄，但語焉不詳。《漢書》的記載相對比較明確。《漢書》中「賑（振）」和「賑貸」是兩個意思，「賑」是指直接賑濟，「賑貸」則指放貸款。《漢書》中規模最大的一條官方信貸紀錄發生在元狩三年（公元前一二〇年），山東（今華山以東）發生水災，水災之後恢復地力需要幾年時間，長時間賑濟成本很高，於是劉徹把七十萬災民遷徙到會稽，衣食由朝廷供給，遷徙後生產工具由朝廷賒貸。

二是民間借貸，借貸者被稱為「子錢家」，借貸的貨幣被稱為「子錢」，意指「錢可生錢」。有文字記載的較大的漢代民間借貸發生在「七王之亂」期間。七王之亂中，漢景帝劉啟向諸王和民間籌集平叛資金，長安子錢家無鹽氏向皇室軍隊借出千金，七國之亂平定後，獲得了十倍利息，「一歲之中，則無鹽氏之息什倍，用此富爵關中。」

三是僧侶、寺廟借貸，漢代開始寺廟已經向民間甚至王侯放貸，隨著佛教勢力逐步增強，在南北朝時期僧人借貸被統稱為「僧邸粟」，用途是「至於儉歲，賑濟災民」。

隋唐與宋元時期的貨幣與信用

五八一年，北周大臣楊堅廢黜了北周末代皇帝，建立隋朝。儘管隋朝僅歷兩世，但短短的幾十年卻是中國貨幣史的一個分野。可以說，自楊堅起中國貨幣真正實現了統一。秦嬴政雖然也試圖統一貨幣，但其建立的封建體制並未很好地貫徹他的政令。隋文帝楊堅在貨幣上重鑄五銖錢，史稱「隋五銖」（圖1-12）。隋五銖問世的時候，歷代舊錢仍在市面上流通。楊堅對舊錢、私鑄貨幣進行了嚴厲打擊，即「用舊錢者，盡沒於官」。

唐朝是中國封建王朝的一個頂峰，世界各地不少華人至今仍以「唐人」自居。唐代是中國古代最輝煌的時代，對中國乃至世界的影響都不可磨滅。唐朝鼎盛時期，中國農業勞動力人均原糧產量是四千五百二十四市斤，一直到一九七八年這個數字仍未被超越

圖1-12　隋五銖

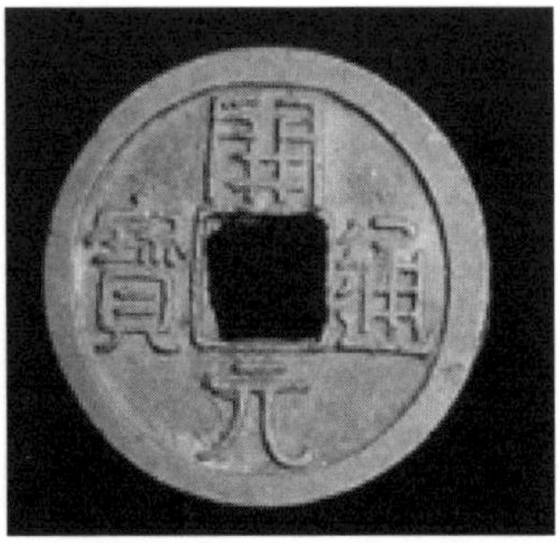

圖1-13　開元通寶

（一九七八年也只有二千二百十四市斤）。唐太宗李世民開創了中國歷史上著名的「貞觀之治」，並發行「開元通寶」（圖1-13）。

「開元通寶」是李淵在武德四年（六二一年）所鑄，是唐初最主要的貨幣，往往被認為是貞觀盛世的代表。開元通寶屬於非計重貨幣，十枚為一兩、一兩等於十錢。這種貨幣終結了西漢以來的五銖錢，中國貨幣隨之由計重錢轉為非計重錢。由於生產發展，交易額度逐步增加，而且開元通寶僅能用於小額支付，使用者主要是自耕農，於是，商人、官吏階層逐步在流通領域使用金銀，金銀成為大額支付的手段，但作為交易媒介尚未普及。

唐初貨幣流通最大的問題是鑄幣不足，開元通寶始終沒有減重，官府鑄一貫錢（一千錢）大體費用在九百錢左右，管理稍有不善，成本還可能上升，導致官鑄貨幣長期發行不足。於是，私鑄貨幣再次興盛。通常情況下，私鑄貨幣會在一定程度上導致物價上漲，但唐初的物價卻出奇平穩，原因在於李世民發展了生產，即使官鑄貨幣和私鑄貨幣加總在一起，仍不能滿足流通中的貨幣需要，唐初甚至經歷了通貨緊縮，到唐玄宗李隆基統治中期，都城長安的糧價已經降到一石糧食十五錢。時任宰相的張九齡針對當時的貨幣流通情況著《泉貨論》，主張放開私鑄，並闡述了樸素的貨幣數量理論：與原始物物交換相比，貨幣交換是一種進步，但由於國家不能從鑄幣中獲得收益，鑄幣就會減少；鑄幣減少造成了物價下跌，物價下跌則會穀賤傷農，解決的方法是放開鑄幣的「人主之權」，允許私人鑄幣。最終，在張九齡主持下，貨幣民間私鑄放開，流通中的貨幣增加，貨幣短缺的情況得到很大緩解。

唐朝發達的商品經濟催生了豐富的信用形式，中晚唐時期出現了飛錢、櫃坊、公廨錢等信用形式。

由於缺乏貨幣，唐朝很多地方不允許銅錢出境，由此，中國人開始使用貨幣匯兌——飛錢，也稱「變換」。中國歷朝歷代，地方政府都需要對朝廷繳納稅賦。唐初各道需要把鑄幣轉運到長安，中唐以後各道在都城的商人逐步增多，而商人又需要把在長安獲得的利潤運轉回原籍。鑄幣中途轉運使得成本增加，同時也未必能在中途各地順利過境，地方各道在長安設的辦事機構「進奏院」解決了這個問題。各地商人先把錢交到本地進奏院，然後，進奏院為其發放貨幣憑證，同時隨著公文向地方所郵寄另一張憑證。商人回原籍後依進奏院憑證核對後取錢；在都城長安的進奏院則以商人存放的鑄幣繳納稅賦。當時的人們感覺這種信用形式好像錢在兩地飛來飛去，將之取名為「飛錢」。飛錢屬於匯兌業務，不是紙幣。

唐朝商業發展也促生了第一代存款機構——櫃坊。唐朝以前，中國雖然也有很多大商人，他們一般自帶鑄幣，結餘貨幣或者存放於客棧房間，或者寄存於親友家。唐朝出現了專門為商人和居民存放鑄幣的機構——櫃坊。櫃坊的原型是客棧專門為客人提供存放鑄幣的櫃子，由客人自備鎖頭，唐朝時期有的客棧專為商人和居民存放鑄幣，並對存款客人出具書帖。取款者也不用一定本人到場，憑書帖即可兌換鑄幣。從現存資料來看，當時的書帖還比較原始，沒有固定格式，全憑櫃檯夥計記憶辨認真偽。唐朝中晚期的時候，櫃坊除了接受存款，開始同時向商人貸款，方式一般是貨物質押。關於櫃坊的記錄多留存於小說中，儘管這些故事不一定真實，卻在一定程度上反映了當時的情況。

隋唐時代，最著名也是爭議最大的官方信用形式被稱為「公廨錢」，即官營高利貸。「公廨錢」始於隋朝，經營「公廨錢」的人叫做「捉錢史官」。李淵、李世民仿效隋朝設「捉錢史官」，不過，當時李淵父子此舉的目的是安排富餘官吏。「捉錢史官」以財政收入為本金，向轄內居民發放高利貸，再使用官府力量收回資金。部份「捉錢史官」開始自營高利貸，而又利用「公廨錢」的管道清收，由此帶來了很多弊端。「公廨錢」收入由地方官吏自行支配，同時，兼營高利貸又能帶來較多利潤，「捉錢史官」的官方背景和放貸行為被很多人質疑。隋唐兩代，「公廨錢」停了又開，開了又停，始終沒有真正停止。

宋代帝王多為錢幣手書錢文，尤其是宋徽宗趙佶手書的崇寧通寶、大觀通寶，瘦金筆痕、鐵鉤銀畫，是藝術精品。宋朝的中國，商品經濟在當時世界上最為發達，所以宋朝最為著名的貨幣並非鑄幣，而是人類歷史上第一張紙幣——交子（圖1-14）。

圖1-14　北宋交子

由於商品流通很發達，銅幣已經不能滿足流通需要。宋真宗景德年間，成都地區經濟狀況僅次於兩浙路，當地人創造了「交子」以彌補流通中的鑄幣不足。據《宋史》推斷，交子大約出現於十世紀末，最初由成都十六家富商壟斷發行，十六家富商對交子兌付聯保，並在交子上使用了第一代防偽標記——密押，由戶鋪押字，各自隱祕題號，官府也在十六戶交子上加蓋了官印。後來，交子成為一種全國範圍內的交換憑證，天聖元年成都官府發行交子，熙寧四年朝廷發行交子，官交子由此產生。「官交子」也就是所謂的「陝西交子」，雖然這些交子具備全國性質，卻僅在陝西一代流通，所以被稱為「陝西交子」。北宋交子之所以有名，是因為它是世界上最早的紙幣，但是，交子畢竟是一種靠富商或官府信用發行的貨幣，多數情況下沒有真實的貨幣儲備。所以，「交子」在很多情況下只是在某一個地域流通。

全國流通最為廣泛的紙幣並非「交子」，而是「鹽鈔」（圖1-15）。無論從流通範圍、流通持續時間，還是發行量看，鹽鈔都較交子更為廣泛。鹽鈔，又稱「錢引」。「引」在北宋是稅收憑證的代稱，由於鹽、鐵、茶等專營，宋代鹽商、茶商向官府購買專營品後，得到「引」，憑「引」領取實物。作為一種憑證，鹽鈔可以代替鑄幣，北宋初年就開始作為交換媒介流通了。持有鹽鈔的人可以以鹽鈔作為賦稅繳納憑證，實際上是一種官方簽發的貨幣。與交子相比，鹽鈔有實物——鹽，作為發行準備。宋朝歷代帝王對「鹽鈔」發行相當克制，王安石、皮公弼甚至蔡京等都對「鹽鈔」發行進行過一定程度的約束。

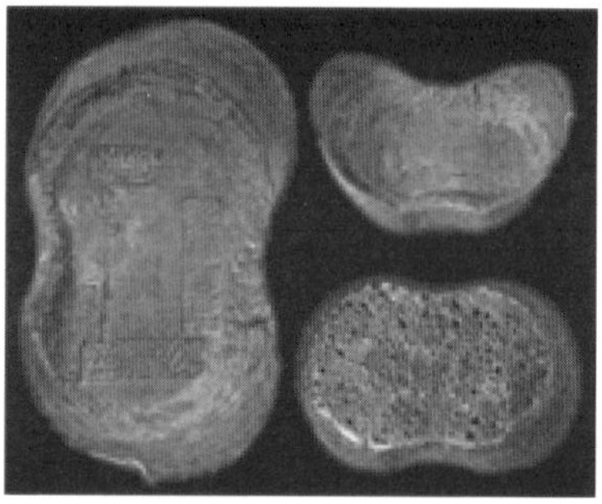

圖1-15　北宋鹽鈔（又稱「鹽引」）

中國南宋時代經濟已經很發達，京城臨安（今杭州）襟江抱湖，內接運河外通海洋，是天然的運輸途徑，鼎盛時期，人口達到一百二十多萬，據說有四百十四行按行業集中於各街道。絲織業、造紙業、造船業絕對是當時的世界翹楚。很多人奇怪，為什麼南宋這麼發達的商品經濟沒衍生出金本位、銀本位。貨幣天生是金銀，前提是金銀價值與流通中的商品價值基本持平。雖然唐宋時代中國冶煉技術並不差於西歐，但農業、手工生產能力卻遠強於西歐。由於流通中的商品價值遠遠超過了金銀承載能力，幣材反而不容易遞進，因此，金銀始終沒有成為主要幣材。唐宋時代，金銀只是富商貯藏財富的手段，或者是地方豪強抵徭役的對價，唐初曾有文獻記載納十四兩銀子可抵一年勞役，這個價格並非小農家庭可以負擔。

一二七九年元滅南宋、統一中國。元國祚較短，入主中原前一直以銀作為貨幣，當時的銀錠又稱「元寶」，元寶的「元」字即代指元朝。忽必烈沒稱帝的時候，曾仿效金國發行「中統交鈔」（圖

圖1-16　中統元寶交鈔

圖1-17　至元通行寶鈔

1-16、圖1-17），可以向朝廷兌換金銀。應該說這是中國歷史上第一次金銀複本位紙幣，所謂「以金為本」、「以銀為本」。一二六三年忽必烈建平準庫，平抑中統交鈔與金銀的兌換比率，從職能上看，這個平準庫頗類似於今天的中央銀行。平準庫執行政策很徹底，根據《元史》中的記載，一二七五年之前沒有物價飛騰的紀錄，而且中統交鈔剛發行的年代元朝疆域遼闊，已經流傳到歐洲部份地區。

北宋兵權收於樞密院，士兵和將領分開管理，不屬於同一體系，即所謂「兵不知將，將不知兵」。北宋北方有遼、金等遊牧民族，這種軍事體制不能應對倏忽而來的遊牧鐵騎，只得以「歲幣」的形式收買遊牧民族不入侵。「歲幣」加重了朝廷稅賦，趙匡胤建立宋朝剛剛不到一百年，北宋政權就動盪不安了。為挽救危局，宋仁宗嘉祐三年（一〇五八年），王安石對宋仁宗趙禎上萬言書，要求變法，提出「因天下之利以生天下之財，取天下之財以供天下之費」。熙寧元年（一〇六八年）宋神宗趙頊詔對王安石，開始了中國歷史上著名的「王安石變法」。

王安石變法最核心的內容是「青苗法」和「市易法」，即兩種官方信用形式。青苗法可以說是一種官辦金融，在青黃不接的時候官府以自身資金對農戶借貸，利息為四〇%，農戶在收穫之後歸還官府本息，利息用來作為官府用度。當時中國農村社會組織被稱作「保甲」，農戶貸款由保甲所有農戶聯合擔保，若某一個農戶不能歸還貸款，則整個保甲要連坐歸還。市易法，就是以內庫藏錢一百萬貫、京東市錢八十七萬貫作本錢，控制市場價格，價格則由官府視情況而定。同時，市易法仿照青苗法向商人借貸，官府同時以內庫錢財為本金向商人貸款，年息兩分。

王安石變法在朝廷內外激起了強烈反對，代表人物是當時的宰相司馬光。司馬光認為，「天地所生財貨萬物，只有此數，不在民，便在官」，民間高利貸都能逼人喪失土地、饑寒流離，官府主導下的高利貸更可能會盤剝小農，最終使得「富室既盡，常平已壞，帑藏又空」。

王安石的變法改善了中央財政收支，但也在很多地方施政過程中出現了失誤。司馬光的思想更類似於後世西方貨幣主義者的觀點，主張政府不過多介入經濟運行。如同當今凱恩斯主義與貨幣主義之爭，兩者的觀點都在一定程度上能促進經濟，又都不完全正確。所以，兩位先賢同樣值得尊敬。

明清時期的貨幣與信用

明朝始建於一三六八年，朱元璋即位後開始頒行「洪武通寶」（圖1-18），即銅質貨幣，實際上當

圖1-18　洪武通寶

圖1-19　大明通行寶鈔

時銅幣代表的價值已經不能滿足交易需要，人們認為洪武通寶「鼓造甚勞」，明初白銀則逐步開始在民間交易中普及。明朝剛建立的時候定都南京，北方元朝殘餘勢力（北元）還很猖獗，銅幣、銀錠運輸很不方便，於是明朝開始發行以銀為本位的紙幣——「大明寶鈔」（圖1-19）。明太祖朱元璋之後，建文帝朱允文、明成祖朱棣都繼承了明初鈔制，至此，重金屬貨幣正式登上中國歷史舞臺。明朝中期，權相張居正推行「一條鞭法」，其中一項重要的措施是廢除徭役，改為徵收白銀。白銀極大刺激了明朝商品經濟的發展，明朝稅基以自耕農為主，自此，小農耕織結合的田園詩式生活被徹底改變，不得不與外界進行交換。白銀也刺激了明朝手工業發展，明中期中國的資本主義萌芽開始興盛。

在後金時代（一六一六至一六四四年），滿人以銀錠為貨幣，《清太宗實錄》裡沒有記載紙鈔或者銅錢的記錄。前清歷史中，只有順治帝福臨在入關之初仿明制發行了一次紙鈔，稱「貫鈔」，現在已經沒有樣幣存世。順治三年（一六四六年）福臨整頓白銀流通，建立了良好的官鑄貨幣信譽。福臨禁止使用雜銀（成色很低）和假銀（銀、錫、鉛合金，色澤不如銀錠，但很難分辨），方式是在收稅時重鑄雜銀，當時的官方鑄幣也就是鑄造成現在國人所熟知的「大元寶」，含銀量大概在九三%上下。康熙二十三年（一六八一年）玄燁下令放開海禁，由於中國特有的小農經濟，加之國人並不熟悉西方生活用品，清朝在很長一段時間都維持入超，沿海城市市面上很容易見到外國銀元。外國銀元以墨西哥所鑄西班牙銀元為主，稱「本洋」（銀元周邊有麥穗紋，民間也稱為「花邊錢」）。外國貨幣流入使中國有了新的貨幣單位，如塊、圓、元就是由此而來。

中國土生土長的金融機構是錢莊和票號。錢莊出現於明朝，興盛於清中期。錢莊發軔於普通店鋪，人們去店鋪買東西，順便把碎銀子鑄成整塊銀子。有的店鋪鑄的好，人們便將之稱呼為錢鋪，《三言二拍》等明朝小說對此多有記載。乾隆朝後期，小說裡關於錢莊的描寫逐步多了起來，不過這個時候錢莊的性質已經有所改變，雖然還是集市店面，但只經營銀換銅錢。嘉慶年間，錢莊已經發展到向外貸款。鴉片戰爭之前，中國錢莊開始出現聯號，並實現了異地匯兌。

票號產生於明末清初，是商品流通擴展的結果。第一位票號創始人山西平遙縣雷履泰，他最初的店鋪叫做「西裕染料行」，總部在平遙，分店在北京、瀋陽、四川。由於生意比較大，有很多分店，西裕染料行經常替生意夥伴匯兌。道光三年（一八二三年），西裕染料行改名「日升昌」，專營匯兌。鴉片戰爭前，山西票號只有七家，最著名的是「平遙五聯號」，即五家票號聯手，互相在總、分號之間調劑資金，支持匯兌。

一般來說，票號由出資人（東家）和經理（掌櫃）出面，邀請地方名流證明資本數額，如果是合股也明確彼此股份；同時設立「萬金賬」由夥計以人身入股（頂身股），也就是現在說的人力資源入股；東家不管理經營，由掌櫃全權負責，東家只在年終查閱賬簿，即所有者與經營者分離。山西票號的管理模式非常嚴謹，密押制度、總分號報告制度、總號獨立出票制度（分號沒有資格印製匯票）等等至今為人稱道。山西票號命脈在於南北貿易、銀錢匯兌，洪秀全建立太平天國後，長江以南不再是清廷的統治範圍，山西票號長江流域分號紛紛撤回。但是，國內戰爭並沒有影響山西票號發展，戰爭期間清朝政府也需要南北調運資金，地方繳納中央的稅款叫做「京餉」，中央發往地方的叫做「協餉」，京餉、協餉要以現銀運輸。鑒於當時的戰爭形勢，同治元年（一八六二年）開始，戶部下令各地督撫「覓殷實銀號設法匯兌」（京餉），一八六五年協餉也開始改為匯兌。經營京餉、協餉後，山西票號獲得了一筆巨大的流動資金。在很大程度上，山西票號已經開始從事今天中央銀行和中央財政的業務，極大提升了山西票號信譽。

人民幣的誕生與發展

中華民國初年，全國軍閥割據，幣制也非常混亂。為統一幣制，中華民國以金匯兌本位作為新幣制本位，對貨幣重量、成色做出統一規定，要求各省都督「發行紙幣應歸中央，以維幣制」。然而，臨時大總統孫中山的南京政府經常在沒任何準備的情況下亂發軍票，加速其最終失去政權的結局，最終讓袁世凱取而代之。

統一幣制同樣也是袁世凱的夢想。一九一二年，由其主張成立的「幣制改革委員會」提出三種幣制改革方案，一是實行金匯兌本位，二是實行金銀複本位制，三是實行銀本位。最終，根據《國幣條例》，中華民國確定實行銀本位，鑄幣七錢二分，銀九銅一（後改為銀八銅二），上鐫袁世凱頭像，俗

圖1-20　民國三年「袁大頭」

稱「袁大頭」（圖1-20）。

事實上，北洋政府始終沒能夠統一幣制，紊亂的幣制只是在袁世凱時代稍微得到了控制，後來的幣制則更亂，同時存在的有銀兩、銀元、銀角、銅元、外行鈔票、中交兩行鈔票、中央政府紙幣、一般華資銀行紙幣、地方銀行紙幣等。

一九二七年，經濟學家馬寅初提出應該在全國統一貨幣。一九二八年全國經濟會議雖然確定了《廢兩改元方案》，但直至一九三三年這個方案才得到實施。所謂「廢兩改元」就是廢除銀兩，只用銀元。要把市面上銀兩統統廢除。最大的阻力來自錢莊，因為錢莊掌握著銀兩、銀元之間的兌換。銀兩和銀元之間需要兌換，也就是銀兩折合銀元的價格，這被稱做「洋釐」。一九三三年三月上海廢兩改元，停止洋釐市場。上海是全國金融中心，上海實施順利，其他地區很快就開始效仿。直至當年七月，國民政府才公佈《廢兩改元令》，廢兩改元獲得法律依據，至此只有中國銀行、中央銀行、中國交通銀行（一九三五年又加入中國農民銀行）才可以發行法定貨幣，史稱「法幣」（圖1-21）。

抗日戰爭爆發後，政府開始實行外匯統制政策，法幣成為紙幣本位制貨幣，其他紙幣限期收回。法幣初期與英鎊掛勾，可在指定銀行無限兌換。一九三六年國民政府與美國談判後，由中國向美國出售白銀，換取美元作為法幣發行的外匯儲備，法幣改為與英鎊及美元掛鉤。一九四八年八月十九日被金圓券替代，金圓券從一九四八年八月開始發行，到一九四九年五月停止流通，只使用了九個月（圖1-22）。

一九四八年十一月十八日，華北人民政府召開政務會議，議題之一便是統一貨幣，當時解放區的

圖1-21　民國法幣

圖1-22　金圓券

貨幣五花八門，如晉察冀邊幣、冀南邊幣、北海幣、西北農民幣、東北幣、長城幣等，還有國民政府的法幣、金圓券、銀元券。同月，華北人民政府發佈公告，「為適應國民經濟建設之需要，特商得山東省政府、陝甘寧、晉綏兩邊區政府的同意，統一華北、東北、西北三區貨幣」。一九四八年十二月一日，原解放區華北銀行、北海銀行、西北農民銀行合併，組成中國人民銀行，當日九時，中國人民銀行發行科將第一批人民幣鈔票付給平山縣銀行，新中國本位幣——人民幣誕生了。人民幣是以棉花為主要原料製成的不兌現貨幣，不規定含金量，以稅收、國家的商品、物資等為發行貨幣的後盾，至此中國貨幣與黃金完全脫鉤。一九四九年四月，新中國政府先後發佈金銀和外匯管制命令，嚴禁金條、銀元、外幣在市場上流通，人民幣是唯一合法貨幣。人民幣的出現結束了百年來中國貨幣制度混亂的狀況，實現了貨幣主權的完整和統一，使中國進入了貨幣穩定、經濟發展的新時期。

中國人民銀行是管理人民幣的主管機關，負責人民幣的設計、印製和發行。中國人民銀行自一九四八年十二月一日成立以來，至今已發行五套人民幣，形成了包括紙幣與金屬幣、普通紀念幣與貴金屬紀念幣等多品種、多系列的貨幣體系：

- 一九四八年十二月一日至一九五三年十二月 第一套人民幣；
- 一九五三年三月一日至一九六二年四月二十日 第二套人民幣；
- 一九六二年四月二十日至一九七四年一月五日 第三套人民幣；
- 一九八七年四月二十七日至一九九八年九月二十二日 第四套人民幣；
- 一九九九年十月一日至今 第五套人民幣。

人民幣的單位為元，人民幣輔幣單位為角、分。主輔幣換算關係為：一元等於十角，一角等於十分。人民幣在ISO 4217體系中簡稱為CNY（China Yuan），不過國際上更常用的縮寫是RMB（Ren Min Bi）；在數字前一般加上¥（「¥」取自「元」字拼音「YUAN」的首字母「Y」，上面再加上一個「=」號）表示人民幣的金額。

目前，除一分、二分、五分三種硬幣外，第一套、第二套和第三套人民幣已經退出流通。以第五套為主，第四套人民幣和第五套人民幣則等值流通。流通的紙幣有：一角、二角、五角，一元、二元、五元、十元、二十元、五十元、一百元；硬幣有：一分、二分、五分、一角、五角和一元。

世界文明分野與中國貨幣演進

關於中國貨幣的起源有種種記載，司馬遷指出「虞夏之幣，金為三品」，並說「所以來久遠，自高辛氏之前尚矣」，只是「靡得記矣」；桑弘羊這樣記載「幣與世異，夏后以玄，周人以紫石，後世或金錢刀布」；千年之後，宋代葉適則這樣說「錢幣之所起，起於商賈通行，四方交至」。大量的文字記載表明，中國是世界貨幣的先驅者，這種帶有典型東方色彩的中國貨幣信用形式在世界貨幣文明史中佔有重要地位，並且為世界文明的分野打上了深深的烙印。

工業革命之前，人類面臨的生存環境遠較今日惡劣，人們只能以自身體能對抗自然和外敵。西方歷史中每次外敵入侵都是對文明的毀滅性打擊，羅馬毀滅了希臘，日爾曼人又毀滅了羅馬，而日爾曼人又在北歐海盜侵襲下膽戰心驚了近二百年。文明不斷毀滅，世俗權勢不可能具有連續性，西歐只能在很大程度上保持原始社會的平權狀態。城堡實力均衡，利益受損的一方很容易選擇逃避，強勢的一方，特別是微弱優勢方必須讓步。於是，在整個西歐古代歷史中，很少有上萬人參加的戰爭。

在文明不斷毀滅的進程中，西方社會只能以城堡對抗自然和外敵，中古時代西歐農奴很少走出生活的城堡，至於交換和貨幣甚至在農奴生活中消失了。西歐後世經濟發展無一不打上了城堡時代的烙印：人們不信任集體，更信任契約；連接個體的不是集體或血緣，而是利益交換。儘管從現代市場經濟的觀點來看，契約可以是市場的基礎，但在遠古時代，這種模式卻難以應對倏忽而來的遊牧民族，更難以對抗暴虐的自然。因為，個體或者一個城堡的力量畢竟是有限的。

人們往往認為市場發源於西方，而東方中國自古以小農經濟著稱。實際上，在中國封建社會歷程中，小農家庭很難完全靠自給自足生存下來，封建社會本身也存在百萬人口以上的城市。封建城市的存在容納了社會分工、產業分工，或者說創新打破了制約經濟增長的藩籬。同樣是為了維持種族生存，中國的先民選擇了以集體的力量對抗外敵和自然，在以體力對抗自然的古代，集體的力量要優於個體。在中西第一次文明爭霸中，羅馬帝國和日爾曼民族聯合也未能抵抗驍勇的匈奴人，而匈奴是被漢武帝擊潰才逃到西歐的。

專欄 1-1　中國古代、近代貨幣史之最

1. 世界上最早的鑄造貨幣起源於中國商朝。
2. 世界上最早的錢幣紀年是中國的南宋。
3. 中國是世界上使用紙幣最早的國家。
4. 中國北宋的「交子」是世界上最早正式發行的紙幣。
5. 中國元朝的「中統元寶交鈔」是目前世界上所能見到的最早的紙幣。
6. 中國明代的「一貫」大明寶鈔是世界上票幅最大的鈔票。
7. 中國元代鈔法是世界上最早的且又較完備的純紙幣流通制度。
8. 世界上最早的關於貨幣問題的專文是中國西漢時期賈誼所寫的〈諫鑄錢疏〉。

與這種文明分野相對應，西方貨幣是在自然演進中形成的本位制度，人們信任貨幣背後的準備。而中國貨幣早在宋代就演化出「交子」，「飛錢」、「交子」、「鹽鈔」這些信用形式並非有足值的貴金屬作為準備，而是信任集體最終能保證持有者財富安全。

對於未來而言，經濟的發展無疑存在多種可能性。在這條未知的路徑上，隨著東西方文化和文明的彼此交融共通，隨著中國經濟的發展和中國文明的傳播，人民幣逐漸走向世界也將恰逢其時。可以預期，在一個多元文明共存的體系下，人民幣將成為全球經濟「中國元素」的重要經濟符號。

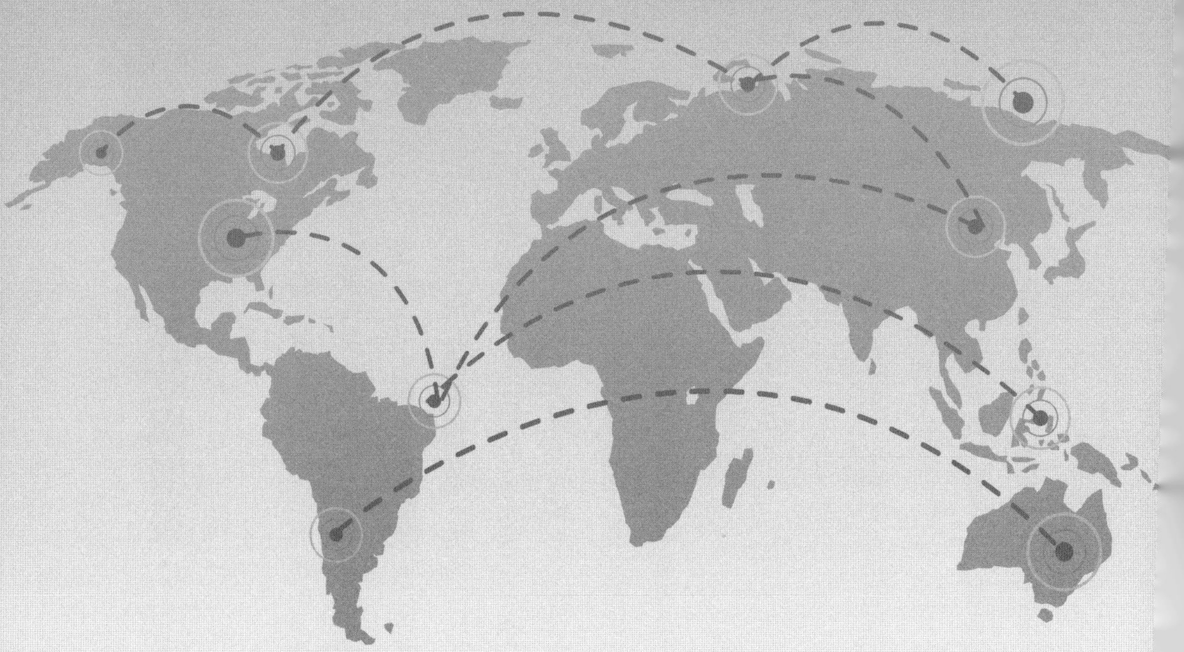

Chapter 2

中國貨幣的經濟基石：無危機增長

國際貨幣體系的結構與核心貨幣國家的經濟實力基本統一，國際貨幣從來都是「富國貨幣」。持續逾三十年的「無危機增長」使得中國的經濟發展成為全球關注的焦點。同樣，這也奠定了中國貨幣穩定和發展的經濟基石。

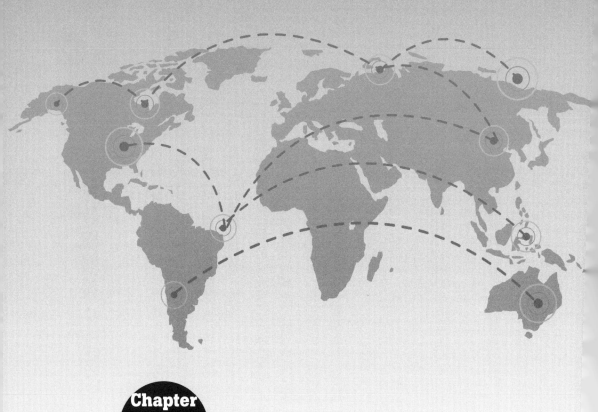

無危機增長：中國的奇蹟

所謂「無危機增長」並非指經濟增長過程一帆風順，沒有波折和問題，而是指這些問題沒有進一步演化成重大增長的挫折，以及經濟在經過多次起伏和調整後依然前行，保持長期的高增長趨勢。

從一八二五年英國爆發第一次大危機以來，全球已經發生了二十一次比較大的經濟和金融危機，橫掃了幾乎所有後崛起國家。然而，同樣作為後崛起國家的中國，雖然在改革開放後的三十多年裡保持了持續的高增長，卻沒有發生典型意義上的經濟和金融危機。

近些年，中國經濟的高速、穩定增長已經引起經濟學家們的高度關注，諾貝爾經濟學獎得主弗里德曼（Friedman）甚至宣稱：誰能解釋中國的經濟現象，誰就能獲得諾貝爾經濟學獎。而此次全球金融危機爆發後，「無危機增長」更是備受世人矚目。

經濟持續增長

改革開放以來，中國的經濟發展取得了舉世矚目的成績。在過去的三十年，中國GDP（國內生產毛額）年均增長率接近一〇%（圖2-1）。從歷史資料來看，這一時期的中國是人類歷史上經濟增長率最高、持續時間最長、惠及人口最多的國家（表2-1），超過同期全球人均GDP增長率一．五%的五倍以上。根據世界銀行的估計，要使得人均收入翻一倍，英國需要五十八年（一七八〇至一八三八年），

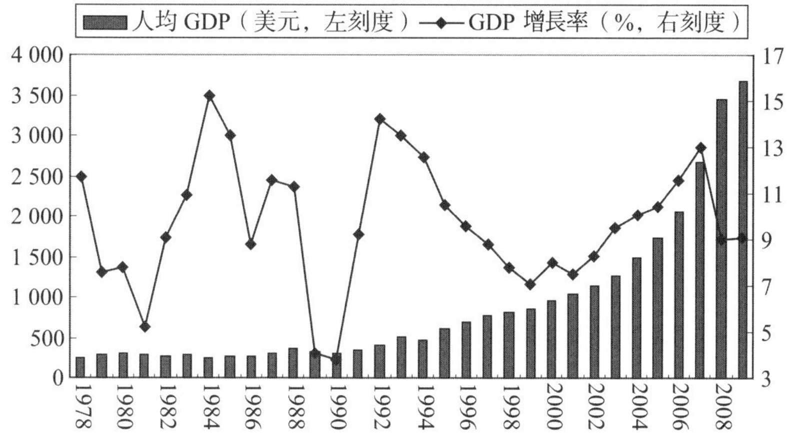

圖2-1 中國GDP增長率和人均GDP

表 2-1 不同時期世界上經濟增長最快的四個國家

時期	國家
19世紀70年代	德國、比利時、荷蘭、奧地利
19世紀80年代	德國、芬蘭、奧地利、丹麥
20世紀70年代	波札那、馬爾他、新加坡、韓國
20世紀80年代	韓國、中國、波札那、泰國
20世紀90年代	中國（10.3%）、越南（7.9%）、新加坡（7.8%）、愛爾蘭（7.8%）

資料來源：十九世紀資料引自曼庫爾·奧爾森（Mancur Lloyd Olson）：〈為什麼有的國家窮，有的國家富〉，載《比較》雜誌，2003(7), pp.21-38。

二十世紀九〇年代括弧內資料為 GDP平均增長率，引自World Bank: *World Development Report 2002*, pp.236-237。

美國需要四十七年（一八三九至一八八六年），日本需要三十四年（一八八五至一九一九年），韓國需要十一年（一九六六至一九七七年），而中國只需要八．六年。

截至二〇〇九年，中國的名目GDP總量已達四．九一兆美元，僅次於美國和日本，佔到全球經濟總量的八%。事實上，中國經濟的強勁增長不僅僅只是一串枯燥的歷史資料。要對一九七八年以來，中國經濟在提高人均收入水準和實現社會進步方面所取得的成就做出客觀的評價，最好的方式是親臨中國去感受這些變化。

世界銀行在其報告《二〇二〇年的中國——新世紀的發展挑戰》（*China 2020: Development Challenges in the New Century*）中曾這樣寫道：「中國只用了一代人的時間取得了其他國家用了幾個世紀才能取得的成就。在一個人口超過非洲和拉丁美洲總和的國家，這是我們這個時代最令人矚目的發展。」

專欄2-1　改革開放後中國經濟的發展階段

總體上看，自改革開放以來，中國的經濟發展過程大致經歷了三個階段：

- 第一階段從一九七八年到一九九一年，為大起大落的政治週期型發展階段。隨著行政換屆和黨政會議召開等事件的發生，經濟增長表現出較強的波動性。
- 第二階段從一九九二年到一九九九年，為快速擴張型的發展階段。一九九二年，中國明確把建立社會主義市場經濟體制作為經濟體制改革的目標。隨著非國有經濟的蓬勃發展、外商投資的不斷湧入和出口的持續增加，中國的經濟增長步入了一個高速擴張性增長時期。這一時期的平均經濟增長率達到一〇．九%。

• 第三階段從二〇〇〇年至今，為平穩高速增長型的發展階段。二〇〇〇年以後，中國的社會主義市場經濟體系框架已基本形成，經濟增長方式和產業結構也朝著不斷優化的方向發展。隨著建設創新型國家戰略的提出，中國的經濟發展將步入一個以低碳、集約、穩健和創新發展為主要特徵的新時期。

作為一個開放中的大國，隨著經濟和金融全球化進程的加速，中國在國際舞臺上的地位和扮演的角色也愈來愈重要。當全球金融危機使得主要經濟體遭受重創時，中國經濟在二〇〇九年不僅交出了GDP增長率九．一%的亮麗成績，而且對全球經濟復甦的貢獻率超過了五〇%。當全球經濟增長的火車頭悄然轉向這個古老的東方大國時，「中國製造」的行銷世界是中國日益融入全球經濟的重要標誌。

雖然中國的經濟總量極有可能在二〇一〇年成為全球第二，但這並不意味著中國的經濟實力已經名列全球前茅。與世界最大的經濟體美國相比，中國約五兆美元的經濟規模只相當於後者的三分之一。根據IMF（國際貨幣基金組織）在二〇一〇年發佈的資料，二〇〇九年中國的人均GDP僅三千五百六十六美元，排名世界第九十九位。

按照世界人均GDP八千美元來衡量，中國僅達到世界平均水準的四五%。因此，近年來雖然中國的經濟總量在不斷增加，經濟實力在不斷增長，但較低的人均 GDP水準說明，目前的中國依然是一個典型的發展中國家，經濟發展水準與發達國家還有相當大的差距。

不斷擴大的對外貿易

早在一八四〇年，一位英國作家就寫道：「如果我們可以說服每個中國人將襯衫下襬放長一寸，那麼蘭開夏郡（Lancashire）的工廠就可以開足馬力生產。」作為一個擁有十三億人口的大型開放經濟體，中國的廉價勞動力和廣闊的國內市場已成為吸引外商的強力磁石。很多外國公司紛紛進駐中國，建立生產基地和研發中心，試圖以低成本的優勢大規模地佔領中國市場。

英國《經濟學人》（*The Economist*）的一篇評論曾這樣寫道：「全世界都在關注中國——不僅因為這個國家的巨大和發展迅速，更重要的是她深刻地影響著世界各地公司的財務。當二〇〇一年中國加入WTO的時候，外國企業感到了巨大的市場在召喚。中國的增長、穩定和潛力，使外國企業對中國熱情如潮。從上海和北京朝聖回來的商人相信這個世紀是中國世紀。中國有十三億的消費者，他們也是低成本工人，他們需要任何可以想像到的產品和服務，外國企業談論到這些簡直就像遇到了救世主。」

在經濟高速增長的背景下，伴隨著與全球經濟深度交融的開放進程，中國的對外貿易得到了飛速發展。自二〇〇二年正式加入WTO以來，中國的對外貿易增長速度連續多年保持在二〇%以上，進出口規模翻了兩倍。目前，中國已是世界第一大出口國和第二大進口國，二〇〇九年進出口總額達到了二．二一兆美元（圖2-2）。

中國進出口貿易的高速增長不僅成就了自身的經濟奇蹟，而且拉動了全球經濟的增長，更成為周邊國家和地區經濟增長的重要動力源。中國在構建現代經濟基礎的過程中，從美國、歐洲、日本、韓國等國家和地區採購了大量的大型設備和技術。前摩根士丹利（Morgan Stanley）公司首席經濟學家羅

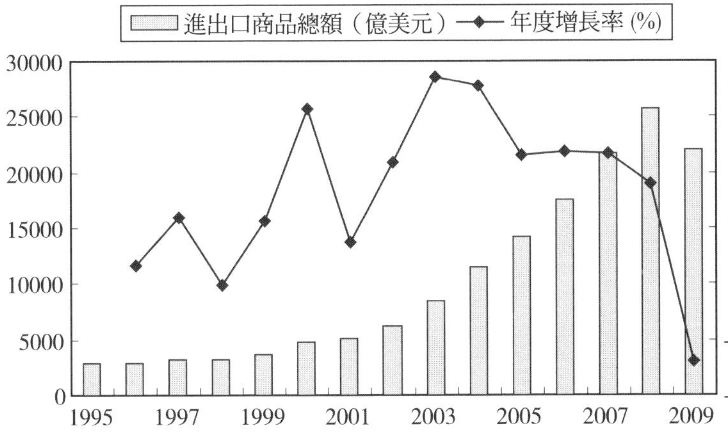

圖2-2　中國進出口貿易

奇（Stephen Roach）認為，由於中國經濟的高速增長，已讓周邊經濟體形成了以中國大陸為中心的亞洲經濟模式，多數國家都在中國進口額暴增的過程中分享了一份美餐。

根據中國商務部研究院二〇一〇年最新公佈的《後危機時代中國外貿發展戰略研究》報告，未來十年中國將推動貨物和服務貿易雙雙實現「倍增」；至二〇二〇年，中國的總貿易額將達到五・三兆美元左右，其中，貨物貿易進出口總額將達到四・三兆美元，服務貿易進出口總額將達到一兆美元。報告提出，未來二十年中國的對外貿易將實現「從大到強」的轉變，並在二〇三〇年初步實現貿易強國的目標。

伴隨貿易總量增長的是中國更加活躍和平衡化的多邊貿易。二〇一〇年一月一日，中國—東盟自由貿易區正式啟動，這是一個擁有十九億人口、GDP達六兆美元、年貿易總額超過四・五兆美元的大市場。得益於貿易成本降低、產業鏈優化以及區域經濟整合，未來十年中國—東盟自由貿易區很可能將保持二五％的年均增長速度，並於二〇二〇年在GDP總量上成為全球最大的自由貿易區。以中國—東盟自由貿易區為核心，中國的多邊貿易將進一步向蒙古、俄羅斯等國擴展深化。與此同時，中國與美國、歐盟、日本、韓國等國家和地區的貿易也將繼續朝著更加平衡、穩定的方向發展。

備受矚目的中國經濟發展之路

超過三十年的「無危機增長」使得中國的經濟實力大大增強，伴隨著中國經濟的巨大成功，愈來愈多的發展中國家開始學習中國的經驗，而成功實現經濟轉型的中國經濟發展之路也成為很多經濟學家研究的熱點。大約十年前，華盛頓的主流經濟學家們還在極力推行以「華盛頓共識」為核心的改革理論，這種激進式的改革方案最後被證明給許多渴望經濟發展的轉型經濟體帶來了毀滅性的災難。與之形成鮮明對比的是，同一時期的中國，始終堅持從自身的國情出發，以一種漸進式的改革模式穩步推進經濟轉型，並最終取得了巨大成功。經驗表明，選擇漸進式的改革路徑是中國在過去三十年實現無危機增長的關鍵原因之一。

關於中國的經濟發展之路，後來被一些學者歸納為「北京共識」。應該說，從「華盛頓共識」到「北京共識」，中國經濟的成功已經不僅僅只是一種經濟現象，而是代表了某種發展理念的轉變，這種理念認為，每個國家都有權利和有能力找出最適合自己的發展道路。

歷史規律表明，經濟與文化相通，經濟基礎的發展必將帶來文化的繁榮。隨著中國經濟影響力的與日俱增和國際地位的不斷提高，許多國家掀起了學習漢語和瞭解中國文化的熱潮。目前在很多國家，學習漢語的人數都是以五〇%甚至翻倍的速度增長。至二〇一〇年，全世界將漢語作為第一外語的人數已經達到了五千萬左右的規模。按此速度，預計至二〇二〇年，將漢語作為第一外語使用的人數很可能達到二億左右的規模，從而超越法語成為僅次於英語的全球第二普及語言。

專欄2-2 華盛頓共識與北京共識

華盛頓共識（Washington Consensus）是一九八九年所出現的一整套針對拉美國家和東歐轉軌國家的、新自由主義的政治經濟理論，該共識包括十個方面：加強財政紀律，壓縮財政赤字，降低通貨膨脹率，穩定總體經濟形勢；把政府開支的重點轉向經濟效益高的領域和有利於改善收入分配的領域（如文教衛生和基礎設施）；開展稅制改革，降低邊際稅率，擴大稅基；實施利率市場化；採用一種具有競爭力的匯率制度；實施貿易自由化，開放市場；放鬆對外資的限制；對國有企業實施私有化；放鬆政府的管制；保護私人財產權。美國著名學者諾姆・喬姆斯基（Noam Chomsky）在他的《新自由主義和全球秩序》（*Neoliberalism and Global Order*）一書中明確指出「新自由主義的華盛頓共識指的是以市場經濟為導向的一系列理論，它們由美國政府及其控制的國際經濟組織所制定，並由它們透過各種方式實施。」

當華盛頓共識逐漸走向失敗，總體經濟理論界提出了與此相對的「北京共識」。美國《時代》週刊高級編輯、高盛公司資深顧問約書亞・庫珀（Joshua Cooper）在英國倫敦外交政策中心發表了一篇調查論文，指出中國透過艱苦努力、主動創新和大膽實踐，摸索出一個適合本國國情的發展模式。他把這一模式稱之為「北京共識」。約書亞．庫珀指出，「北京共識」具有艱苦努力、主動創新和大膽實驗（如設立經濟特區），堅決捍衛國家主權和利益（如處理臺灣問題）以及循序漸進（如「摸著石頭過河」）、積聚能量和具有不對稱力量的工具（如累積高額外匯儲備）等特點。

無危機增長的經濟基礎

總體來看，在未來幾十年，中國堅實的國際清償能力、穩健的銀行體系、嚴格的金融防火牆、穩定的高儲蓄水準和潛力巨大的梯級市場，這五個方面將一起構築中國無危機增長的經濟基礎。

第一，堅實的國際清償能力。在現代經濟條件下，一國的外匯儲備（外匯存底）水準不僅影響到其在一般國際貿易往來中的支付能力，而且影響到其在金融危機等特殊時期維持金融穩定的能力。截至二〇〇九年底，中國的外匯儲備規模達到二兆三千九百九十二億美元（圖2-3），居世界第一位。數量龐大的外匯儲備在有效防範宏觀風險方面發揮著重要作用。

第二，穩健的銀行體系。在中國的金融體系結構中，銀行居於主導地位。近年來，中國的銀行業經過艱苦的體制改革，已經取得了顯著成效，抗風險能力和持續發展能力大大增強。根據中國銀監會的統計，截至二〇〇九年六月末，中國銀行業資產總額突破七十兆元，是一九七八年的三百八十八

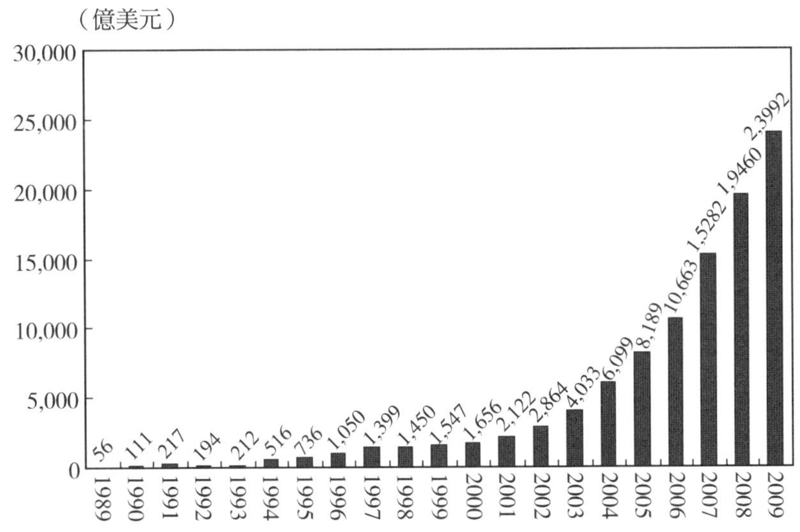

圖2-3　中國外匯儲備

倍；資本適足率（資本充足率，**capital adequacy ratio**）達標銀行二百一十九家，達標銀行資產佔全部商業銀行總資產的九九．九％；不良貸款率一．七七％，商業銀行撥備覆蓋率（**provision coverage ratio**）達到一三四．三％，抗風險能力大大增強。根據英國《銀行家》（*The Banker*）雜誌公佈的資料，二〇一〇年中國共有八十四家銀行躋身全球前千家銀行之列，它們的總資本佔到這千家銀行總資本的九％，而稅前利潤則高達這千家銀行的二五％，資本排名第七的中國工商銀行（ICBC）成為世界上最贏利的銀行（表2-2）。因此，從資本金、不良貸款的比率和贏利能力來看，中國穩健的銀行體系已經形成。

第三，嚴格的金融防火牆。中國的金融體系尚未完全對外開放，人民幣只是在國際收支經常項目上可以自由兌換，資本項目依然是全球管制較嚴格的國家之一，這意味著金融危機防火牆依然發揮著重要作用。可以預期，此次全球金融

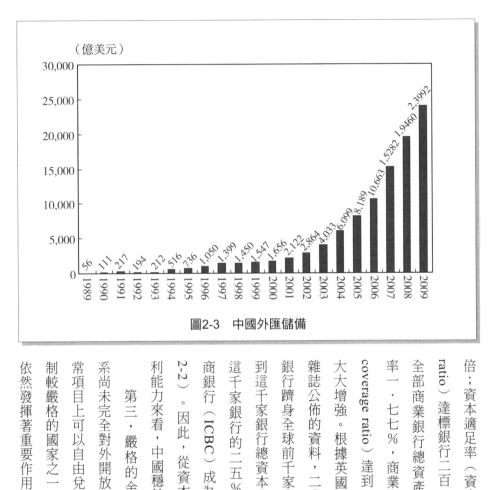

表2-2　中國商業銀行全球排名

單位：百萬美元

排名	中文名稱	英文名稱	第一級資本	總資產
7	中國工商銀行	Industrial Commercial Bank of China	91,111	1,725,938
14	中國銀行	Bank of China	73,667	1,281,183
15	中國建設銀行	China Construction Bank Corporation	71,974	1,409,355
28	中國農業銀行	Agricultural Bank of China	39,786	1,026,021
49	交通銀行	Bank of Communications	22,625	484,628
67	中信銀行	China CITIC Bank	14,526	259,956
80	中國民生銀行	China Minsheng Banking Corp.	12,998	208,897
81	招商銀行	China Merchants Bank	12,928	302,853
97	中國興業銀行	Industrial Bank	11,279	195,097
108	上海浦東發展銀行	Shanghai Pudong Development Bank	9,546	237,649
136	中國光大銀行	China Everbright Bank	6,799	175,397
155	北京銀行	Bank of Beijing	5,372	78,127
178	華夏銀行	Huaxia Bank	4,328	123,818
218	廣東發展銀行	Guangdong Development Bank	3,147	97,608
226	上海銀行	Bank of Shanghai	3,000	68,252
231	深圳發展銀行	Shenzhen Development Bank	2,955	86,086
292	江蘇銀行	Bank of Jiangsu	2,196	48,425
299	平安銀行	Ping An Bank	2,096	32,319
339	上海農村商業銀行	Shanghai Rural Commercial Bank	1,810	31,035
349	南京銀行	Bank of Nanjing	1,754	21,838
356	徽商銀行	Huishang Bank	1,719	23,784
377	廣州農村商業銀行	Guangzhou Rural Commercial Bank	1,574	27,195
391	恆豐銀行	Evergrowing Bank	1,483	31,306
395	杭州銀行	Bank of Hangzhou	1,465	21,966
419	寧波銀行	Bank of Ningbo	1,362	23,923

資料來源：英國《銀行家》（*The Banker*）雜誌。

危機之後，中國的金融開放將繼續秉承循序漸進的原則，在穩步推進金融開放的過程中，將健全金融制度設計，加強總體審慎監管，提高危機防範和控制的主動性能力。

第四，穩定的高儲蓄水準。儲蓄是投資的主要資金來源。一般情況下，高儲蓄率對應高投資率。高投資率一方面直接擴大了需求，另一方面也從供給方面推動經濟增長。根據經典的哈樂德—多馬模型（Harrod-Domar model），儲蓄率與經濟增長率成正比，儲蓄率愈高，經濟增長愈快。二十世紀九〇年代以來，中國的儲蓄率一直很高（圖2-4）。巨大的儲蓄不僅成為支撐經濟增長的強勁動力，而且增強了中國的總體金融抗風險能力。

第五，潛力巨大的梯級市場。雖然經歷了三十年的高速增長，但由於存在著城鄉發展差異和地區經濟發展的不平衡，在未來幾十年，中國依然將擁有潛力巨大的梯級市場，這是中國長期經濟增長的重要比較優勢。在未來從投資驅動型經濟轉向內需驅動型經濟

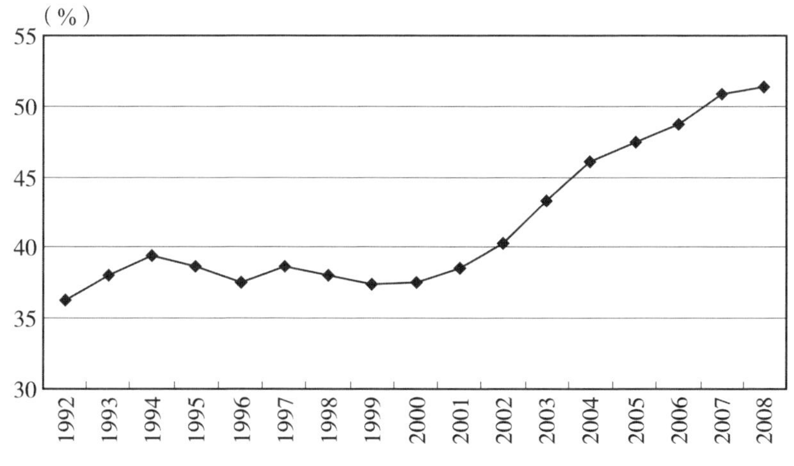

圖2-4　中國國民儲蓄率

的過程中，中國潛力巨大的梯級市場優勢將逐步顯現。這一過程不僅有助於中國經濟增長方式的轉型，而且有助於形成一個更加穩定和平衡的經濟結構，在充份挖掘經濟潛力的同時，增強抵禦內外衝擊的能力。

事實上，中國未來的經濟發展，不僅具備無危機增長的基礎，而且具備持續高增長的基礎。首先，中國目前人均GDP的水準還很低，從世界各國經濟增長的經驗來看，基數小，增長快；基數大，增長慢，這是一個較為普遍的現象。此外，中國經濟目前正處在工業化階段，根據國際經驗，這個階段的經濟增長率相對較高。可以預期，建立在低基數基礎上，中國未來的高增長趨勢還將維持相當長時間。

專欄2-3　工業化階段的經濟增長：國際經驗和中國的情況

關於工業化階段的劃分標準，一些著名經濟學家曾有過專門的闡述。根據錢納里（Hollis B. Chenery）的研究，工業化階段大約是人均收入二百至三千六百美元的一個階段。其中：人均GDP在二百至四百美元之間為工業化初始階段；人均GDP在四百至一千五百美元之間為工業化中期階段；人均GDP在一千五百至三千六百美元之間為工業化後期階段。

按照上述劃分標準，中國自二十世紀八〇年代以來，一直處在工業化發展階段。中國人均GDP達到二百美元始於八〇年代初期，此後人均GDP水準逐年增加，二〇〇九年達到三千六百七十八美元。按照錢納里的劃分，中國最近二十多年來持續處於工業化進程中。

從各國實踐看，處在工業化階段國家的經濟增長速度相對較快。比如，根據世界銀行一九九七年各國資料計算，人均收入在二百至五千美元之間的工業化國家GDP增長率平均水準約為四．九%，而人均收入在五千至一萬美元的國家平均增長率為四．二%，人均收入一萬美元以上的國家平均增長率為三．七%。由此看出，不同發展階段的經濟增長率確有差別。

當然，工業化階段是推動一國經濟加速增長的有利條件，但並不是充分條件。實際上，世界上人均GDP處在二百至五千美元的國家很多。雖然整體上這些國家經濟增長率水準高於其他收入段的國家，但這些國家之間的經濟增長速度差別也很大。

其次，伴隨城市化進程的交通建設、城市人口增加和居民消費增加等，也是推動經濟增長的強勁因素。改革開放後，中國的城市化經歷了快速發展。從時間趨勢來看，中國城市化水準雖然低於世界平均水準，但追趕速度更快（圖2-5）。

在正常情況下，二〇二〇年的中國城市人口將達到九億左右，以不變價計算，二〇二〇年的消費總規模將達二三．五兆人民幣，投資性購買規模達到一四．四兆人民幣，這將為產業投資創造規模化的市場條件，即使面臨世界市場波動，中國的國內需求也有足夠的迴旋餘地。

城市化不僅和經濟發展存在互動關係，而且和經濟結構密切相關。從世界各國的經驗發現，城市化的推進，有利於改善經濟結構，促進國內需求和第三產業發展。對中國改革開放後的城市化與經濟水準資料的實證研究發現，城市化、人均收入和人均資本間存在一個穩定的動態關係，根據這一關係，在未來十年左右的時間裡，中國的城市化水準將突破六〇%。

專欄 2-4 伴隨城市化的巨大市場需求：國際經驗

高速城市化幾乎是每一個現代國家的必經之路，它與經濟水準和經濟結構間存在著內在聯繫。從世界各國的發展經驗來看，良性的城市化與經濟增長是互動的，它們之間存在一個統計上顯著相關的S型曲線關係（圖2-6）。根據這一曲線可以判斷，目前的中國正處於城市化速度最快的時期。

從東亞一些國家和地區經濟增長的經驗來看，在城市化水準三五至五五%、人均GDP一千至三千美元階段，仍然是高速增長階段，比如：韓國在一九五三至一九六二年間GDP增長速度平均為三．八四%，一九六二至一九九一年間平均增長八．四八%，一九九一至二〇〇〇年間平均增長五．七六%，高速增長達三十八年；新加坡一九六〇至一九六五年間平均增長五．七四%，一九六五至一九八四年間平均增長九．八六%，一九八四至二〇〇〇年間平均增長七．一八%，高速增長了三十五年；臺灣一九五一至一九六二年平均增長七．九二%，一九六二至一九八七年平均增長九．四八%，一九八七至二〇〇〇年平均增長六．五九%，高速增長長達四十九年。而中國內地未來結構轉型特徵和人均GDP水準變動，正是處於這樣一個經濟高速增長的時期。

實際上，以上五個方面的因素不僅決定了中國的經濟和金融體系在面臨危機時會具有更大的彈性和自我修復能力，而且也在很大程度奠定了中國未來幾十年實現「無危機增長」的經濟基礎。從國際經驗來看，日本從二戰後到二十世紀八〇年代末期維持了四十年的快速經濟增長，亞洲「四小龍」從一九五〇年代末到金融危機前也維持了四十年的快速增長。熟悉中國情況的經濟學家普遍預測，中國經濟的高

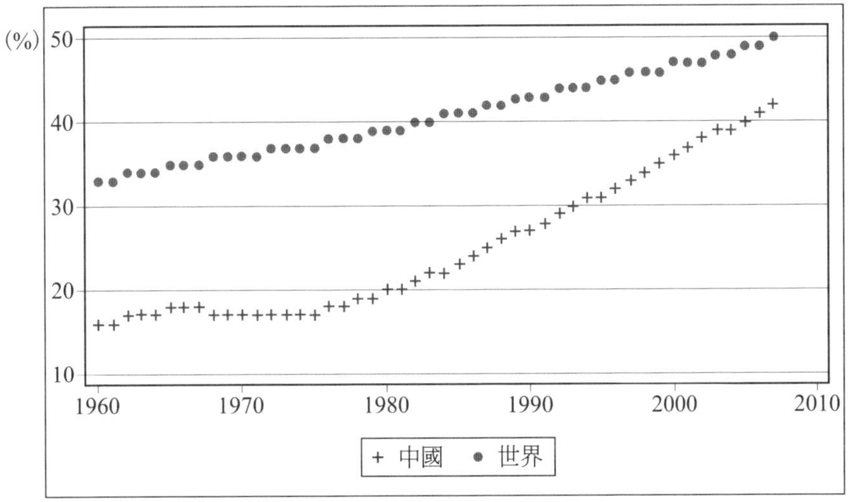

圖2-5　中國和世界的城市化率

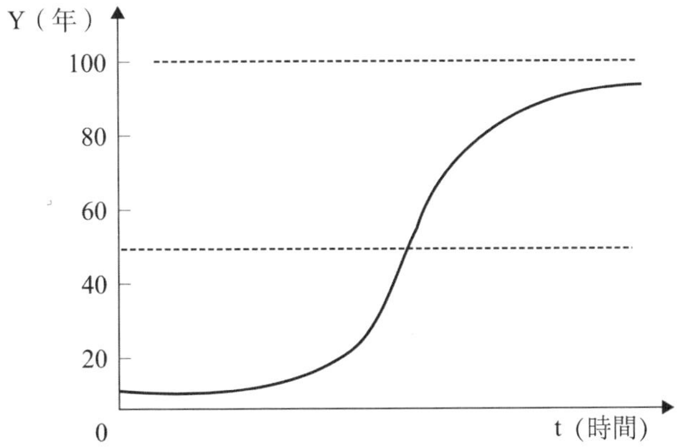

圖2-6　城市化的 S 型曲線

表 2-3　中國實際 GDP 增長速度：二〇〇九至二〇一二年　　單位：%

經濟波動形態	2008	2009	2010	2011	2012	2008-2012平均
溫和復甦 / 平穩擴張（S）	9.00	9.04	9.85	10.09	10.43	9.68
緩慢復甦 / 強勁擴張（J）	9.00	7.74	9.61	10.34	11.02	9.54
迅猛復甦 / 快速回落（U）	9.00	9.68	10.90	9.53	9.06	9.63

表 2-4　中國實際 GDP 增長速度：二〇一三至二〇三二年　　單位：%

	2013-2022	2023-2032
上邊界（max）	8.82	7.65
趨勢（T）	8.54	7.48
下邊界（min）	8.26	7.31

註：二〇〇九至二〇一二年間溫和復甦而平穩擴張波動形態（正 S 型）與二〇一三至二〇三二年間年均經濟增長速度的歷史趨勢（T），組成 2009至2032 年間中國經濟增長速度預測的基準情形。在先行時期經濟波動基準形態（正 S 型）與年均經濟增長速度歷史趨勢（T）的基礎上，滾動預測後續時期年均經濟增長速度歷史趨勢（T）及其上下邊界（max與min）。

資料來源：羅來軍，2009。

增長至少還可以持續二十年。

根據中國經濟增長的週期，中國人民大學宏觀經濟論壇曾對中國二〇〇九至二〇一二年間的經濟波動形態與二〇一三至二〇三二年間的經濟增長趨勢進行了情景分析（scenario analysis）。根據這一分析，二〇〇九至二〇一二年間中國實際GDP增長速度的逐年預測結果如表2-3所示，二〇一三至二〇二二年間與二〇二三至二〇三二年間中國實際GDP年均增長速度的分階段年均預測結果如表2-4所示。這些結果表明，在未來二十年，中國的GDP增長率仍將高達七%至八%。

構築長期無危機增長的國家戰略：從金融到實體經濟

對於中國而言，探討後危機時期實現無危機增長的國家戰略可以從兩個基本層面加以理解，即：金融層面和實體經濟層面。

金融層面

從金融層面上看，無論是此次全球金融的危機應對，還是未來的危機防範，中國都應將實現「無危機增長」作為整個金融戰略的核心。

首先，從金融危機的深層次原因及監管應對策略來看，此次全球金融危機固然有貿易失衡、監管不力、貨幣政策失當等屢被提及的原因，但從最近二十多年金融危機的典型事實來看，植根於經濟和金融體系內部的順週期性（procyclicality）才是現代金融危機發生的基本機制。建立在這一認識基礎上，未來針對金融監管體系的全面改革應包括以下幾個基本方面的內容：

1.從監管目標來看，確保開放條件下的總體穩定應該成為金融監管的首要任務，而對金融效率的追求應該在確保金融穩定的前提下進行。

2.從組織架構來看，應該有一個與中央銀行緊密協作的監管體系，一方面促進金融體系的內部元素在穩定性與效率性之間維持平衡，另一方面透過合理的總體經濟政策調控機制，實現金融體系和實體經濟的協調運行。

3.從監管方法來看，應對現有的基於規則的監管進行改革，進一步研究和制定「逆週期」的監管方法，可供借鑒的思路包括實施更加靈活的資本要求，建立反週期的損失儲備基金等。

4.從政策協調來看，金融監管和貨幣政策必須統籌一致，應透過建立準確、高效、即時的監測制度和預警機制，對總體經濟、金融運行的主要指標進行監測，以盡早發現各種典型的不穩定因素，如急劇攀升的資產價格、金融槓桿的過度使用、明顯異常的跨境借貸和資本流動等。

其次，從危機視角下的國家金融戰略來看，隨著全球大國之間經濟實力的重新配置，戰後以美國和美元為中心的全球金融體系面臨重構。在這一過程中，中國金融體系的發展戰略需要結合中國的國情和發展階段，實現產業內部、外部監管和實體經濟發展等多個方面的有機聯繫和互動支持：

1.在金融業的開放發展過程中，需要防止由金融自由化、經濟轉型和對外開放因素疊加造成的金融脆弱性問題，確保金融體系的穩定。

2.金融產業的發展需要實現漸進、有層次、有重點的穩步推進，在繼續推進銀行業改革的基礎上，進一步發揮資本市場的資源配置功能，促進銀行與資本市場的均衡發展。

3.在現代金融體系的建立過程中，要充分考慮中國的國情，著力於包括資訊披露、公司治理、透明度要求、存款保險、風險管理、破產機制等在內的基礎制度建設，使效率機制的傳導管道更為通暢，使多層次的風險控制和穩定性架構更為健全，最終實現效率和穩定性的長期動態平衡。

再次，從後危機時期的金融開放發展來看，金融開放在長期中有助於經濟增長和金融穩定，但短期內超越國情和發展階段的金融開放極易引發金融危機，這表明開放方式和開放度的選擇是問題的關鍵。

對於很多發展中國家而言，國家金融調控能力的衰微是導致金融危機無法得到及早遏制的重要原因。從一個更長遠的歷史視角來看，金融危機在發展中國家發生的頻率更高，也主要是因為很多發展中國家未能把握好金融開放的「度」（包括速度和程度），最終導致宏觀調控和危機遏制能力的急劇下降。

因此，對於發展中國家而言，應該以長遠的眼光來構建更具適用性的危機預警機制和危機防範框架，這一框架需要納入金融開放、金融穩定和國家宏觀調控的「三方聯動」機制。此次全球金融危機之後，在經濟持續開放的進程中，為確保總體金融風險處於可控狀態，中國應該從開放和穩定並舉的角度入手，合理把握金融開放的「度」和節奏，以增強國家的金融調控能力和主動性。

實體經濟層面

如果說實現「無金融危機的增長」應作為整個金融戰略的核心的話，那麼，從實體經濟層面來看，無論是短期內抵禦當前危機的影響，還是長期中構築堅實的經濟穩定增長的基礎，中國都應將實現經濟結構的調整和發展方式的轉型作為整個無危機增長戰略的核心。圍繞這一核心，未來中國的經濟發展將著力實現以下幾個基本方面的突破。

首先，從產業結構的調整來看，在工業化初級階段，伴隨著旺盛的生產和投資需求，大量的「三高一低」型企業（高投入、高耗能、高污染、低效率的企業）進入市場，雖曾一度帶動了經濟增長和社會就業，但同時也造成了環境汙染和生態破壞，不利於經濟的長期可持續發展。在下一階段的產業發展戰略中，中國將逐步提升產業層次，改變過去那種主要依靠低水準引進技術和承接產業梯度轉移的做法，走高科技、高效益、高附加值和節能環保的新型工業化道路，形成「產業—投資—人才—效益」的良性循環，實現生產要素從低端向高端轉變，推動高級生產要素集聚。基於上述思路，中國下一輪支援的產業必須是新興產業和那些非「三高一低」的勞動密集型產業，堅持「兩條腿走路」，即資本、科技密集型企業和那些適合中國的勞動密集型企業並行發展，既積極地推動產業轉型，又發揮比較優勢，切實緩解就業壓力。

其次，從區域結構的調整來看，區域經濟發展的不平衡是中國經濟發展和轉型過程中亟待解決的問題之一。在中國，區域經濟發展的不平衡有兩個基本表現：一是國家宏觀層面上的東西部發展不平衡，主要表現為西部地區的發展長期落後於東部地區；二是在各個區域內部還普遍存在著城鄉發展不平衡，主要表現為農村的發展遠遠落後於城鎮。與區域的不平衡發展相對應，中國的城鄉收入差距自二十世紀九〇年代中期以來就呈現出持續擴大的趨勢，其中以西部地區最為突出。隨著中國的經濟發展進入新階段，實施「西部大開發」戰略，利用西部地區的「後發優勢」來啟動國內需求，將成為未來很多年內促進中國經濟平衡發展的重要選擇。中國的西部地區人口眾多，地域廣闊，資源豐富，經濟增長存在很大的潛力和上升空間。依託西部地區的自然資源條件，透過合理的政策引領和統籌規劃，建立起新型的資源型經濟模式，並以此為基礎擴展為新型的資源型經濟圈，不僅有助於解決區域發展不平衡、城鄉發展不平衡和個人收入不平衡等諸多難題，還能為中國的長期經濟發展奠定堅實的基礎。

從創新型國家的建設來看，在全面建設小康社會步入關鍵階段之際，根據特定的國情和經濟發展的現實需要，中國提出了在二〇二〇年建成創新型國家的重大戰略部署，這意味著科技發展將成為未來經濟、社會發展的主要支撐❶。從經濟發展的客觀進程來看，對於邁入後工業化時代的中國而言，要打破資源消耗型增長模式並實現更高水準的創新型增長，圍繞技術進步和科技創新的經濟轉型勢在必行。對當前的中國而言，建設創新型國家需要不斷提高科技進步的貢獻率，這需要經過三個非常重要的環節：一是大力提高知識創造的水準，鼓勵創新的思維；二是將知識創造轉化為專利技術，促進智力生產活動和實際生產活動的對接；三是形成經濟增長的共性，真正將科技進步和專利技術轉化成現實的經濟增長。從目前的情況來看，中國的經濟增長還存在比較嚴重的低效率問題，要在二〇二〇年建設成創新型國家，實現經濟增長方式的轉變，任務相當艱巨。二十一世紀頭二十年，是中國經濟社會發展的重要戰略機遇期，也是科技事業發展的重要戰略機遇期。只有透過增強自主創新能力，轉變單純依靠投資拉動的增長模式，推動經濟增長從資源依賴模式轉向創新驅動模式，才能從根本上激發經濟活力，實現中國經濟的長期、持續、穩定發展。

❶是否成為創新型國家，有一個核心的標誌，即經濟增長的要素驅動究竟是以勞動和資本貢獻為主，還是以科技進步貢獻為主。關於這一點，發達國家和發展中國家符合一個著名的「7-3-3-7定律」，即：發達國家的經濟增長七〇%靠科技進步驅動，三〇%靠新投入的勞動和資本來拉動；而發展中國家七〇%靠的是資本、勞動和原材料的投入，三〇%靠科技進步的貢獻。

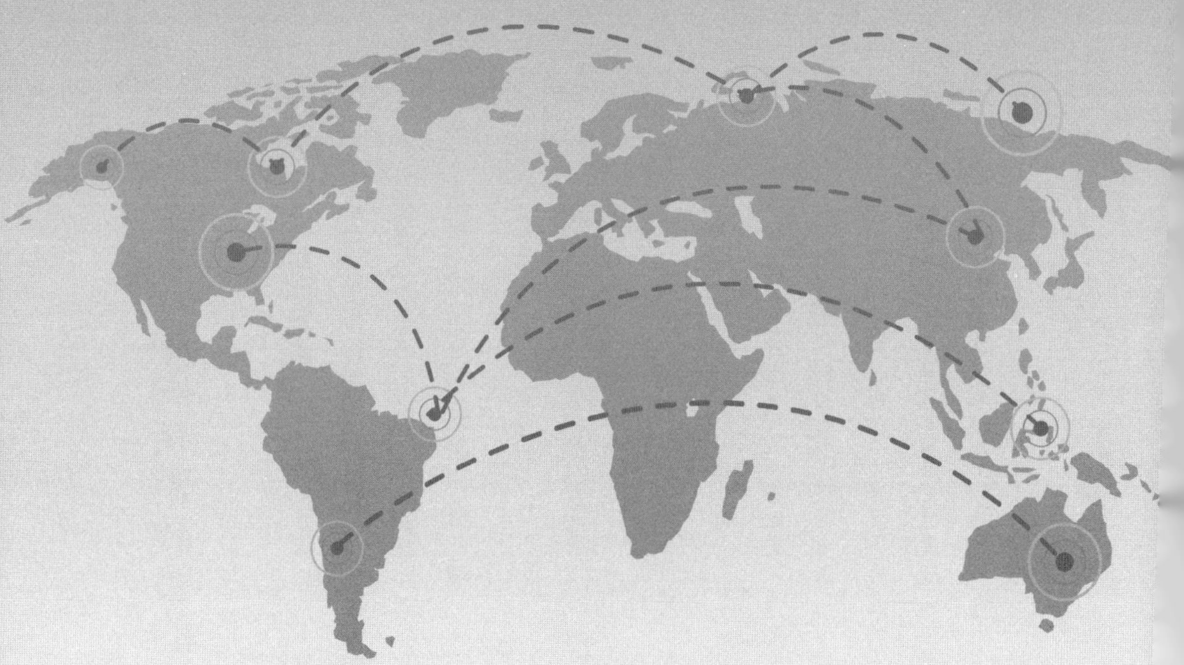

Chapter 3

中國的貨幣政策

「穩定幣值並以此促進經濟增長」是中國貨幣政策的法定目標。科學合理的貨幣政策是中國實現「無危機增長」和總體經濟穩定的重要基礎。從指令計畫到間接調控，中國的貨幣政策實踐體現了鮮明的市場化趨勢。

中國貨幣政策的歷史演進

所謂貨幣政策，是指中央銀行（或貨幣當局）為實現總體經濟調控目標，使用各種方式調節貨幣供應量來調控總體經濟的各種政策措施的總和。貨幣政策是一國宏觀經濟政策的重要組成部份，是實現物價穩定、經濟增長、充分就業和國際收支平衡的總體經濟目標的重要工具。貨幣政策通常由多個組成部份構成，主要包括貨幣政策目標、貨幣政策工具、貨幣政策傳導機制和貨幣政策效果等。

專欄3-1 中國的中央銀行：中國人民銀行

中國人民銀行（圖3-1）於一九四八年十二月一日在華北銀行、北海銀行、西北農民銀行的基礎上合併成立，並開始發行人民幣。中國人民銀行的最初建立並不是作為中央銀行而存在的，一九六九年被併入了財政部。直到一九七八年，中國人民銀行才從財政部獨立出來。始於一九七八年的經濟體制改革開啟了中國的市場化進程。一九八三年九月，國務院決定中國人民銀行專門行使國家中央銀行職能，標誌著中國的中央銀行制度正式確立。一九九五年三月十八日，第八屆全國人民代表大會第三次會議透過了《中華人民共和國中國人民銀行法》，至此，中國人民銀行作為中央銀行的定位以法律的形式被確定了下來。

圖3-1　中國人民銀行

一九七八年以前，中國實行的是集中的計劃經濟體制，宏觀經濟調控主要依靠計畫和財政手段，貨幣、信貸手段處於從屬地位。在「大一統」金融格局下，中國人民銀行集中中央銀行與專業銀行、銀行與非銀行金融機構的諸多職能於一身，貨幣政策實際上就是綜合信貸政策。二十世紀八〇年代，隨著傳統計劃經濟體制向市場經濟體制的轉型，金融改革和貨幣政策的操作方式也有了很大的發展和變化。一九八四年，中國人民銀行專門行使中央銀行職能以後，中央銀行體制在中國正式確立，現代意義上的貨幣政策開始形成。在這一時期，集中統一的計畫管理體制逐步轉變為以國家直接調控為主的宏觀調控體制，雖然信貸現金計畫管理仍居主導地位，但間接金融工具已開始啟用。

進入二十世紀九〇年代，隨著中國金融體制改革的逐步深入，貨幣政策操作逐步向間接調控轉變。從一九九三年到二〇〇五年，中國貨幣政策操作可以明顯地分為四個階段：第一階段從一九九三年到一九九七年，透過實行適度從緊的貨幣政策，成功治理通貨膨脹，經濟實現「軟著陸」；第二階段從一九九八年開始到二〇〇二年，貨幣政策以適度寬鬆為主，旨在治理通貨緊縮，促進經濟增長；第三階段從二〇〇三年開始至二〇〇八年，貨幣政策以反通貨膨脹和抑制經濟過熱為主要目標；第四階段從二〇〇九年至今，貨幣政策以適度寬鬆為主，主要滿足全球金融危機背景下的經濟穩定和復甦需要。一九七九至二〇一〇年間中國貨幣政策的演進如表3-1所示。

表 3-1　中國的貨幣政策演進：一九九九至二〇〇九年

階段	特徵	主要內容與實際操作
1979至1983年	計畫管理體制下的貨幣政策	在這一時期，貨幣政策仍然是實行集中統一的計畫管理體制。因為國家處於高度集中、統一計劃經濟模式下，貨幣和銀行的作用被削弱了。因此，此階段的各項經濟指標處於計畫體制之下，價格的制定、貨幣投放量以及經濟增長完全由政府控制，貨幣政策的作用無法充分表現出來。但由經濟指標可以看出，政府對貨幣的政策是以穩定幣值為主，兼顧經濟發展。
1984至1992年	宏觀管理體制下的貨幣政策	從1984年起，中國人民銀行集中履行中央銀行職能，集中統一的計畫管理體制逐步轉變為以國家調控為主的宏觀管理體制。間接的貨幣政策工具開始使用，但信貸現金計畫管理仍是主要的調控手段。1988年發生了較為嚴重的通貨膨脹。從1989年下半年開始，中央銀行採取了嚴厲的緊縮性貨幣政策。
1993至1997年	以反通貨膨脹為主要目標的貨幣政策	由於1980年代中後期開始對國有企業的放權讓利以及軟預算約束的存在，中國經濟在1990年代初期出現了明顯的「泡沫」趨勢：一是投資與消費需求同時膨脹；二是通貨膨脹高達兩位數；三是貨幣供應量超常增長；四是金融秩序混亂。針對1993至1994年出現的嚴重通貨膨脹現象，中央開始推行從1993至1997年長達四年之久的「軟著陸」宏觀調控。這一時期採取的貨幣政策主要有：第一，整頓金融秩序。第二，強化了中央銀行的宏觀調控能力。第三，調整了貨幣政策的中介目標，採用新的貨幣政策工具。第四，靈活運用利率槓桿，加強利率監管。第五，實施匯率並軌，干預匯率形成，協調運用本外幣政策。透過四年的宏觀調控，經濟成功實現「軟著陸」。
1998至2002年	以反通貨緊縮為主要目標的貨幣政策	中國人民銀行自1998年1月起取消了信貸規模管理，貨幣政策的作用範圍和影響力度得到空前提高。1998年在中國總體經濟出現通貨緊縮的情況下，人民銀行加大了對經濟的支持力度。貨幣政策的提法經歷了「穩健的」、「努力發揮作用」、「進一步發揮作用」等階段，促進經濟增長的政策意圖相當明顯。1998至2002年，中國人民銀行採取了以下貨幣政策措施，刺激國內需求，遏制消費物價指數持續負增長和企業開工不足、失業人口不斷增長的趨勢：大幅度降低利率，擴大貸款利率浮動區間；加大公開市場操作力度，靈活調控基礎貨幣；取消貸款限額控制，靈活運用信貸政策，調整貸款結構。

（續）表 3-1

階段	特徵	主要內容與實際操作
2003至2008年	以反通貨膨脹和抑制經濟過熱為主要目標的貨幣政策	2003年初，針對經濟中出現貨幣信貸增長偏快，部份行業和地區盲目投資和低水準擴張傾向明顯加劇等問題，中國人民銀行保持了貨幣政策的穩定性和連續性，繼續實行穩健的貨幣政策，具體政策措施有：穩步推進利率市場化進程；加強透過公開市場業務操作調控基礎貨幣的能力；上調存款準備金率，實行差別存款準備金率制度；加強房地產信貸業務管理；適時對金融機構進行窗口指導。
2009至2010年	以保增長為主要目標的寬鬆貨幣政策	在世界金融危機日趨嚴峻、中國經濟遭受衝擊日益顯現的背景下，2008年11月，中國政府對宏觀調控政策進行了重大調整，決定實行積極的財政政策和適度寬鬆的貨幣政策，並在其後兩年多時間內安排四兆元資金啟動內需，促進經濟穩定增長。2009年，中國貨幣政策的寬鬆程度堪稱十餘年之最：廣義貨幣供應量增長27.7%，比 GDP 增長率與消費物價漲幅之和高二十個百分點，新增人民幣貸款接近十兆元，幾乎為上年新增貸款的二倍。在中國經濟遭受國際金融危機衝擊之際，適度寬鬆的貨幣政策意在增加貨幣供給，在繼續穩定價格總水準的同時，進一步發揮貨幣政策在促進經濟增長方面的積極作用，但寬鬆貨幣政策帶來的信貸激增也被認為在一定程度上助長了資產尤其是房地產價格泡沫。

總體而言，二十世紀九〇年代以來，在中國貨幣政策制定和執行的過程中，直接調控逐步縮小，間接調控不斷擴大。貨幣政策最終目標確定為「穩定幣值並以此促進經濟增長」；貨幣政策中介目標和操作目標從貸款規模轉向了貨幣供應量和基礎貨幣；存款準備金、利率、中央銀行貸款、再貼現、公開市場操作等間接調控手段逐步擴大。目前，中國已基本建立了以穩定貨幣為最終目標，以貨幣供應量為中介目標，運用多種貨幣政策工具調控基礎貨幣（操作目標）的間接調控體系。

專欄 3-2 中國的信貸計畫及其轉變

在計劃經濟體制下，中國實現了製造業和服務業的國有化以及農業集體化，對生產單位實行物質生產的中央計畫和物資的中央配置，基本建設由國家財政撥款，企業利潤上交國家。貨幣的作用相當有限，僅僅用於工資支付、農產品收購和商品零售，商品的價格、利率和匯率受到國家的嚴格管制。相應的，中國沒有明確的貨幣政策中介目標，信貸計畫和現金計畫一直是中央銀行的重要貨幣政策工具。

信貸計畫是中央銀行控制貨幣發行量的重要手段。過去，信貸計畫體系相當龐雜，主要可以劃分為五個層次，即社會信用規劃、中央銀行貸款年度計畫、國家銀行信貸計畫、其他金融機構信貸計畫以及企業直接融資等信用活動計畫。其中社會信用計畫由中國人民銀行總行制定並上報國務院，再由中國人民銀行總行下達，涉及全社會的信用活動；而中央銀行貸款年度計畫由中國人民銀行總行負責並組織各級人民銀行實施，用於控制貨幣發行和中央銀行再貸款等規劃的計畫；同時，國家銀行信貸計畫則包括中國人民銀行、政策性銀行、國有獨資商業銀行、交通銀行以及郵政儲蓄機構的資金來源和運用計畫；此外，其他金融機構信貸計畫主要是指其他商業銀行、城鄉信用社以及各級、各類金融信託投資公司等機構的資金來源和運用計畫；最後，企業直接融資等信用活動計畫則涉及企業發行股票、債券等直接融資規模計畫。

儘管中央銀行信貸配給行為造成了巨大的效率損失並逐漸失控，但是這種信貸計畫體系畢竟曾經在中國發揮過對經濟的調節作用。同時，作為直接調控手段，中央銀行的信貸規模控制和利率管制具有作用明顯而強烈的特點，容易引起經濟的大起大落。應該說，信貸計畫是中央銀行治理經濟的一劑猛藥。

一九八四年以前，中國實行的是信貸差額控制，如果一家銀行能夠得到更多的存款或資金，它就可以多發放貸款。但是，一九八四年末的全國信貸計畫會議卻提出從一九八五年起以上年貸款餘額為基數，進行信貸資金管理體制改革。為了爭取更高的貸款基數，幾乎所有商業銀行都趕在一九八四年底之前爭相擴大信貸，使得當年現金投放量比上年增長了四九％，信貸失控。於是，從一九八五年開始，中國人民銀行採取嚴厲措施緊縮信貸規模。這導致了一九八五年下半年開始的經濟下滑，如圖3-2所示，通貨膨脹率從一九八五年的九．三％下降到一九八六年的六．五％，而經濟增長率從一九八五年的一三．五％下降到一九八六年的八．八％。一九八八年，中國開始實行價格改革，這導致了全國性的搶購風潮，

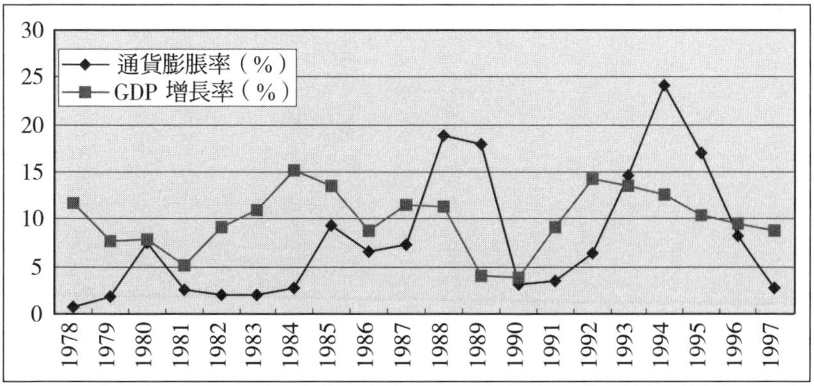

圖3-2　從改革開放（一九七八年）到間接調控體系基本確立之前（一九九七年）的GDP增長率和通貨膨脹率

通貨膨脹率從一九八七年的七・三%驟然上升到一九八八年的一八・八%。一九八八年九月，中國開始實行嚴厲的貨幣緊縮政策，經濟增長率從一九八八年的一一・三%下降到一九八九年的四・一%。經過一九八九至一九九一年的治理，通貨膨脹率逐漸下降到合理水準。一九九二年，在鄧小平「南巡」講話的大背景下，經濟發展速度加快，信貸急速擴張，通貨膨脹率超過兩位數。在這種情況下，中國人民銀行並沒有像前兩次那樣全面緊縮銀根，而是採用了適度從緊的貨幣政策，並且在一九九六年成功實現了「軟著陸」。

從一九九六年開始，中國正式將貨幣供應量作為中介目標，並宣佈「九五」期間貨幣供應量控制目標定為Ｍ１（狹義貨幣）平均增長一八%，Ｍ２（廣義貨幣）平均增長為二三%。同時，中國人民銀行正式將貨幣供應量作為中介目標，開始公佈Ｍ０（流通中的現金）、Ｍ１和Ｍ２三個層次的貨幣供應量指標。此後，隨著市場經濟的發展，貨幣供應量不再像過去那樣完全由貨幣供給決定，而是愈來愈多地受到貨幣需求的約束，貨幣供給的內生性增強。

中國貨幣政策的目標：最終目標與中介目標

貨幣政策的最終目標

準確理解貨幣政策目標，是理解中國貨幣政策行為的關鍵。貨幣政策目標分為多個層次，從操作目標到中介目標，然後是最終目標。其中，貨幣政策的最終目標是貨幣政策的根本。根據《中國人民銀行法》的規定，「貨幣政策目標是保持貨幣幣值的穩定，並以此促進經濟增長」。在現階段的中國，基於轉型和發展的雙重背景，貨幣政策主要作為宏觀調控體系的一部份存在，因而常常需要在物價穩定、經濟增長、充分就業和國際收支平衡這四個基本目標之間進行權衡。

專欄3-3 貨幣政策目標的制定具有國情差異

一般來說，貨幣政策目標主要包括穩定物價、充分就業、促進經濟增長和平衡國際收支四個基本方面。由於充分就業與經濟增長是一致的，幣值穩定則包括國內價格穩定和匯率穩定兩個方面，而匯率穩定又與國際收支平衡相關聯，所以，貨幣政策最終目標的關鍵在於幣值穩定和經濟增長。

從實踐來看，由於所處的經濟、政治、地理和歷史環境不同，不同的經濟學派曾經就貨幣政策最終目標提出不同觀點。凱恩斯學派堅持貨幣政策以多重目標為好，因為他們認為總體經濟是紛亂蕪雜的；貨幣主義學派則認為貨幣政策應該堅持單一目標，因為事實上多重目標往往難以兼顧。對於中國來說，改革開放之初，中國的貨幣政策目標實際是兼顧物價穩定和經濟增長，這和當時中國需要恢復社會生產力的大背景是一致的。事實上，雙重目標不易兼顧。隨著經濟總量的增長，社會供需矛盾的緩解，中國的貨幣政策目標現已變為「保持貨幣幣值的穩定，並以此促進經濟增長」。

從中國貨幣政策的具體實踐來看，第一層目標是保持幣值穩定，即：對內保持價格的基本穩定，對外保持人民幣有效匯率的基本穩定。改革開放以來，中國發生了五次通貨膨脹和一次外部衝擊下的通貨緊縮，因此，通膨是常態，通縮是非常態，貨幣政策對通膨一直保持高度警惕。目前，由於CPI（Consumer Price Index，消費者物價指數）存在一定程度的統計局限性，宏觀調控和貨幣政策決策一般既要看CPI，又要看PPI（Producer Price Index，生產者物價指數）（圖3-3），還要關注房地產、股票等資產價格，以及居民的通貨膨脹預期。人民幣有效匯率包括名目有效匯率和實際有效匯率，根據統計上的要求，短期主要看名目有效匯率，中長期則看實際有效匯率。目前，中國的匯率形成機制改革已初步完成，目標是在「以市場供求為基礎、參考一籃子貨幣進行調節、有管理的浮動匯率」的框架內，保持人民幣匯率在合理、均衡水準上的基本穩定。

中國貨幣政策的第二層目標是促進經濟增長和增加就業。雖然從法定目標來看，促進經濟增長是次於幣值穩定的第二層目標，但從中國貨幣政策的實踐來看，對經濟增長的關注似乎並不亞於幣值穩定。例如，無論是在中國中期經濟發展的「五年規劃」中，還是在歷年的《政府工作報告》及《貨幣政策執

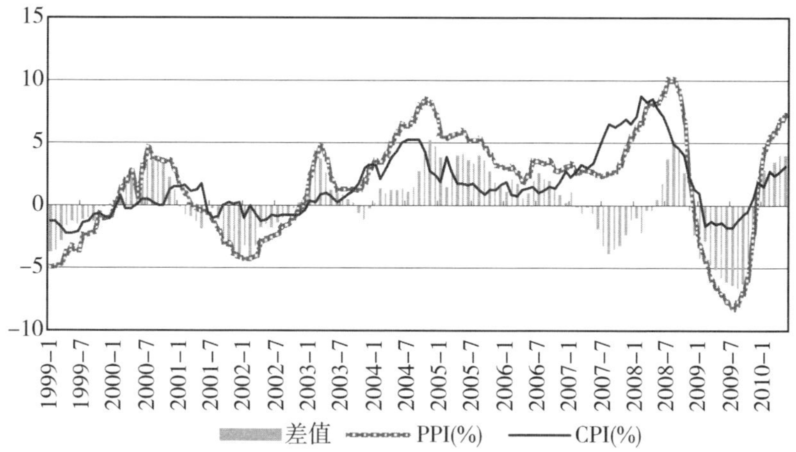

圖3-3　中國的CPI和PPI走勢：一九九九至二〇〇九年

行報告》中，都有關於經濟增長目標的定量目標數。近年來，中國的GDP以一〇%左右的速度增長，即使在全球遭受金融危機重創的二〇〇八至二〇〇九年，中國經濟的增長率仍超過了九%（圖3-4）。

由於從運用貨幣政策工具（調節法定存款準備金率、開展公開市場操作等等）到影響貨幣當局關注的經濟增長與物價穩定等最終目標之間，存在顯著的時滯，因此各國貨幣當局為實現貨幣政策目標，通常要採用所謂的「中介目標」。

貨幣政策中介目標是中央銀行設置的可供觀測和調整的指標，是實現貨幣政策最終目標的可傳導性金融變數，主要包括貨幣供應量和利率。到底中介目標應當採用貨幣供應量還是利率，曾經是貨幣政策理論與實踐中爭論的經典問題，選擇依據則是利率或者貨幣供應量之中，哪個與經濟增長及物價穩定的關係更加密切，經濟受到的衝擊主要是來自於實體經濟還是金融領域。

一般而言，作為貨幣政策中介目標的變數應具備

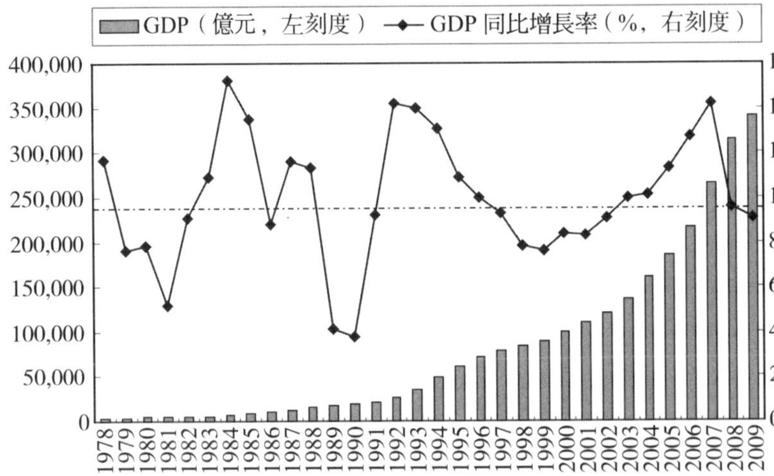

圖3-4　中國的GDP總量和增長率：一九七八至二〇〇九年

可控性、可測性和相關性三個基本標準。所謂可控性，是指中央銀行能夠藉由各種貨幣政策工具的使用，對目標金融變數進行有效的控制和調節；所謂可測性，是指中央銀行可以迅速、準確獲知目標變數的資訊；而相關性則是指中介目標或操作目標與最終目標之間的關聯程度，如果相關性強，中央銀行就可以藉由對過程目標的準確控制達到實現貨幣政策最終目標的目的。當然，貨幣政策的中介目標並非一成不變，它往往取決於中央銀行的貨幣政策傳導機制的變化，不同時期、不同國家的貨幣政策中介目標往往存在一定差異（表3-2）。

近年來，貨幣政策中介目標體系的建立和完善是中國貨幣政策調控機制變革的一個重要標誌，主要表現在：取消了對商業銀行信貸規模的限額控制，建立了以基礎貨幣為操作目標、貨幣供應量為效果目標的中介目標體系，利率市場化改革取得重大進展。

從貨幣政策的實踐來看，中國在一九九三年首

表 3-2 二戰後主要發達國家貨幣政策目標的演變

	50至60年代	70至80年代	90年代以後
經濟背景	經濟危機之後，失業問題嚴重	經濟出現滯脹	經濟開始復甦，但通膨嚴重
貨幣政策理論依據	凱恩斯主義理論，強調財政政策	貨幣主義理論，強調貨幣政策	強調貨幣政策和財政政策的協調
貨幣政策最終目標	以充分就業、經濟增長為主要目標	以穩定價格為主要目標	以反通膨為唯一目標
貨幣政策中介目標	以利率為主要中介目標	以貨幣供應量為主要中介目標	放棄用貨幣供應量作為中介目標
貨幣政策操作目標	以短期利率、同業拆解市場利率和儲備水準作為主要操作目標		

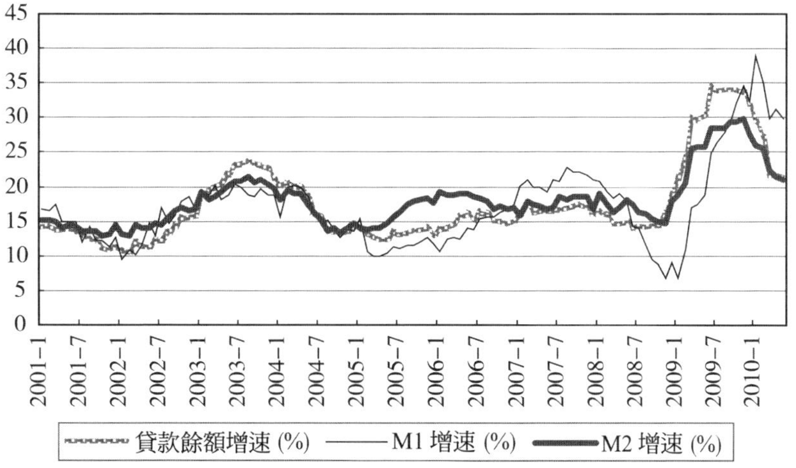

圖3-5 中國的貨幣供應量：二〇〇一至二〇〇九年

次向社會公佈貨幣供應量指標，並於一九九六年起採用貨幣供應量M1和M2作為貨幣政策的調控目標，標誌著貨幣政策中介目標的正式引入（圖3-5）。一九九八年，隨著信貸規模控制遭到放棄，貨幣供應量作為中介目標的地位進一步得到鞏固。

應該說，以一九九八年一月

一日取消貸款規模的指令性計劃管理為標誌，中國的貨幣政策開始了從直接調控到間接調控的轉變。但這種轉變沒有改變數量型調控為主的格局，只是把貨幣政策的中介目標從貸款規模轉向了貨幣供應量，從金融機構的資產方（貸款）轉向了負債方（現金＋存款）。因為，隨著金融機構資產多元化和外匯佔款比重的上升，僅看貸款已經不全面，而廣義貨幣供應量M2是反映社會總需求和貨幣總量較為全面的指標。

隨著貨幣市場的發展和金融機構定價能力及內部管理水準的提高，市場主體對利率的敏感性愈來愈強，利率對金融市場及其參與者的影響也愈來愈大。同時，匯率改革、調整和預期也愈來愈大地影響金融機構、金融市場、企業和居民的行為。在這種情況下，在數量型間接調控為主的前提下，貨幣政策還需要兼顧價格目標。總體而言，中國貨幣政策的實踐涉及協調以下幾個方面的關係，即：數量目標與價格目標的關係、流動性與市場利率的關係、市場利率與法定利率的關係、利率與匯率的關係。

中國貨幣政策的工具與傳導機制

貨幣政策工具

貨幣政策工具通常包括一般性貨幣政策工具、選擇性貨幣政策工具、直接信用控制工具和間接信用控制工具等。具體而言，一般性貨幣政策工具可分為法定存款準備金率、貼現貸款與貼現率和公開市場操作；選擇性貨幣政策工具可分為消費者信用控制、不動產信用控制和證券市場信用控制；直接信用控制工具主要包括信貸配給（credit rationing, 信用分配）、直接干預、流動性比率和利率最高限額等；間接信用控制工具主要包括道德勸告（moral suasion, 道德勸說）和窗口指導（window guidance）。

根據《中華人民共和國中國人民銀行法》的相關規定，中國的貨幣政策工具主要包括：存款準備金、中央銀行基準利率、再貼現、中央銀行貸款、公開市場，以及國務院確定的其他貨幣政策工具。

隨著中國金融體制改革的不斷深化，堅持市場化手段為主的多種工具的靈活運用成為貨幣政策操作的基本原則。依託銀行主導型金融體系的基本架構，銀行間市場逐漸發展成為金融機構最主要的短期資金融通的場所，也成為中央銀行貨幣政策操作的平臺。目前，中央銀行貨幣政策工具箱裡主要有四個數量型為主的工具和兩個價格型工具，前者包括公開市場操作、存款準備金率、再貸款和再貼現、指導性信貸計畫和窗口指導，後者包括利率和匯率（表3-3）。六大貨幣政策工具都是市場化的工具，它們的靈活搭配和運用是貨幣政策成功的保證。

從近年來中國貨幣政策的實踐來看，貨幣政策的主要任務是在經常帳戶和資本帳戶雙盈餘的情況下，確保物價與匯率雙穩定的目標。從操作上看，要保持人民幣匯率穩定，央行必須在外匯市場上買入從兩個賬戶流入中國的外匯，同時賣出人民幣；而要保持物價穩定，央行必須控制貨幣供應量，使貨幣供給的增長與貨幣需求的增長一致。外匯流入規模較小時，匯率穩定與物價穩定這兩個目標容易達到一致。但當外匯流入量較大時，央行在買入外匯的過程中，可能被迫釋放出超額的人民幣數量，從而導致匯率穩定與物價穩定之間的衝突。

為解決外匯持續流入所帶來的問題，中國人民銀行所採用的方法是在既定的匯率政策框架下，在持

表 3-3　中國的貨幣政策工具

工具	特徵	說明
公開市場操作	最經常、最靈活的工具	中國的公開市場操作始於1996年，2000年後在對沖由於外匯佔款過多而投放的流動性方面發揮愈來愈重要的作用。截至2010年3月，央行票據餘額已達4.37兆元。
存款準備金率	特殊時期擔當重任	作為貨幣政策的傳統三大工具之一，存款準備金率在經濟偏熱和貨幣信貸增長過快的特殊時期（2003至2007年）往往與公開市場操作配合使用，收緊多餘的流動性；而在經濟面臨衰退時期，央行也多次根據實際情況下調準備金率，增加信貸投放。
再貸款／再貼現	以回收資金為主	再貸款和再貼現大方向上以回收流動性為主，服從於貨幣政策的大局。再貸款結構上靈活調整，有收有放，如對農村信用社的支農再貸款政策一直比較寬鬆，有利於加大農村金融支持。
指導性信貸計畫／窗口指導	輔助性的工具	由於貸款仍是貨幣供應的主管道，因此，每年年初都有一個預測性、指導性的信貸計畫。在經濟過熱時期，貸款經常超過指導性貸款計畫，此時，窗口指導有利於引導市場回歸常態。在現階段，堅持市場化工具為主，必要時輔之以指導性計畫和窗口指導，對於及時有效傳導貨幣政策作用明顯。
利率	間接調控的主要工具	目前，中國的利率市場化改革已經完成了存款利率管上限、貸款利率管下限的階段性目標，利率調控和利率傳導取得了實質性的進展。根據國際經驗和中國的實際情況，逐步加大利率調控和傳導的份量，並逐步實現從數量型為主的間接調控向價格型（利率）為主的間接調控轉變，這是未來的方向。
匯率	間接調控的重要工具	隨著以市場供求為基礎的、參考一籃子貨幣進行調節、有管理的浮動匯率機制的建立，中國的匯率改革邁出了決定性的一步。在可預見的將來，匯率機制將會保持相對穩定，市場將會發揮主要調節作用。

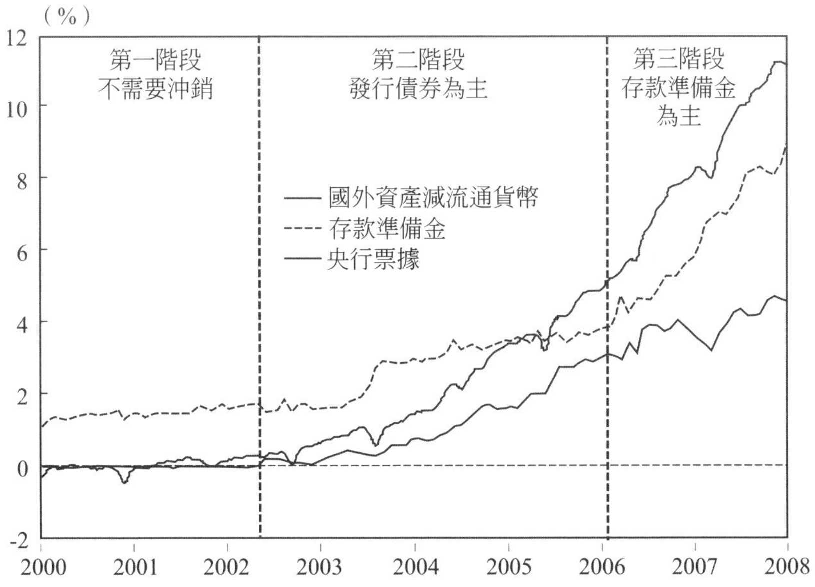

圖3-6　央行的沖銷操作：債券發行與存款準備金

續購入外匯的同時，應用貨幣政策工具來沖銷外匯流入引起的過量貨幣供給增長，維持物價穩定。圖3-6顯示了二〇〇〇年以來中國人民銀行透過貨幣政策工具進行貨幣沖銷的情況，大致可分為三個階段：在第一階段（二〇〇二年八月之前），國外資產增長速度較慢，不需要沖銷；第二階段是二〇〇二年九月至二〇〇六年八月，由於國外資產積累速度超過了流通中貨幣的增長速度，中國人民銀行開始透過發行央行票據的方式來對沖額外的流動性；第三階段從二〇〇六年下半年開始，隨著國外資產增長速度進一步加快，除了發行票據外，中國人民銀行更運用了提高存款準備金率的方式來凍結多餘的流動性，在此期間，存款準備金率由八％持續上調至一七．五％。除透過上述數量工具直接控制貨幣供給量之外，中國人民銀行還多次調整了存貸款基準利率，透過價格手段調節貨幣供求。

總體而言，從中國貨幣政策的實踐可以看出，面對不同的經濟運行情況，中央銀行會靈活採用不同的貨幣政策工具或工具組合。其中，最常用的工具是央行票據、存款準備金率和基準利率。發行央行票據可以直接從市場回籠貨幣，減少基礎貨幣供給；提高存款準備金率可以約束銀行放貸行為，降低貨幣乘數，從而限制廣義貨幣增長；提高基準利率則是直接調節資金價格，減少貨幣需求。至於中央銀行具體採用什麼工具或工具組合，則取決於經濟運行的實際情況和宏觀調控的客觀需要。

貨幣政策傳導機制

貨幣政策傳導機制是指中央銀行根據貨幣政策目標，運用貨幣政策工具，透過金融機構的經營活動和金融市場傳導至企業和居民，並對生產、投資和消費等行為產生影響的過程。一般情況下，貨幣政策的傳導主要是透過信貸、利率、匯率、資產價格等管道進行的。一般情況下，貨幣政策傳導涉及以下幾個層次的市場主體：中央銀行、金融市場、金融機構、企業和居民。

改革開放前，在計劃經濟體制下，中國基本上沒有商業銀行和金融市場，貨幣政策的傳導機制簡單直接，基本遵循「人民銀行—人民銀行分支機構—企業」的傳導過程，主要透過政策手段直接影響最終目標。在改革開放後的二十世紀八〇年代，隨著中央銀行制度的建立和金融機構的發展，中國逐漸形成了「中央銀行—金融機構—企業」的貨幣政策傳導體系，但貨幣市場尚未完全進入傳導過程。二十世紀九〇年代以後，隨著巨集觀調控方式的轉變和貨幣市場進一步發展，初步形成了「中央銀行—貨幣市場—金融機構—企業」的傳導體系，初步建立從「政策工具—操作目標—中介目標—最終目標」的間接傳導機制。

總體來看，在中國的貨幣政策逐漸轉向市場調節的發展歷程中，一九九八年是一個關鍵的時間分野。一九九八年之前，中國貨幣政策對總體經濟的調控幾乎完全依賴信貸傳導機制，相比之下，利率傳導機制的作用較弱，而資產價格和匯率在貨幣政策傳導中發揮的作用就更加微弱。在這一時段的前期，儘管中央銀行制度得以確立，並且以商業銀行為代表的金融機構有了迅速發展，但是貨幣市場並沒有完全進入傳導過程，因此貨幣政策傳導是沿著「中央銀行—金融機構—企業」這一主線傳遞的。在這一時段的後期，貨幣市場的發展使其在傳導機制中的作用已經很難被忽視，這時貨幣政策傳導機制是沿著「中央銀行—貨幣市場—金融機構—企業」這樣一條主線依次傳遞的。

一九九八年以後，中國對貨幣政策的運行機制進行了改革：一是取消信貸規模控制，增強金融機構的活力，推進存款準備金制度改革；二是穩步推進利率改革，利率市場化的進程大大加快；三是積極推進貨幣市場的發展，提高金融市場的效率；四是推進匯率形成機制改革，實現人民幣經常項目下可兌換，穩步和有序推進資本項目開放。在此基礎上，中國的貨幣政策基本實現了從直接調控向間接調控的轉變，從「中央銀行—貨幣市場—金融機構—企業」的貨幣政策傳遞機制中表現得更為充分。中國貨幣政策傳導機制的歷史沿革可由表3-4 加以概括。

應該指出，從整個中國貨幣政策的實踐歷程來看，與從中央計劃經濟體制向市場經濟體制轉變的歷史進程相適應，中國貨幣政策的傳導機制也經歷了從以行政傳導為主轉向以市場傳導為主的典範轉移（paradigm shift），這一轉變的核心是從以直接調控為主轉向以間接調控為主。而在銀行主導型的金融

表 3-4　中國貨幣政策分階段傳導機制

		改革開放前三十年（1948—1978 年）	改革開放後二十年（1979—1997 年）	間接調控時期（1998 年以後）	傳導過程
政策工具	主要工具	信貸現金計畫	信貸現金計畫	中央銀行貸款	↓
			中央銀行貸款	利率政策	
				公開市場操作	
	輔助工具	信貸政策	利率政策	存款準備金率	
		利率政策	信貸政策	再貼現	
		行政手段	再貼現	指導性信貸計畫	
			公開市場操作	信貸政策	
			特種存款	窗口指導	
操作目標			貸款規模到基礎貨幣	基礎貨幣（監測流動性）	
中介目標		四大平衡	貸款規模到貨幣供應量	貨幣供應量（監測利率、匯率）	
最終目標		發展經濟穩定物價	從發展經濟、穩定物價到穩定貨幣，並以此促進經濟增長	穩定貨幣，並以此促進經濟發展	

資料來源：易綱，《中國貨幣政策框架》，2002。

體系下，金融機構是貨幣政策傳導的核心中間環節，理順中國貨幣政策傳導機制的關鍵在於商業銀行的改革和發展。

在直接調控時期，貨幣政策傳導中沒有金融市場的參與，中央銀行直接調控商業銀行的貸款行為，貸多貸少，貸給誰都有明確的計畫和指令，在商業銀行治理機制不健全的情況下，盲目擴張行為較為普遍。二十世紀九〇年代以來，隨著中國金融機構改革力度的加大，商業銀行的公司治理機制進一步完善，管理能力和管理水準得到明顯提高。商業銀行的成功改革，有利於充分發揮市場機制的作用，進一步疏通貨幣政策傳導機制。尤其是隨著利率市場化的穩步推進，各類金融機構的定價能力、定價水準和定價制度建設都取得了不同程度的進展，貨幣政策開始進入間接調控時期。

在間接調控模式下，利率在貨幣政策傳

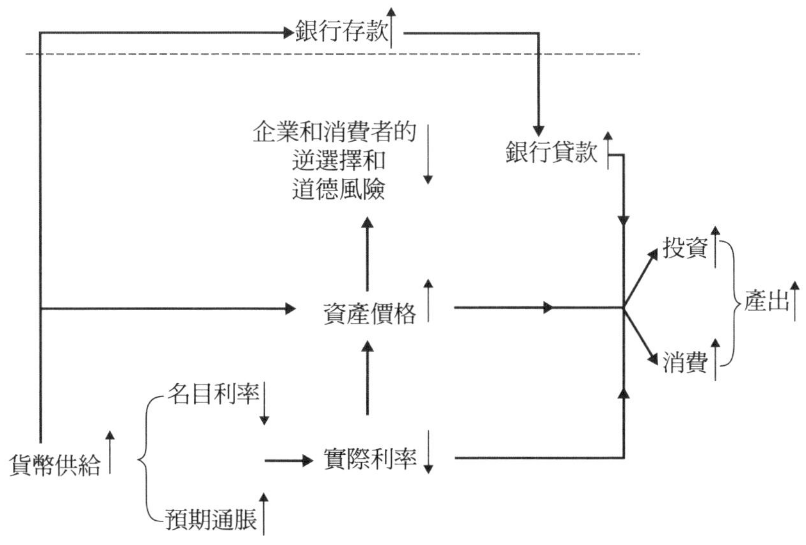

圖3-7　中國的貨幣政策傳導機制

導機制中具有核心地位和作用。在中國的貨幣政策間接調控體系建立之前，由於利率和匯率被管得過死，貨幣市場、資本市場和外匯市場很不發達，中央政府主要透過信貸現金計畫執行貨幣政策：銀行存款增加以後，後面緊隨著銀行貸款的增加，然後是投資和消費的上升，最終是產量的增加（這種傳導機制可以由圖3-7 非常簡單的表示出來）。

隨著金融市場的發展以及利率管制的放鬆，中國的貨幣政策傳導機制開始與市場經濟條件下的傳導模式接軌：在利率傳導機制方面，隨著貨幣供給增加，名目利率的下降和通貨膨脹預期的上升將導致實際利率下降，從而刺激投資和消費，於是產出增加；在資產價格傳導機制方面，貨幣擴張將使得企業和消費者持有的資產價格上漲，從而引發投資和消費欲望的擴張。當然，由於現階段外匯管制依然存在，而人民幣也僅僅實現了經常項目可自由兌換，使得貨幣政策暫時還不能透過實際利率的改變而影響匯率，進而影響進出口。

當然，貨幣政策傳導機制決不是以上介紹的孤零零的幾條線路，而是交互作用、錯綜複雜的。貨幣政策傳導是一個複雜的過程，涉及中央銀行行為、金融市場行為、金融機構行為、企業和居民個人行為，不是哪一個環節單一作用的結果。此外，在實踐中，貨幣政策傳導的有效性還受到各國具體經濟環境的影響❶，這些都使得貨幣政策的傳導機制具有很強的時空性和動態性。

在下一步改革過程中，中國貨幣政策有效傳導的關鍵仍然在於商業銀行利率定價機制的進一步完善。同時，隨著金融市場的發展和金融開放的不斷推進，資產價格的波動和金融創新所帶來的環境改變，也將會對中國貨幣政策的傳導機制產生影響。因此，堅定不移地繼續推進金融機構改革，進一步提高金融市場的深度和透明度，加強對金融創新影響貨幣政策傳導管道的研究，是進一步提高中國貨幣政策傳導效率的必然選擇。

中國貨幣政策的未來：進程與趨勢

總體而言，在過去的十多年中，儘管面臨複雜的內部和外部經濟環境，中國的貨幣政策一直在實踐中摸索和不斷前進。在事實上的多目標框架下，中國的貨幣政策最大限度地兼顧了改革和發展的雙重需要，一方面積極支援經濟增長和經濟結構調整，另一方面密切關注物價的整體穩定，防止經濟的大起大落。透過綜合運用多種貨幣政策工具，合理安排貨幣政策工具組合、期限結構和操作力度，中國的貨幣政策也在實踐中不斷完善，政策的針對性、靈活性和有效性得到了顯著提升。

在下一步的發展取向上，中國貨幣政策的主題是要在進一步鞏固和完善現有框架的基礎上，根據貨幣政策實施的內外環境變化，積極研究如何調整貨幣政策以實現中國經濟持續發展的現實需要。從目前的情況來看，中國貨幣政策框架的完善將圍繞以下三個方面的核心內容展開：

一是進一步鞏固「穩定幣值並以此促進經濟增長」的貨幣政策法定目標。在相當長一段時期內，中國作為轉型經濟中的大國，貨幣政策不得不以經濟增長為主、兼顧通貨膨脹，這種以經濟增長為主要目標的貨幣政策是傳統計劃經濟體制下政府主導、以投資帶動經濟增長的產物。隨著中國市場經濟體制的全面建立，一九九五年透過的《中華人民共和國中國人民銀行法》已經明確將貨幣政策的法定目標界定為「維持人民幣幣值的穩定並以此促進經濟增長」，從而正式把控制通貨膨脹置於首要和基礎性的地位。在下一步的中國貨幣政策實踐中，進一步鞏固「穩定幣值並以此促進經濟增長」的貨幣政策法定目標是有效管理通貨膨脹預期、應對資產價格泡沫、促進轉變經濟發展方式的必然之選。尤其是在人民幣日益國際化的背景下，堅持人民幣幣值的穩定，有利於穩定市場預期，提高人民幣作為國際通用貨幣的信用基礎。此外，在資產價格泡沫引發全球金融危機的背景下，中國的貨幣政策也開始積極探索如何防止資產價格泡沫帶來的系統性風險。

二是貨幣政策工具的運用從主要依賴數量類調控工具向更多地使用價格類調控工具轉變。在轉型經濟中，受傳導機制和政策偏好的影響，政策制定者往往傾向於依靠數量類調控工具，迴避使用價格類

❶如經濟規模、利率市場化程度、存貸款規模、金融運行主體和客體、金融結構和制度安排，以及宏觀預期、金融服務技術等。

調控工具，這反映了傳統計劃經濟的思維模式所留下的烙印。隨著中國市場經濟體制的全面建立和金融業改革的全面推進，價格機制對微觀主體的影響愈來愈顯著，人們也愈來愈傾向於透過價格手段進行調節。近年來，中國人民銀行已經開始逐步注重價格型工具的運用，如多次透過再貸款和再貼現利率的調整來應對可能出現的通貨膨脹壓力。可以預見的是，隨著中國金融市場機制的進一步完善和深化，貨幣政策工具的運用也將從主要依賴數量類調控工具向更多地使用價格類調控工具轉變。

三是進一步完善貨幣政策的傳導機制，構建貨幣政策有效傳導的金融環境。隨著經濟改革的不斷深入，金融機構的經營目標逐步向利潤最大化目標轉變，但和成熟市場經濟的要求相比還有一定差距。由於體制因素影響，在一些金融機構和企業的經營目標中，微觀主體並不追求利潤的最大化，這在一定程度上影響了價格型貨幣政策工具的傳導效果。近年來，為了建立對價格信號反應靈敏的個體基礎，中國開始逐步加強公司治理，並一直致力於加強對金融機構的監管和改革，完善有利於貨幣政策高效率傳導的金融市場環境。可以預期，在中國市場經濟不斷深化的宏觀大背景下，隨著貨幣政策調控方式從以直接調控為主轉向以間接調控為主，貨幣政策傳導的個體基礎將愈來愈健全，貨幣政策的傳導機制也將愈來愈完善。

需要指出的是，雖然圍繞上述三個方面形成了中國未來貨幣政策的基本框架，但隨著中國不斷擴大金融開放，國際和國內形勢的交融將顯著增加貨幣政策實施的難度。比如，隨著資本帳戶的開放，資本流動將顯著增加，貨幣政策的獨立性會因為經典的「三元悖論」（Mundellian Trilemma）問題而受到影響。又比如，隨著股票市場的發展和貨幣電子化趨勢的加強，整個社會的信用環境和貨幣流通速度都將發生顯著變化，貨幣政策如何評估和合理應對這些變化，也是一種挑戰。

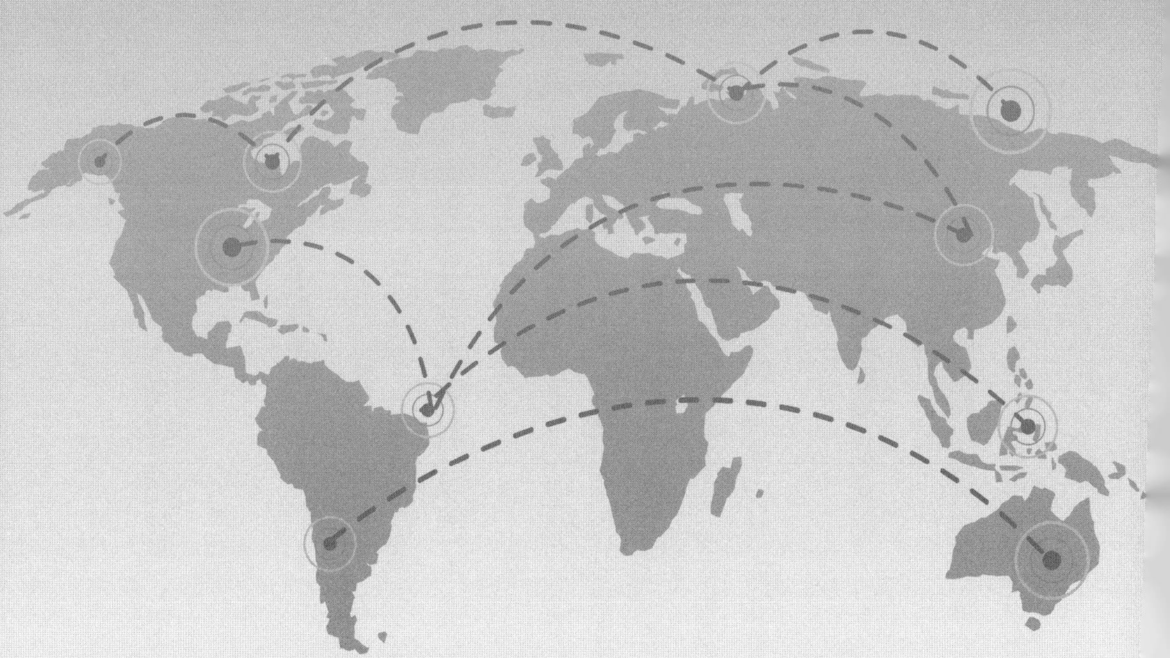

Chapter 4

人民幣匯率制度

自主性、可控性和漸進性是中國匯率改革的基本原則。中國匯率改革的基本目標是建立健全的、以市場供求為基礎、且有管理的浮動匯率體制，保持人民幣匯率在合理、均衡水準上的基本穩定。中國穩步推進匯率市場化的努力從未停止。二〇〇五至二〇一〇年，人民幣已累計升值超過二〇%。

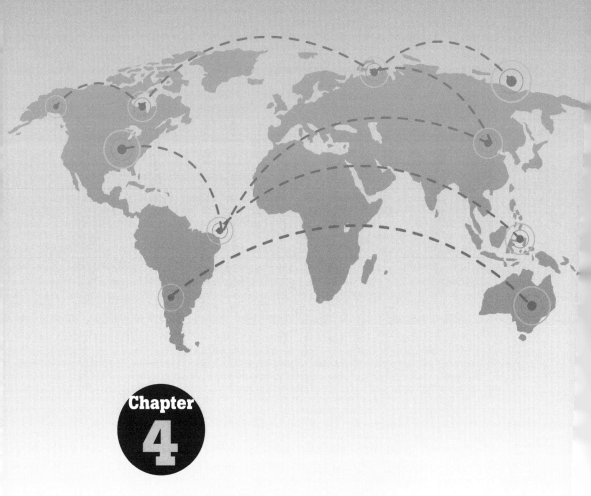

人民幣匯率：促進經濟內外均衡的關鍵變數

什麼是匯率？

匯率問題一直是經濟學中的熱門問題，匯率理論也一直是國際金融理論的核心。不論是獨立發行貨幣的國家還是貨幣同盟，都有一個貨幣價格——匯率（exchange rate）。作為開放經濟中的核心經濟變數，匯率不僅與經常項目和資本項目直接相關，也是影響總體經濟走勢的關鍵因素：匯率起伏不僅僅體現為外匯交易機構的盈虧，更重要的是影響一國國際貿易、資本流動、物價水準以及就業水準。匯率可分為實際有效匯率和名目有效匯率。從經濟理論來看，最能代表貿易品國際比價的指標是實際有效匯率，它既反映了美元和其他國際主要貨幣的交叉匯率的變化，也經過了對各國通貨膨脹差異的調整。但在實際操作中，未包括通脹差異調整的名目有效匯率通常更為常用，因為實際有效匯率的調整指數（即不同國家可比物價指標）往往很難確定[1]，同時，計算實際有效匯率還存在時間滯後和資料可得性的約束[2]。

人民幣匯率標價及交易

人民幣匯率的決定因素主要是外匯市場的供求關係。中國人民銀行根據前一日全國銀行間外匯交易市場形成的外匯收盤價，參照國際金融市場上主要貨幣匯率的變動情況，每日公佈人民幣對美元及其他主要貨幣的匯率。各外匯指定銀行和經營外匯業務的其他金融機構以此為依據，在中國人民銀行規定的浮動範圍內自行確定掛牌匯率，對客戶買賣外匯。

為保持各銀行掛牌匯率的基本一致和相對穩定，中國人民銀行透過銀行間外匯交易市場相機買賣外匯來實施公開市場業務操作。人民幣匯率採用直接標價法。在人民幣匯價牌價表中，外幣一般是以一百為單位，只有比利時法郎、意大利里拉以一萬為單位，日圓以十萬為單位。人民幣匯價對使用電匯、信匯和票匯賣出外匯時，採用同一匯率。目前人民幣對二十多種外幣訂有匯率。圖4-1 顯示了人民幣對美元、英鎊、歐元和日圓的中間價。

專欄 4-1 匯率與匯率制度

匯率也稱匯價，是一個國家或地區的貨幣兌換另一國家或地區貨幣的比率，是以一種貨幣表示另一種貨幣的價格。匯率是國際貿易中重要的調節槓桿。一個國家或地區生產或出售的商品都是按本國或本地貨幣來計算成本的，匯率的高低直接影響該商品在國際市場上的成本和價格，直接影響商品在國際市場上的競爭力。匯率制度可簡單劃分為固定匯率制與浮動匯率制，二者孰優孰劣取決於該國貨幣政策有效性及經濟狀況，最終選擇何種匯率制度要視情況而定。

❶雖然國際上一般選用CPI，但CPI中包含很多不可貿易品，而其他替代指標如PPI、GDP平減指數、單位勞動力成本指數等的接受程度則不太高。

❷與匯率資料容易獲得且即時更新相比，CPI和PPI的資料一般要滯後一個月，GDP平減指數至少滯後一個季度，單位勞動力成本指數則滯後更多，而且不同國家的統計口徑差別較大，一些國家可能沒有可比的資料。

外匯指定銀行對外掛牌的同一外幣匯價實行買賣的雙檔價，即標出銀行買入價和賣出價，買賣差價為五‰。此外還掛有外幣現鈔買賣價，外匯銀行買入外幣現鈔價比買入外匯價一般低二至三‰，外幣現鈔賣出價與外匯賣出價相同。

為了適應對外貿易中使用人民幣計價結算的需要，中國銀行於一九七一年開始增加了遠期人民幣買賣業務，規定可用十五種外幣向中國銀行辦理遠期人民

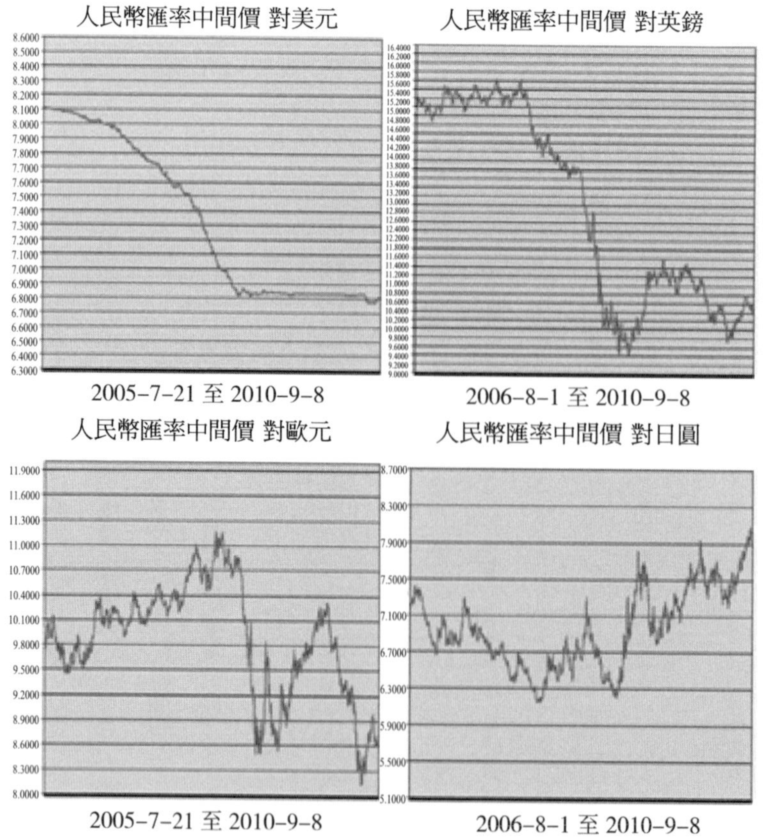

圖4-1　人民幣匯率：對美元、英鎊、歐元和日圓的中間價

幣買賣業務。遠期人民幣買賣匯價不用升水、貼水和平價表示，而是按即期匯率加收一定比例的遠期費辦理。遠期人民幣買賣的交割期限有一個月、二個月、三個月、四個月、五個月、六個月共六個品種。

人民幣匯率的經濟影響

隨著經濟全球化進程加速及中國開放程度不斷提高，出口拉動成為中國經濟增長的重要動力，人民幣匯率對中國經濟內外均衡的重要性日漸增強。一九九七年亞洲金融危機帶來的人民幣貶值呼聲未泯，人民幣升值問題就接踵而來；二〇〇五年「七．二一」人民幣匯改言猶在耳，隨後就有人提出了人民幣需要貶值的觀點。究竟什麼才是合適的人民幣匯率制度，人民幣匯率均衡點位究竟在何處，人民幣匯率起伏跌宕到底會對中國和世界經濟增長產生什麼影響，這些都是亟須回答的問題。

匯率會因各種因素的影響而不斷變動。作為一個高成長的新興市場國家，中國的匯率變動對交易夥伴乃至世界經濟的影響是顯而易見的。以人民幣升值對國內經濟的影響為例，正面影響包括：國際購買力增強，外債還本付息壓力減輕，國內企業對外投資能力增強，部份國內企業成本降低，等等；負面影響包括：抑制出口，不利於引進外資，通貨緊縮壓力增加，單純依靠價格優勢的產業受到衝擊等等。

實際上，匯率問題不僅對外關乎國際貿易和全球經濟平衡，對內關乎經濟增長和經濟結構調整，而且普遍地與國際資本流動和貨幣政策相關聯。根據國際金融學的「三元悖論」理論，對於一個開放經濟體而言，匯率穩定、資本自由流動和獨立的貨幣政策這三項政策目標不可能兼顧，一般只能同時實現其中的兩項。對於一個擁有十三億人口的發展中國家而言，為增強政府調控經濟的主動性能力，中國不可能放棄自身貨幣政策的獨立性。因此，人民幣的匯率問題及其政策取向愈來愈成為關乎中國長期經濟發展的一個重要問題。

人民幣匯率的主管機構

在中國，外匯管理和匯率政策主要由國家外匯管理局制定。匯率政策主要指匯率目標水準的確定及匯率變動的具體方式，包括匯率變動時機的確定、條件的創造、步驟與手段及配套措施的運用等各個相關環節。

與中國經濟從計劃經濟向市場經濟過渡的歷史進程相對應，中國國家外匯管理局對外匯事務的管理也經歷了一個發展變遷的過程。一九七九年三月，國務院批准設立國家外匯管理總局，作為管理全國外匯收支的主管機構。一九八二年八月，根據政企分開的原則，國家外匯管理總局併入中國人民銀行，改稱國家外匯管理局，專門行使外匯管理職能。一九八八年，國家外匯管理局劃歸國務院直屬，由中國人民銀行代管。

中國國家外匯管理局的主要職責包括：

1. 擬定外匯管理的方針、政策、法令、規章及實施細則，並組織實施。
2. 參與編制國家外匯收支計畫、利用外資計畫，負責全國國際收支統計申報制度的實施，編製國際收支平衡表。
3. 擬定國家外匯儲備政策和經營原則，代表中國人民銀行集中管理國家外匯儲備。

4.擬定人民幣匯率政策，監管外匯市場。

5.負責外債登記、統計監測及管理短期外債等工作。

6.負責金融機構外匯業務的審批和監管工作。

7.負責檢查和處理違反外匯管理規定的行為等。

一九九四年以前，人民幣匯率一直由國家外匯管理局制定並公佈。一九九四年一月一日，人民幣匯率並軌，中國隨之開始實施以市場供求為基礎的單一的、有管理的浮動匯率制，中國人民銀行根據前一日銀行間外匯市場形成的價格，公佈人民幣對美元等主要貨幣的匯率，各銀行以此為依據，在中國人民銀行規定的浮動幅度內自行掛牌。

人民幣均衡匯率：未被破解的經濟謎團

現代匯率理論精彩紛呈，但對人民幣均衡匯率的計算似乎意義有限。釐清人民幣均衡匯率之謎，需要結合人民幣匯率制度，在此基礎上才有可能揭示人民幣均衡匯率的「謎底」。理論上，有多少種匯率理論就會有多少種匯率計算方法，很遺憾，計算方法的孰是孰非並沒有一個壓倒性結論，國內外權威機構（本章僅涉及中國國家外匯管理局、ＩＭＦ、世界銀行、歐洲中央銀行）、經濟學家估算的人民幣均衡匯率也大相徑庭。從權威機構計算方法來看，一般很少涉及現代匯率理論，多使用ＰＰＰ模型；而學術界計算方法幾乎涉及了各種匯率理論[3]。

從權威機構的計算方法來看：中國外匯管理局計算並公佈人民幣市場中間價；IMF定期公佈人民幣實際匯率指數[4]；世界銀行不計算人民幣匯率，僅在發佈的中國經濟季報中討論人民幣匯率問題；BIS（Bank for International Settlements, 國際清算銀行）公佈中國官方匯率；歐洲中央銀行只表述自身立場，不計算人民幣匯率。

中國國家外匯管理局在每日銀行間外匯市場開盤前向所有做市商詢價，將全部做市商報價作為人民幣兌美元匯率中間價計算樣本，去掉最高報價和最低報價，對進行報價加權平均，得到當日人民幣兌美元匯率中間價，權重則由中國外匯交易中心根據報價方在銀行間外匯市場的交易量及報價情況等指標綜合確定。人民幣兌歐元、日圓、港幣和英鎊匯率中間價由中國外匯交易中心分別根據當日人民幣兌美元匯率中間價與上午九時國際外匯市場歐元、日圓、港幣和英鎊兌美元匯率套算。

從人民幣均衡匯率的估算來看，理論估算的資料不僅結果相差甚遠，而且計算方法也多有爭議。雖然一些學者認為人民幣匯率存在一定程度的低估，但也有麥金農（McKinnon, 2004）等匯率領域內的頂尖學者堅持目前的人民幣匯率處於最優狀態。總體而言，從匯率理論與實踐的契合度來看，從來都沒有哪種經濟理論的預測能夠與現實中的匯率水準達到高度一致，這也是大部份國家並不會簡單依據理論結果來確定匯率水準的重要原因。

按照經濟學理論，不同匯率制度對一國經濟影響不同，匯率制度各有優劣，一國在選擇匯率制度時需要考慮貨幣政策自主性、國際貿易、通貨膨脹等等一系列問題。關於人民幣匯率問題，在現有研究中，大部份學者都將研究重點放在構建模型、變數選擇上，試圖計算出人民幣均衡匯率水準。然而，僅從紛繁巨大的計算結果分歧，我們就可以清楚地看到，簡單套用現代匯率理論並帶著先驗性的觀點去選擇方法和變數，必然難以得出具有說服力的結論。實際上，匯率制度的選擇會受到很多非經濟因素影響，比如國際政治力量對比、利益集團博奕甚至民族文化的傳承等。

在現階段，人民幣匯率改革同樣要首先考慮自身的政治、經濟制約條件。中國銀行業一九九七年開始了歷程艱難的改革，雖然剝離了不良貸款，進行了外匯注資，但銀行體制仍很脆弱，創新能力不足、缺乏利率、匯率市場化經驗，一旦匯率放開對銀行體系恐非是福。如果銀行出現風險，中央銀行可能以發行貨幣的方式彌補銀行虧損，這又會導致中國貨幣體系紊亂。在充滿市場投機和非理性預期人民幣升值的背景下，若人民幣升值達不到預期程度，則在每次升值後都會產生更高的升值預期，從而使人民幣匯率最終的高度偏離均衡水準。中國還是一個轉型中的新興市場國家，擺在第一位的仍然是就業和經濟增長，貨幣升值恰恰會導致出口下降、減少就業。

---

❸由於ＩＭＦ側重於計算ＲＥＲ（Real Exchange Rate），對人民幣匯率計算方法的討論往往圍繞ＲＥＲ展開，一般來說ＰＰＰ法（或者擴展的ＰＰＰ法）假定購買力平價理論長期成立、總經濟變數關係穩定，雖然外部衝擊使得匯率偏離ＰＰＰ決定水準，但在長期匯率會收斂於ＰＰＰ決定水準。ＰＰＰ模型所需資訊少，研究者可以根據主觀判斷篩選變數，因此應用最為廣泛。

❹ＩＭＦ公佈匯率以「資訊通知系統」（Information Notice System, INS）為準，該系統誕生於一九八三年，目的在於按照ＩＭＦ章程監督成員國匯率，但ＩＮＳ不是匯率，是一種匯率指數。根據ＩＮＳ定義，基金成員國匯率指數有三種計算方法：第一種方法針對二十一個工業化國家，這些國家勞動力成本容易計算，因此使用「勞動力成本法」（Unit Labor Cost Based, REER）。第二種方法針對舊基金成員國，該方法適用於二十一個工業化國家和主要產成品出口的新興市場國家，為「消費者價格指數法」（Consumer Price Index Based, REER）；第三種方法針對新基金成員國，主要是二十世紀九〇年代加入基金的國家。中國屬於第三種國家，這種方法主要以進出口商品作為權重計算匯率指數。

在中國漸進轉軌過程中，一個穩定的國際國內環境對經濟發展至關重要。二十世紀末中國經濟表現不俗，穩定和發展是最主要的原因。如果說匯率完全浮動更有市場效率，那麼匯率有管理的浮動則更利於穩定國內經濟。目前中國的金融體系尚處於初步發展階段，無論是金融企業還是生產企業，都沒有足夠能力應對瞬息萬變的國際金融市場。在這種情況下，中國均衡匯率水準的選擇需要綜合考慮國際和國內多方面的現實因素，而不能簡單地照搬教科書結論或某個學究的資料。

人民幣匯率制度：歷史進程與評價

匯率制度又稱匯率安排，是指一國貨幣當局對本國匯率水準的確定、匯率變動方式等問題所作的一系列安排或規定。各國在選擇匯率制度的時候，往往會根據本國國情選擇適宜的匯率制度，同時也會根據條件的變化對匯率制度進行必要的調整。

從一九四九年公佈人民幣匯率到現在，人民幣的匯率制度經歷了由計畫到市場、由封閉到開放、由僵化到靈活的調整過程。尤其是改革開放以來，為適應對外開放和經濟全球化的要求，人民幣匯率制度的改革不斷深化。人民幣匯率制度的演進並非一蹴而就，而是體現了其內在邏輯性、方向性和原則性，既適應了中國不同時期經濟發展的需要，也體現了與國際匯率制度的接軌。

人民幣匯率制度變革歷程：一九四九至二〇一〇年

自一九四九年迄今，人民幣匯率制度歷經了由官定匯率到市場決定、由固定匯率到有管理的浮動匯率的演變過程。一九四九年至改革開放前，在傳統的計劃經濟體制下，人民幣匯率處於國家嚴格的管理和控制之下。根據不同時期經濟發展的需要，改革開放前中國的匯率體制經歷了單一浮動匯率制（一九四九至一九五二年）、單一固定匯率制（一九五三至一九七二年）和以「一籃子貨幣」計算的單一浮動匯率制（一九七三至一九八〇年）。

十一屆三中全會以後，中國進入了向社會主義市場經濟過渡的改革開放新時期。為鼓勵外貿企業出口，中國的匯率體制從單一匯率制轉為雙重匯率制，經歷了官方匯率與貿易外匯內部結算價並存（一九八一至一九八四年）以及官方匯率與外匯調劑價格並存（一九八五至一九九三年）的兩個時期。在當時的歷史條件下，這種雙重匯率制度對促進外匯收支平衡和中央銀行調節貨幣流通發揮了積極作用。但隨著改革開放的不斷深入，官方匯率與外匯調劑價格並存的匯率雙軌制的弊端逐漸顯現。多種匯率的並存造成了外匯市場的秩序混亂，助長了投機，同時，外匯黑市的長期存在也不利於人民幣匯率的穩定和人民幣的信譽。

一九九三年十二月，中國開始改革外匯體制，決定將人民幣官方匯率和外匯調劑價格並軌，建立以市場供求為基礎的、單一的、有管理的浮動匯率制，同時取消外匯留成，實行結售匯制度，建立全國統一的外匯交易市場。一九九四年一月一日，人民幣官方匯率與外匯調劑價格正式並軌。中國開始實行以市場供求為基礎的、單一的、有管理的浮動匯率制（圖4-2）。企業和個人按規定向銀行買賣外匯，銀

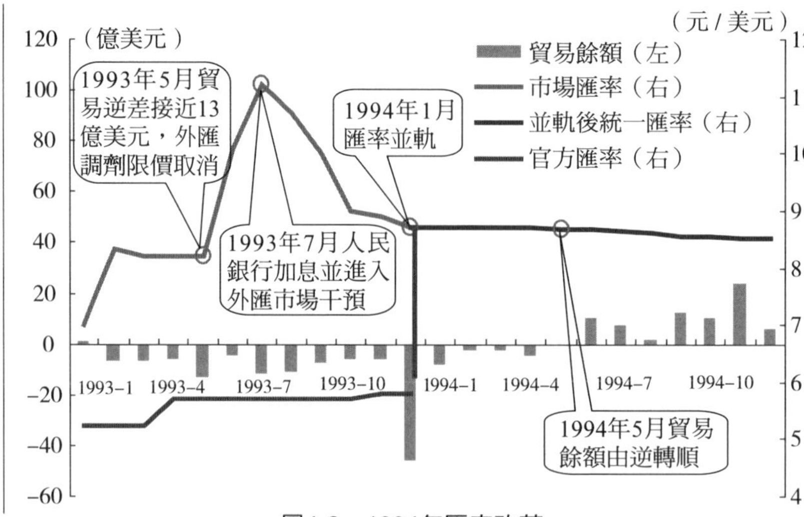

圖4-2　1994年匯率改革

資料來源：中國人民銀行。

行進入銀行間外匯市場進行交易，形成市場匯率。中央銀行設定一定的匯率浮動範圍，並通過調控市場保持人民幣匯率穩定。一九九七年以前，人民幣匯率穩中有升，國際市場對人民幣的信心不斷增強。此後，由於亞洲金融危機爆發，為防止亞洲周邊國家和地區貨幣輪番貶值使危機深化，中國主動收窄了人民幣匯率浮動區間，開始釘住美元匯率。一九九九年，IMF開始把人民幣匯率劃為單一釘住美元的匯率。

隨著亞洲金融危機的影響逐步減弱，中國經濟開始進入持續、平穩發展軌道，經濟體制改革不斷深化，金融領域改革取得新的進展，外匯管制進一步放寬，外匯市場建設的深度和廣度不斷拓展，為完善人民幣匯率形成機制創造了條件。二〇〇五年七月二十一日，中國人民銀行宣佈進行人民幣匯率改革：人民幣匯率不再釘住單一美元，而是按照對外經濟發展的實際情況釘住一籃子貨幣。人民幣對美元即期升值二·一%，匯率制度轉向浮動管理，每天設定〇．三％的浮動範圍。二〇〇七年五月十八日，匯率改革的力度加大，從五月二十一日起人民幣在〇．五％的範圍浮動。

二〇一〇年六月十九日，中國在二〇〇五年匯改的基礎上進一步推進人民幣匯率形成機制改革，其核心是堅持以市場供求為基礎、參考一籃子貨幣進行調節，繼續按照已公佈的外匯市場匯率浮動區間，對人民幣匯率浮動進行動態管理和調節。這是繼續完善有管理的浮動匯率制度的重大舉措，既有利於保持人民幣匯率在合理、均衡水準上的基本穩定，促進國際收支基本平衡和金融市場的穩定，也有利於實現宏觀經濟的長期持續穩定發展。人民幣匯率改革的歷史可由圖4-3簡單地進行描述。

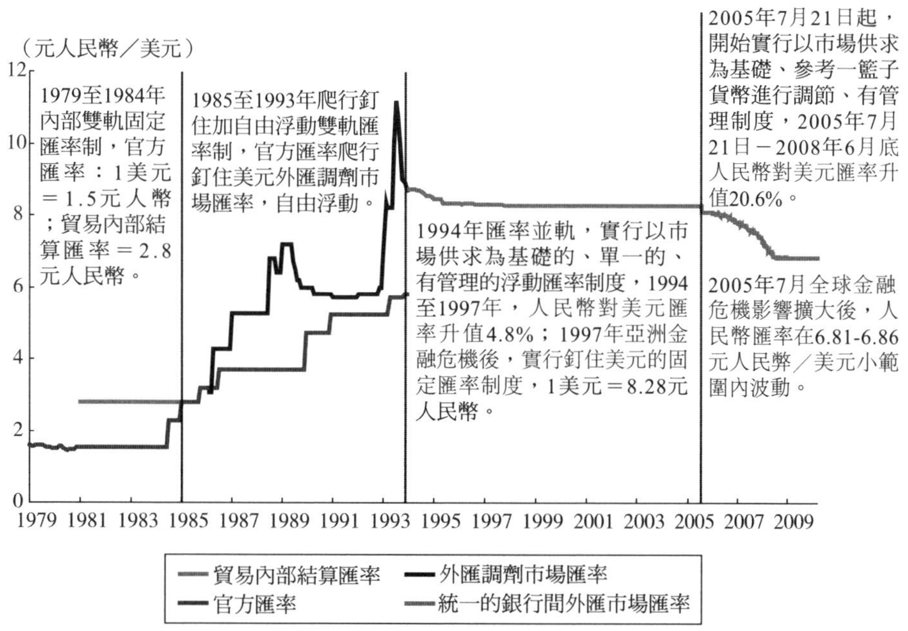
（元人民幣／美元）
12
10
8
6
4
2
0
1979至1984年內部雙軌固定匯率制，官方匯率：1美元＝1.5元人幣；貿易內部結算匯率＝2.8元人民幣。
1985至1993年爬行釘住加自由浮動雙軌匯率制，官方匯率爬行釘住美元外匯調劑市場匯率，自由浮動。
1994年匯率並軌，實行以市場供求為基礎的、單一的、有管理的浮動匯率制度，1994至1997年，人民幣對美元匯率升值4.8%；1997年亞洲金融危機後，實行釘住美元的固定匯率制度，1美元＝8.28元人民幣。
2005年7月21日起，開始實行以市場供求為基礎、參考一籃子貨幣進行調節、有管理制度，2005年7月21日－2008年6月底人民幣對美元匯率升值20.6%。
2005年7月全球金融危機影響擴大後，人民幣匯率在6.81-6.86元人民弊／美元小範圍內波動。
1979 1981 1983 1985 1987 1989 1991 1993 1995 1997 1999 2001 2003 2005 2007 2009
貿易內部結算匯率
外匯調劑市場匯率
官方匯率
統一的銀行間外匯市場匯率

圖4-3　人民幣匯率改革的歷史

人民幣匯率制度改革的成效與經驗

中國在啟動匯率改革時，就確定了人民幣匯率形成機制的改革方向是重歸真正的以市場供求為基礎的、有管理的浮動匯率制度。這一制度包括三個方面的基本內涵：一是以市場供求為基礎的匯率浮動，發揮匯率的價格信號作用；二是根據貿易平衡狀況動態調節匯率浮動幅度，發揮「有管理」的優勢；三是參考一籃子貨幣，不片面地關注人民幣與某個單一貨幣的雙邊匯率。

從有管理浮動匯率制度的實踐來看，政策當局很好地把握了「市場供求」、「有管理」與「匯率浮動」三個方面的基本要求。首先，人民幣匯率改革要力圖真實反映市場的供求關係，在防範風險的前提下，逐步放鬆外匯管制，擴大外匯管制區間，使經濟主體的自願選擇盡可能落入外匯管制區間內，充分反映市場供求變化，體現市場參與者的真實交易意願，為匯率進一步市場化奠定基礎。其次，人民幣匯率改革採取了多樣化的管理方式和手段，既有中央銀行對外匯市場的直接干預，也包括以調節本外幣供求量或利率水準為手段進行的綜合調節。再次，人民幣匯率改革始終堅持穩健推進原則，透過逐步擴大匯率的浮動區間，不斷增加人民幣匯率的彈性（圖4-4）。

總體而言，隨著中國匯率制度改革的不斷深入，有管理的浮動匯率制度的框架和內涵也不斷得到完善，主要表現在以下幾個方面：

一是動態趨向合理均衡匯率水準的機制逐步形成。一九七八年以來，人民幣匯率水準總體上經歷了先貶後升的過程，先從二．八元／美元逐步走低，而後從一九九四年初的八．七元／美元升至二〇〇五年七月的八．一一元／美元，再到二〇〇九年底的六．八五元／美元左右（圖4-5）。匯率浮動區間逐

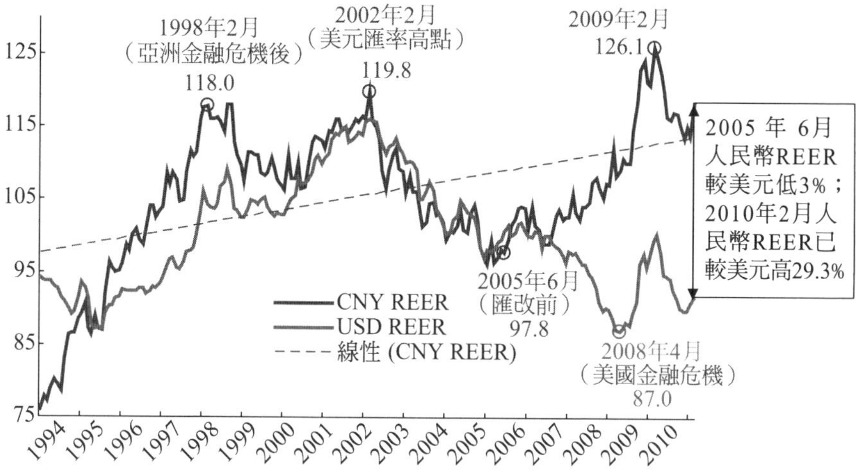

圖4-4　人民幣匯率彈性逐漸增強

資料來源：中國人民銀行。

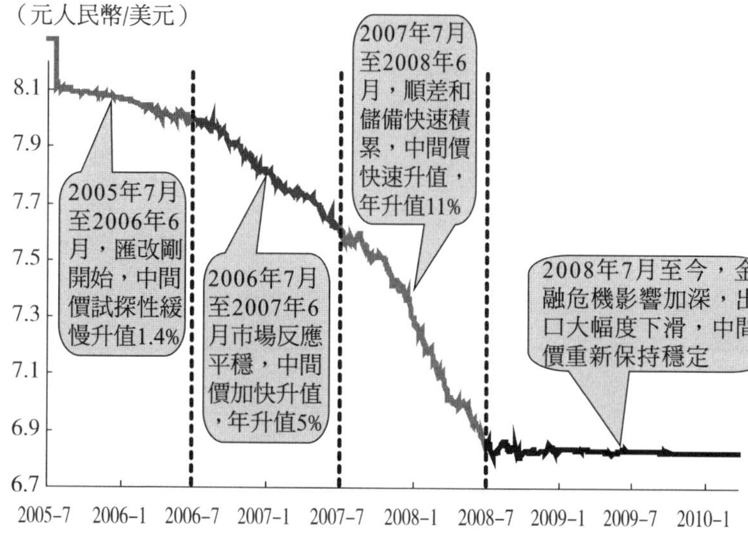

圖4-5　二〇〇五年匯改後人民幣對美元匯率歷經四個階段

資料來源：中國人民銀行。

步擴大，二〇〇五年匯改時人民幣對美元日波幅是〇・三%，二〇〇七年擴大至〇・五%。

市場主體開始透過國際收支、外匯供求等因素動態「尋找」合理均衡的匯率水準。

二是匯率定價更加依照市場供求關係。一九九六年底人民幣經常項目實現可兌換，二〇〇一年以來直接投資、證券投資、跨境融資等資本流動管道逐步拓寬，外匯供求關係逐步理順，貿易投資和個人持有和使用外匯更加便利，外匯供求關係逐步在市場中得到充分體現。

三是匯率形成的市場機制不斷完善。從一九九四年之前的官方和調劑市場雙重定價，過渡到銀行間外匯市場詢價交易和做市商制度，外匯市場迅速發展，市場主體在匯率中間價形成中的作用不斷增強。根據對外貿易和投資日益多元化的格局，匯率水準逐步從單一釘住美元到參考一籃子貨幣進行調節。

專欄 4-2　如何理解中國新的人民幣匯率形成機制的特點？

1. 在市場經濟條件下，市場在資源調節中發揮基本性作用。因此，人民幣匯率的形成機制必須以市場供求為基礎、參考一籃子貨幣進行調節。

2. 由於市場調節具有自發性、盲目性和滯後性，因而，必須加強國家的宏觀調控，為此，人民幣匯率形成機制必須是有管理的。

3. 人民幣匯率形成機制以市場供求為基礎，參考一籃子貨幣進行調節，國家的調控只是一個範圍，因此，人民幣匯率必然是浮動的匯率。

人民幣匯率制度改革：目標、原則與方向

人民幣匯率改革是完善人民幣匯率形成機制改革的一項重要步驟，是深化經濟金融體制改革、建立和完善社會主義市場經濟體系的重要內容。人民幣匯率改革不僅對促進經濟社會全面、協調、可持續發展具有重要意義，而且會對亞太乃至全球經濟產生重要影響。

人民幣匯率制度改革的目標

根據人民幣匯率形成機制改革的要求，人民幣匯率改革的總體目標是：建立健全以市場供求為基礎的、有管理的浮動匯率體制，保持人民幣匯率在合理、均衡水準上的基本穩定。匯率改革的目標不是要達到某個目標的匯率水準，而是要透過改革形成一種機制，使匯率水準能夠基本反映市場供給和需求狀況，促進國際收支的基本平衡。

人民幣匯率制度改革的基本原則

回顧歷史，人民幣的匯率改革充分體現了市場化、漸進性和自主性三大基本原則。這些基本原則既是中國經濟體制改革在匯率制度領域內的反映，同時也體現了中國國家發展戰略轉型的必然要求。

首先，堅持市場化的改革取向。在匯率改革啟動之初，中國就明確了匯率改革的市場化方向。這一市場化改革涉及匯率變動的三個方面：匯率水準的確定、匯率波動的參照體系以及匯率波動的幅度。從改革開放之初建立外匯調劑市場到一九九四年起組建銀行間外匯市場，人民幣的匯率水準逐漸走向市場化。一九九四年中國明確了以市場化為導向的匯率制度改革，隨著一九九六年人民幣經常項目下完全可兌換的實現，人民幣匯率形成的市場機制作用逐漸增強。繼二〇〇五年匯改以來，中央銀行在維持人民幣匯率雙向波動、小幅升值的趨勢下，逐步放鬆匯率管制，更多地讓市場機制發揮作用，使外匯市場自發尋求人民幣匯率的合理均衡水準。其次，堅持漸進式的改革模式。從人民幣匯率改革的歷程來看，從第一階段一九七九至一九九三年的外匯計畫分配和市場調節相結合、實行官方匯率和市場匯率並行的匯率機制，到第二階段一九九四年實行單一的、有管理的浮動匯率制度和一九九六年人民幣經常項目下實現完全可兌換，再到二〇〇五年「以市場供求為基礎、參考一籃子貨幣進行調節、有管理的浮動匯率制度」，各個階段的改革過程非常清晰地體現出了人民幣匯率制度改革的漸進性特點。從宏觀上看，改革開放前，計劃經濟體制下的匯率體制與市場經濟體制不相適應，必須改革，但中國的國情又不允許採取「休克療法」，因此，有步驟、分階段的漸進式外匯體制改革最終成為中國整體經濟漸進式改革藍圖的一部份；從微觀上看，堅持人民幣匯率改革的漸進性也是根據市場變化，充分考慮各個方面承受能力，有步驟地推進改革的必然要求。

第三，堅持改革的自主性。匯率制度改革關乎國家經濟主權，每個國家都有權選擇適合本國國情的匯率制度。面對複雜的國際、國內形勢，人民幣匯率改革要充分考慮的因素至少包括：對總體經濟穩定的影響，對經濟增長的影響，對就業的影響，對金融體系狀況、金融監管水準、企業承受能力和對外貿易狀況的影響，對周邊國家和地區的影響以及對世界經濟金融的影響。在人民幣匯率制度改革過程中，儘管每一次改革都會承受著來自外部各界的壓力，但中國對匯率改革的邏輯、出發點、目標和順序始終保持著清晰的認識。總體來看，中國匯率改革的實踐充分考慮到了對周邊國家、地區以至世界經濟金融的影響，也充分遵循了市場經濟規律。由於匯率改革關乎國家利益，只要條件具備，即使沒有外界壓力，中國也會主動推進匯率改革；如果條件不具備，即使外界施加巨大壓力，中國也不會貿然行事。

專欄 4-3　人民幣匯率形成機制改革的三個基本原則

在人民幣匯率形成機制改革過程中，中國政府始終堅持三個基本原則，即：主動性、可控性和漸進性。

1. 主動性是指根據國家改革和發展的需要，決定匯率改革的方式、內容和時機。
2. 可控性是指對人民幣匯率改革引起的各項變化要在宏觀管理上具備控制力，既要推進改革，又不能對總體經濟失去控制，避免出現金融市場動盪和經濟大幅波動。
3. 漸進性是指根據市場變化，充分考慮各個方面的承受能力，有步驟地推進改革。

人民幣匯率制度改革的方向

人民幣匯率形成機制的改革，有力地把中國的匯率市場化推進了一大步。但是，新的匯率制度尚需進一步完善，中國仍面臨著一系列較為突出的問題：一是人民幣升值預期問題，二是國際經貿摩擦問題，三是國內產業結構失衡問題，四是外匯儲備超常快速增長問題。上述問題使人民幣匯率改革面臨嚴峻挑戰，在繼續深化人民幣匯率形成機制改革的過程中，必須高度關注和準確把握人民幣匯率政策的取向。

一是要充分認識匯率改革所處的階段和背景。目前，中國的外匯市場與外匯管理體系尚不能完全適應經濟金融對外開放發展的要求。作為一個開放的發展中國家，中國必須堅持貨幣政策的獨立性，而資本項目的放開也有一個漸進的過程，在此期間，一個具有充分彈性、有管理的浮動匯率制是人民幣匯率機制改革的必然。這意味著，今後人民幣匯率的調整還將在有管理浮動的框架下進行。對人民幣匯率浮動的管理，主要體現三個取向：一是在宏觀上要防止匯率過度波動和金融市場的過度投機；二是匯率向促進資源優化配置和國際收支平衡的方向調整；三是與大多數企業在資源配置優化過程中的承受力相適應，避免出現大規模的企業倒閉和失業。

二是要堅持完善匯率機制優先。人民幣匯率制度改革涉及「機制」與「水準」兩方面的問題，並非僅僅是匯率水準問題，更不是簡單的人民幣升值問題。機制問題是人民幣匯率制度的基礎和核心，完善匯率形成機制是人民幣匯率制度改革的首要任務。如果沒有完善的人民幣匯率形成機制，保持人民幣匯率在合理、均衡水準上的基本穩定就失去了制度基礎。完善人民幣匯率形成機制必須充分考慮中國社會、經濟的承受能力，避免匯率大幅波動。從這個意義上看，完善匯率機制優先也是人民幣匯率改革自主性和漸進性原則的要求和體現。當前及今後一段時期，實施積極的人民幣匯率政策的主要任務是在穩定匯率的前提下，實施積極的人民幣匯率政策，如擴大人民幣匯率波動幅度、增強人民幣彈性、完善外匯市場運行體制、加快外匯市場產品創新、調整外匯管理政策等等。此外，人民幣匯率制度的改革是一個動態的過程，要在繼續堅持主動性、漸進性和可控性原則的基礎上，根據國情不斷完善人民幣匯率形成機制，提高匯率生成的市場化程度，使匯率政策朝著更加市場化的方向發展。

專欄 4-4 逐漸增加人民幣匯率彈性是可行路徑

在人民幣升值問題上，存在三種政策選擇：一是繼續維持人民幣匯率穩定，二是出其不意一次性大幅升值，三是逐步增加匯率彈性、漸進式緩慢升值。第一種選擇的操作難度和代價都很大；第二種選擇屬於一劑「猛藥」，破壞性很大；唯有第三種選擇較為合理、可行。人民幣匯率逐漸增加彈性和漸進式緩慢升值，意味著升值幅度必須控制在中國經濟的承受能力範圍內。這要求中央銀行在通貨膨脹、人民幣升值、經濟增長和增加就業之間進行適當權衡。人民幣匯率逐步增加彈性和漸進式緩慢升值，不僅有利於緩解通貨膨脹壓力，為結構調整和要素價格改革贏得時間，也有利於中國和世界經濟的穩定與長期持續發展。

三是要堅持匯率漸進轉軌的路徑模式。自由浮動匯率制需要發達的金融市場支援，目前中國的金融市場尚處於發育階段，外匯市場深度不夠，投資主體不夠成熟，風險意識和抗風險能力比較差。在微觀層面的金融市場和金融主體發育成熟之前，一步到位轉為浮動匯率制將帶來巨大的金融風險。此外，考慮到中國市場經濟體制整體上屬於漸進式改革，人民幣匯率制度在改革的路徑選擇上也應採取漸進式的轉軌模式。實際上，為配合人民幣匯率的穩步改革，中國已經在相關經濟政策方面進行了積極準備，如：放鬆了市場准入條件；放鬆了居民和部份企業購匯和用匯的限制；推出了人民幣遠期市場業務，為市場主體應對更加靈活的匯率機制提供了避險工具；不斷深化銀行體系的改革，進一步健全了金融體系抵禦風險的能力等等。

四是要進一步健全人民幣匯率的監測機制。在推動人民幣匯率形成機制市場化的過程中，建立健全人民幣匯率的監測機制，既是宏觀調控和風險防範的需要，也有利於為國家制定和調整匯率政策提供客觀依據。人民幣匯率的監測體系包括微觀監測體系和宏觀監測體系兩個層次。在微觀層次，透過觀察微觀市場主體的變化，可以瞭解企業對匯率的預期並對外匯供需的趨勢變化進行預測，並藉此監測匯率水準的合理性。在巨觀層次，透過建立宏觀監測體系，可以瞭解一定時期內匯率水準對宏觀經濟各項指標的影響，從而預測下一時期外匯供需情況和市場匯率的走向，為匯率政策的調整提供客觀依據。

總之，人民幣匯率制度改革是中國金融改革和經濟發展的必然進程。在改革過程中，應遵循循序漸進的原則，結合不斷發展的經濟環境制定相應的宏觀經濟政策，在完善匯率制度的同時，充分考慮微觀經濟主體的承受能力，做好相應的配套措施，保證經濟的穩定運行和長期可持續發展。同時，要利用匯率制度調整的有利時機，加快經濟結構調整，轉變經濟增長方式，從根本上實現人民幣匯率的合理穩定。

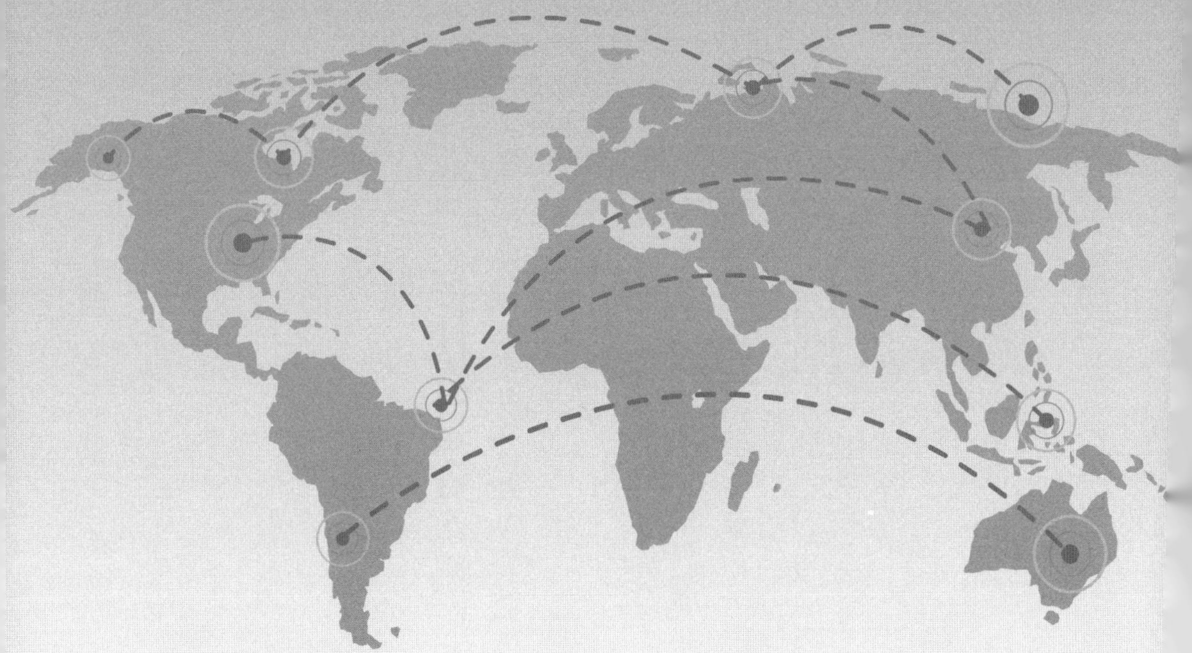

Chapter 5

中國的資本帳戶開放

資本帳戶開放是中國經濟和貨幣全面融入世界的必然選擇。「名緊實鬆」是中國資本帳戶管制的現狀。資本帳戶的漸進、有序開放將成為中國資本帳戶開放的基本模式。

資本帳戶開放是開放經濟條件下，經濟、金融發展的內在要求。縱觀世界經濟發展史，無論是美國、英國等傳統經濟強國，還是以「金磚四國」為代表的新興市場國家，在經濟發展的不同時期，均遇到了如何放開資本帳戶管制的問題。對於正處在經濟轉型和金融發展關鍵階段的中國而言，這一問題顯得尤為重要。

什麼是資本帳戶開放？

資本帳戶的定義

資本帳戶（又稱資本項目）屬於國際收支平衡表的統計範疇。按一九九三年前IMF《國際收支手冊》的分類，國際收支分為「經常項目」和「資本項目」兩大類，其中資本項目主要統計的是資金在國際間的轉移，分為直接投資、組合投資和其他投資三類。一九九三年的《國際收支手冊（第五版）》將「資本項目」進一步細化為「資本和金融項目」（圖 5-1），但在大部份研究中，人們通常用「資本帳戶」來替代「資本和金融項目」進行相關問題的表述和研究。

專欄 5-1 資本和金融項目（Capital and Financial Account）

資本項目主要由兩部份構成，包括資本轉移和非生產、非金融資產的收買／放棄。資本轉移包括三項：第一，固定資產所有權的轉移；第二，同固定資產收買／放棄相聯繫的或以其為條件的資金轉移；第三，債權人不索取任何回報而取消的債務；非生產、非金融資產的收買／放棄主要包括各種無形資產，比如註冊的單位名稱、租賃合約和其他可轉讓的合約和商譽。

金融項目包括某一經濟體對外資產和負債所有權變更的所有權交易，可以分為直接投資、組合投資、其他投資和儲備資產。直接投資（Direct Investment）反映某一經濟體的居民單位（直接投資者）對另一經濟體的居民單位（直接投資企業）的永久權益，它包括直接投資者和直接投資企業之間的所有交易。組合投資（Portfolio Investment）包括股票和債券的交易，債券又可細分為期限在一年以上的中長期債券、貨幣市場工具和其他衍生金融工具。其他投資（Other Investment）包括長短期的貿易信貸、貸款、貨幣和存款以及其他類型的應收賬款和應付賬款。儲備資產（Reserve Assets）包括某一經濟體的貨幣當局認為可以用來滿足國際收支和在某些情況下滿足其他目的的各類資產的交易，它所涉及的專案包括貨幣化黃金、特別提款權、在基金組織的儲備檔頭寸以及其他債權。

資本帳戶開放的趨勢不可逆

資本帳戶開放（Capital Account Opening）是指資本帳戶制度由管制過渡到開放的動態過程。嚴格來

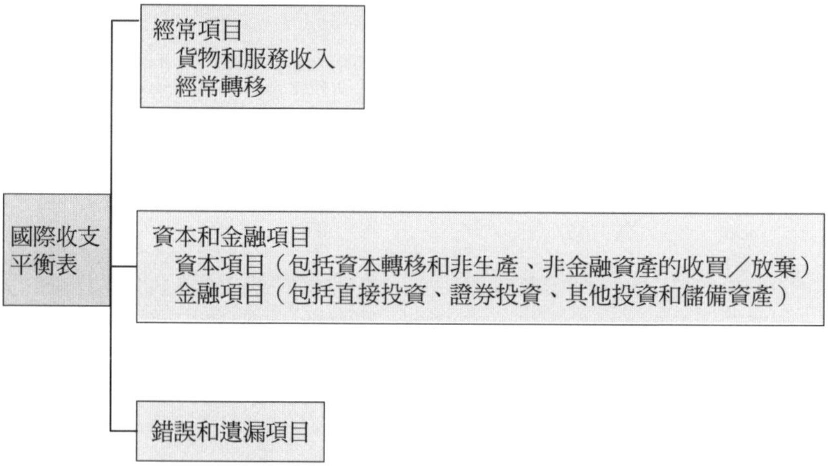

圖5-1　資本項目與國際收支平衡表

講，資本帳戶開放有廣義和狹義之分。狹義的資本帳戶開放是指在國際收支平衡表中「資本和金融項目」中各子項的跨境資本交易不受限制。在這種情況下，自由兌換貨幣可以不受管制地自由流入和流出。但如果交易主體沒有自由兌換貨幣，同時所在國也不允許進行該交易項下的貨幣兌換，那麼交易就無法進行。相比之下，廣義的資本帳戶開放不僅取消了對跨境資本的交易管制，同時也放開了與資本交易相關的外匯管制，例如資金跨境轉移以及本外幣兌換等❶。

在經濟一體化的大趨勢下，隨著貿易自由化和金融全球化程度的不斷加深，資本帳戶的開放已經成為必然趨勢。二十世紀七〇年代以來，隨著全球範圍內金融自由化改革的持續深入，發展中國家也開始逐步推進金融開放，主要措施包括：改革僵化的金融制度，減少政府對金融的過度干預，放鬆對金融機構和金融市場的限制，擴大利率和匯率市場化的程度，等等。從金融全球化的實現過程來看，銀行業務國際化、金融工具創新化、金融管制自由化到最終實現金融市場一體化構成了金融全球化的基本路徑。在實踐中，由於上述四個步驟離不開資本帳戶開放的支持，因此，資本帳戶的開放是金融全球化得以實現的基本前提。

資本帳戶開放的利與弊

一般而言，資本帳戶開放可以讓資本在國際間自由流動，實現資源在全球範圍內的高效配置，提高各國的經濟效益和福利水準。從宏觀經濟層面來看，資本帳戶開放可以吸引外國資本流入，解決發展中國家普遍存在的「雙缺口」問題（儲蓄缺口與外匯不足），並以此促進投資和拉動經濟增長。從微觀經濟層面來看，資本專案開放有利於吸引國外投資，透過引入競爭機制提高本國金融效率，同時，資本帳戶的開放還使得投資者可以在全球範圍內進行資產配置，從而達到優化資產組合和分散資產風險的目的。

當然，資本帳戶開放在為本國經濟發展帶來諸多好處的同時，也隱藏著一些不穩定的因素。通常情況下，一國資本項目完全開放後，隨著國際資本流動的增加，特別是大量短期資本的無序流動將使金融市場的波動加劇，金融穩定受到威脅。從資本開放的實踐來看，二十世紀七〇年代以來，伴隨資本帳戶開放的金融危機頻繁發生，給危機國家的金融和實體經濟帶來了巨大衝擊。

概括而言，資本帳戶開放的風險主要包括：

---

❶除非特別說明，本書所描述的資本帳戶開放均指廣義的資本帳戶開放。

1.根據經典的「三元悖論」，資本帳戶開放後，國際資本的流動會影響中央銀行貨幣政策的有效性。

2.資本帳戶開放後，國外資本會在經濟形勢轉好的情況下大量流入，並在經濟形勢轉壞的情況下持續流出，這會顯著放大經濟週期的波動程度。

3.資本帳戶開放所引發的貨幣競爭可能造成「貨幣替代」和資本外逃，這會給開放國帶來匯率過度波動、貨幣政策效果受損以及公眾對本幣的信心喪失等負面影響。

專欄5-2 貨幣替代

貨幣替代（Currency Substitution）是開放性經濟中所特有的一種貨幣擾動，指在本國出現較為嚴重的本幣貶值預期或一定的貨幣貶值預期時，公眾出於降低機會成本和獲得相對高收益的考慮，減少持有價值相對較低的本國貨幣，增加持有價值相對較高的外國貨幣，從而導致本幣的貨幣職能部份或全部被外國貨幣所替代的現象。與「格雷欣法則」（Gresham's Law）相反，貨幣替代更多的反映的是良幣驅逐劣幣的現實。

總體而言，資本帳戶開放具有雙重效應：一方面，資本帳戶開放提供了國際資本獲得便利和流動性便利，對於缺少資本的國家而言，這會促進和增加國內投資，從而對經濟增長帶來正面影響；另一方面，資本帳戶開放使一國的金融體系隨時面臨國際流動資本的頻繁衝擊，這極易增加經濟的波動性並可

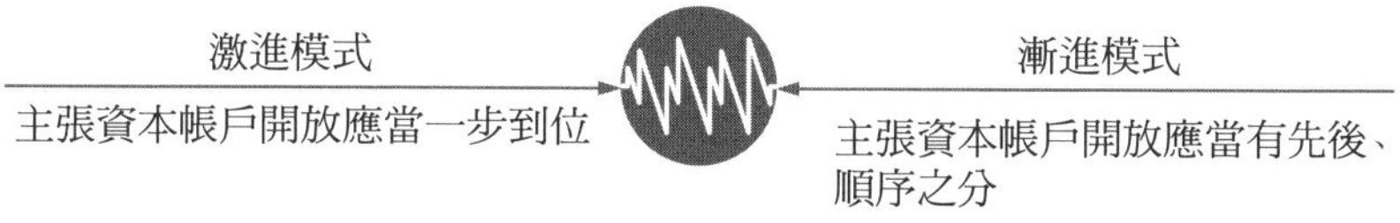
激進模式
主張資本帳戶開放應當一步到位
漸進模式
主張資本帳戶開放應當有先後、順序之分

圖5-2　資本戶開放的模式對比圖

能加重金融體系的脆弱性，最終增加金融危機的發生概率。

資本帳戶開放的模式對比：漸進 VS 激進

從開放方式的選擇來看，資本帳戶開放的模式可以分為兩種：漸進式開放和激進式開放（圖5-2）。前者主張資本帳戶的開放應該視實際情況安排合理的順序，而後者則主張「大爆炸式」的開放模式。

近年來，拉美和東亞頻繁發生的金融危機使人們的注意力集中於發展中國家的特殊性上。雖然已有部份研究指出，資本項目過早開放確實在拉美和東亞的金融危機中扮演著重要角色，但結論很快又被鎖定在發展中國家過度和盲目的金融自由化上，這就或多或少地給人造成一種錯覺：資本項目的開放與金融危機之間的關係是發展中國家金融自由化過程中的一種特有現象。

實際上，在資本項目開放過程中發生金融危機並不是發展中國家的專利，從圖5-3可以清楚地看到，包括法國、丹麥、意大利、芬蘭、紐西蘭、葡萄牙、希臘、墨西哥等在內的國家，在資本項目迅速開放的時期（即圖中曲線陡升階段），都經歷了類似的金融危機。這說明，資本項目的開放與金融危機之間的關係並不必然與經濟體的性質（發展中國家或發達國家）密切相關，而很可能存在

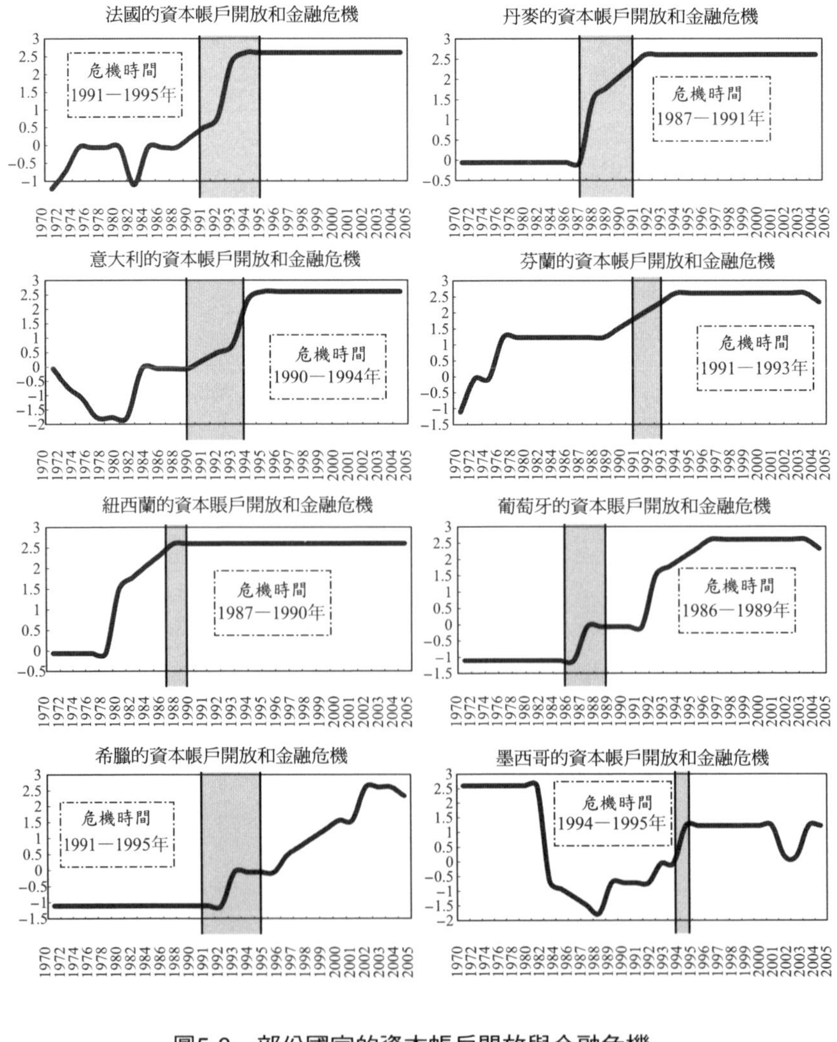

圖5-3　部份國家的資本帳戶開放與金融危機

註：圖中曲線代表資本帳戶的開放進程，陰影部分表示金融危機發生的時間區域。

更為一般性的相關關係。

圖5-3直觀地顯示了資本帳戶開放進程和金融危機之間的密切關係。事實上，根據世界銀行一九九八年《全球金融發展》所作的統計，在資本帳戶自由化後的五年內，很多國家都發生了金融危機，有些國家甚至出現了危機反復發生的情況（表5-1）。Hiro Ito和Menzie Chinn（2007）提供的資料也表明，金融自由化後的五年內金融危機的爆發概率高達六〇%。

從上面的典型案例，我們清楚地看到，不論發達國家還是發展中國家，金融危機常常都與資本帳戶的開放進程相伴而生。在更進一步的分析中，陳雨露和馬勇（2010）透過對五十五個國家的跨國實證分析表明，在資本帳戶開放和系統性金融危機的聯繫機制方面，重要的是開放方式的選擇，而不是開放程度的高低：長期中資本帳戶開放程度的提高不會誘發金融危機，但激進式的資本帳戶開放方式會顯著增加金融危機的發生概率。

上述實證結論對金融開放政策選擇的啟示是：從目標上看，資本帳戶開放是一國金融發展長期戰略的必然選擇；但從實現手段上看，應避免採用激進式的資本帳戶開放模式，漸進式的資本帳戶開放更有助於金融穩定。

表 5-1 資本帳戶自由化與金融危機

國家（危機年）	短期資本流動	長期資本流動	自由化後五年是否發生危機	嚴重程度
阿根廷（1980）	開放	開放	是	嚴重
阿根廷（1995）	開放	開放	是	嚴重
智利（1981）	開放	開放	是	嚴重
墨西哥（1994）	開放	開放	是	嚴重
馬來西亞（1985）	開放	開放	否	
菲律賓（1981）	關閉	關閉	否	
泰國（1997）	開放	開放	是	嚴重
南非（1985）	關閉	開放	否	
土耳其（1985）	開放	關閉	否	
土耳其（1991）	開放	開放	是	嚴重
美國（1980）	開放	開放	否	
加拿大（1983）	開放	開放	否	
日本（1992）	開放	開放	否	
法國（1991）	開放	開放	是	
意大利（1990）	開放	開放	是	
澳大利亞（1989）	開放	開放	是	
紐西蘭（1989）	開放	開放	是	
印尼（1992）	開放	開放	否	
韓國（1985）	關閉	開放	是	
土耳其（1994）	開放	開放	是	
斯里蘭卡（1992）	關閉	開放	是	

資料來源：世界銀行，《全球金融發展》，1998。

中國的資本帳戶開放：歷史進程與開放現狀

中國資本帳戶開放的歷史進程

中國的資本帳戶開放歷程起步於二十世紀九〇年代中期。一九九四年，中國對外匯管理體制進行了重大改革：一是實行銀行結售匯制度，取消外匯上繳和留成，取消用匯的指令性計畫和審批；二是實現匯率並軌，建立以市場供求為基礎的、單一的、有管理的浮動匯率制度，外匯買賣允許在一定幅度內浮動；三是建立統一的、規範化的、有效率的外匯市場；四是重申禁止外幣在境內計價、結算和流通，停止發行「外匯兌換券」。透過上述各項改革，中國在一九九四年順利實現了人民幣經常項目有條件可兌換。

專欄5-3 外匯兌換券

為了便利旅客，防止外幣在國內流通和套匯、套購物資，一九八〇年四月一日起中國銀行發行外匯兌換券，外匯券以人民幣為面額（圖5-4）。外國人、華僑、港澳臺同胞、外國使領館、代表團人員可以用外匯按銀行外匯牌價兌換成外匯券並須用外匯券在旅館、飯店、指定的商店、飛機場購買商品和支付勞務、服務費用。未用完的外匯券可以攜帶出境，也可以在不超過原兌換數額的五〇％以內兌回外匯。收取外匯券的單位須經外匯局批准，並須把收入的外匯券存入銀行，按收支兩條線進行管理。收券單位把外匯券兌換給銀行的，可以按規定給予外匯留成。一九九四年一月一日起停止發行兌換券，對於市場上流通的兌換券，允許繼續使用到一九九四年十二月三十一日，並於一九九五年六月三十日前可以到中國銀行兌換美元或結匯成人民幣。

此後的三年，中國逐步取消了經常項目下的其他匯兌限制。一九九六年十二月一日，中國在取消了所有經常性國際支付和轉移的限制後，正式宣佈接受國際貨幣基金組織協定第八條款，實現人民幣經常項目完全可兌換。

一九九六年底至今，中國的外匯管理體制改革繼續深化，並根據經濟形勢逐步擴大了資本帳戶開放。這一階段資本帳戶外匯管理的主要目標轉變為：保持貨幣政策獨立性，維護人民幣名目匯率的穩定，維持國際收支平衡，防止金融危機的傳染等。

隨著中國於二〇〇一年加入世界貿易組織（WTO），基於開放承諾，中國金融業開放程度不斷提高。尤其是二〇〇二年以來，面對人民幣升值壓力和外匯儲備加速增長造成的困境，中國明顯加快了資本帳戶開放的步伐，重要的事件包括：放寬國內企業境外投資外匯限

圖5-4　面值為壹角的外匯兌換券

制、推出「合格境外機構投資者」（Qualified Foreign Institutional Investor, QFII）制度、批准國際金融機構在中國境內發行人民幣債券、允許保險公司和保險資產管理公司用自有的外匯資金進行境外投資、推出「合格境內機構投資人」（Qualified Domestic Institutional Investor, QDII）制度、允許移居境外中國公民將其境內資產轉移至境外、允許境外居民將繼承的境內財產轉移至境外、提高中國公民和外國人的出入境攜帶人民幣限額、提高個人年度購匯額度等。具體情況見表5-2、圖5-5。

專欄5-4　QFII制度和QDII制度

QFII（Qualified Foreign Institutional Investors）制度，即合格的外國機構投資者制度，是指允許經核准的合格外國機構投資者，在一定規定和限制下匯入一定額度的外匯資金，並轉換為當地貨幣，透過嚴格監管的專門賬戶投資當地證券市場，其資本利得、股息等經批准後可轉為外匯匯出的一種市場開放模式。隨著富達基金（香港）有限公司於二〇一〇年九月一日獲得QFII資格，目前獲中國證券業監督管理委員會批准成為QFII的機構達到九十九家。

QDII（Qualified Domestic Institutional Investors）制度，即合格境內機構投資者制度，是與QFII制度相對應的一種投資制度，是指在資本專案未完全開放的情況下，允許政府所認可的境內金融投資機構到境外資本市場投資的機制。截至二〇一〇年八月，中國已成立和正在發行的QDII基金總數已達二十三家。

表 5-2　中國資本帳戶開放的進展

主要內容	重大事件
進一步放寬國內企業境外投資外匯限制	・2002 年 10 月開始在部份省市進行境外投資改革試點。 ・2005 年 5 月國家外匯管理局發佈關於擴大境外投資外匯管理改革試點有關問題的通知，將試點擴大到所有地區。 ・2005 年度境外投資購匯總額度從 33 億美元增至 50 億美元，各地區外匯管理局分局對境外投資外匯資金來源的審查權也從 300 萬美元提高到 1,000 萬美元。 ・據悉，不久中國將頒布新的《境外投資外匯管理規定》，取消企業赴海外投資的用匯額度限制。
推出「合格境外機構投資者」（Qualified Foreign Institutional Investor, QFII）制度	・2002 年 12 月，國家外匯管理局與中國證監會（全稱中國證券業監督管理委員會）聯合推出 QFII 制度。 ・獲得中國證監會資格批准和國家外匯管理局額度批准的 QFII，可以透過該制度投資中國境內證券市場上包括股票、債券和基金等多種人民幣標價的金融工具。 ・目前，已有 99 家機構獲批成為 QFII。
批准國際金融機構在中國境內發行人民幣債券	・2004 年末，財政部批准三家國際金融機構在中國境內發行總額為 40 億元的人民幣債券。
允許保險公司和保險資產管理公司用自有的外匯資金進行境外投資	・2004 年 8 月，中國保監會（全稱中國保險監督管理委員會）和中國人民銀行聯合發佈了《保險外匯資金境外運用管理暫行辦法》，允許保險公司和保險資產管理公司用自有的外匯資金進行境外投資，以拓寬保險公司資金運用管道和更好地分散投資風險。 ・2005 年 3 月，中國人民銀行等四部委聯合發佈《國際開發機構人民幣債券發行管理暫行辦法》將發債主體限於國際開發機構，要求其人民幣債券信用評級為 AA 級以上，而且已為中國境內項目或企業提供的貸款和資金在 10 億美元以上。
推出「合格境內機構投資人」（Qualified Domestic Institutional Investor, QDII）制度	・2006 年 4 月，中國人民銀行、中國銀監會（全稱中國銀行監督管理委員會）、國家外匯管理局共同發佈《商業銀行開辦代客境外理財業務管理暫行辦法》標誌著 QDII 開始實施。 ・2006 年 8 月，中國證監會批准華安基金管理有限公司試點 QDII 資格。 ・2006 年 8 月之後，中國銀監會相繼批准國內 11 家商業銀行和8家外資銀行開發 QDII 產品。 ・2006 年 9 月，國家外匯管理局批准華安基金 5 億美元的境外投資額度，同時發佈《關於基金管理公司境外證券投資外匯管理有關問題的通知》，之後中國人壽和泰康人壽等保險公司相繼獲得了 QDII 資格。

（續）表 5-2

主要內容	重大事件
其他投資子賬戶方面的措施	・2004 年 11 月，中國人民銀行發佈《個人財產對外轉移售付匯管理暫行辦法》，允許移居境外的中國公民將其境內資產轉移至境外，允許境外居民將繼承的境內財產轉移至境外。 ・自 2005 年 1 月 1 日起，中國公民出入境、外國人出入境每人每次攜帶人民幣限額由 6,000 元上調到 2 萬元。 ・從 2007 年 2 月 1 日起，個人年度購匯額度由 2 萬美元提高至 5 萬美元。

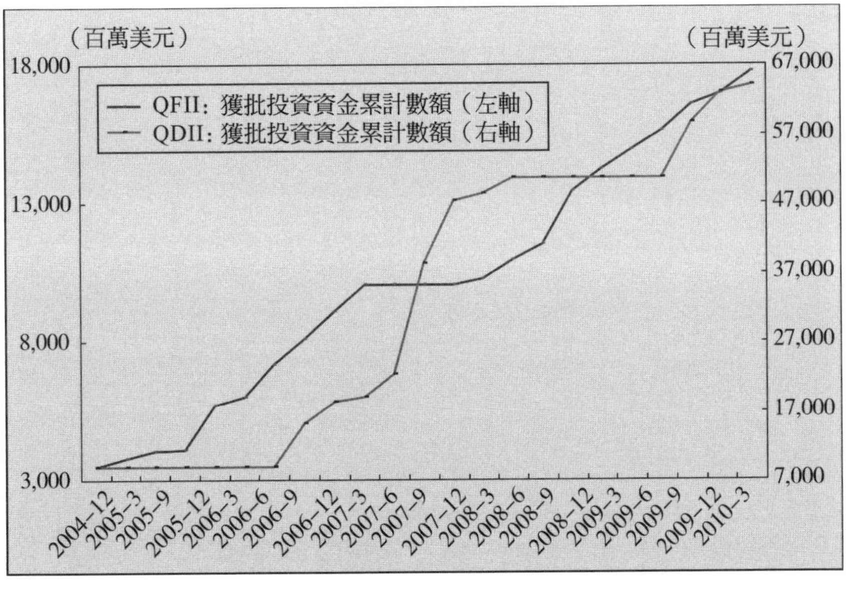

圖5-5　中國獲批 QFII & QDII 累計金額

資料來源：國家外匯管理局。

中國資本帳戶的開放現狀：「名緊實鬆」

從一九九六年起，國際貨幣基金組織在每年編輯出版的《匯兌安排與匯兌限制年報》（*Annual Report on Exchange Arrangements and Exchange Restrictions*, AREAER）中借用經濟合作與發展組織（Organization for Economic Corporation and Development, OECD）關於資本交易的分類框架，對資本帳戶管制進行分類。根據AREAER的附錄「成員國匯兌安排以及經常和資本交易監管框架概要」，資本帳戶交易分為十三大類。

從各國對於十三個大類的具體管制情況來看，即使是已經實現資本帳戶全面開放的發達國家，他們也或多或少地對某些子項目保留管制。以二〇〇三年的統計為例（表5-3），在資本帳戶交易的十三個子項目中，美、英、法、德、日五個具有代表性的發達國家管制的項目分別有四個、二個、四個、一個、三個。

資本帳戶開放並不是一個絕對的概念，理想中的資本帳戶開放亦並非是完全的、絕對的開放。二十世紀八〇年代以後，經濟發達國家雖然普遍開放了資本帳戶，但出於對國家經濟與金融安全保護的需要，實際上採取的是「名鬆實緊」的開放策略。與此相反，中國的資本帳戶目前實行的是一種「名緊實鬆」的開放模式，即儘管在名目上對資本帳戶的許多子項目仍然保持著較為嚴格的管制，但在實踐中，資本帳戶的管制卻相當寬鬆（表 5-4）。實際上，早在二〇〇一年時，在ＩＭＦ分類的四十三個資本帳戶交易專案中，中國就有十二項實現了完全自由化，十六項部份自由化，只有十五項是被禁止的。

表 5-3 國際貨幣基金組織成員國經常和資本交易監管框架概要

資本交易專案	此類國家數	美國	英國	法國	德國	日本
對資本市場證券交易的管制	133	★				
對貨幣市場工具的管制	115	★		★		
對集體投資類證券的管制	103	★		★		
對衍生工具和其他交易工具的管制	87					
商業信貸	105					
金融信貸	112					
擔保、保證和備用融資工具	88					
對直接投資的管制	149	★	★	★		★
對直接投資清盤的管制	52					
對不動產交易的管制	134					
對個人資本流動的管制	82					
專用於商業銀行和其他信貸機構的條款	155		★			★
專用於機構投資者的條款	82			★	★	★

表 5-4 中國資本帳戶開放項目不完全統計表

項目	具體規定
一、資本和貨幣市場工具	
(一)資本市場證券交易	
1.買賣股票或有參股性質的其他證券	
非居民在境內購買	QFII可投資獲批額度內的境內A股市場，非居民可投資B股股票。
非居民在境內出售或發行	非居民可出售A股或B股股票，但不能發行。
居民在境外購買	QDII可投資獲批額度內的境外股票
居民在境外出售或發行	居民境外發行股票需經過中國證監會批准
2.債券和其他債務性證券	
非居民境內購買	QFII 可投資交易所上市的企業債、可轉債、國債。
非居民境內出售和發行	國際開發機構在商務部或人民銀行或發改委的授權下可發行人民幣債券

（續）表 5-4

項目	具體規定
居民境外購買	符合條件的境內商業銀行、基金公司和保險公司可投資境外債券，商業銀行可集合境內居民外匯或人民幣資金，直接用外匯或購匯投資於境外固定收益產品。
居民境外出售和發行	經過發改委、國家外匯管理局和國務院的批准後可進行境外發行，募集資金需調回。
(二)貨幣市場工具	
非居民在境內購買	QFII 可投資貨幣市場基金
非居民在境內出售或發行	禁止
居民在境外購買	居民境外購買債券和其他債務性證券規則適用
居民在境外出售或發行	經國家外匯管理局批准可發行，例如商業票據、一年期以下債券等。
(三)集體投資類證券	
非居民在境內購買	QFII 可投資封閉式或開放式基金
非居民在境內出售和發行	禁止
居民在境外購買	居民境外購買債券和其他債務性證券規則適用。
居民在境外出售和發行	居民在境外出售或發行貨幣市場工具規則適用。
二、對衍生工具和其他工具的管制	
非居民在境內購買	禁止
非居民在境內出售和發行	禁止
居民在境外購買	中國金融機構境外購買、出售和發行金融衍生工具，需進行資格審查和外匯敞口頭寸等管理。
居民在境外出售和發行	
三、對信貸業務的管制	
(一)商業信貸	
居民向非居民提供	基本開放，金融機構提供商業信貸部份需要國家外匯管理局批准。
非居民向居民提供	受《關於完善外債管理有關問題的通知》相關條例限制
(二)金融信貸	
居民向非居民提供	商業信貸規則適用
非居民向居民提供	商業信貸規則適用
(三)擔保、保證和備用融資便利	
居民向非居民提供	均需登記，部份需要事先審批。

（續）表 5-4

項目	具體規定
非居民向居民提供	外商投資企業可接受國外機構的擔保
四、對直接投資的管制	
(一)對外直接投資	
1.創建或拓展完全由自己擁有的企業、子公司，或全額收購現有企業	已取消購入外匯款額的限制，目前限制較少。
2.對新建或現有企業的入股	
(二)對內直接投資	
1.創建或拓展完全由自己擁有的企業、子公司，或全額收購現有企業	達到相關監管法規即可，基本無限制。
2.對新建或現有企業的入股	
五、對直接投資清盤的管制	無管制
六、對不動產交易的管制	
居民在境外購買	無管制
非居民在境內購買	5 萬美元以上需經過外匯管理局批准方可兌換成人民幣，2006 年 7 月以來，符合條件的非居民可以購買符合實際需要的自用、自住的商品房，不得購買非自用、非自住商品房。
非居民在境內出售	出售房款兌換成外匯或匯回需外匯管理局批准。
七、對個人資本流動的管制	
(一)貸款	
居民向非居民提供	管制
非居民向居民提供	管制
(二)禮品、捐贈、遺贈和遺產	居民向非居民提供 5 萬美元以內的禮品和捐贈僅需提供身分證明，5 萬元以上還需提供關於交易的公證材料，匯出遺產、遺贈不受限制。
非居民向居民提供	僅需提供部份證明，例如身分證明、產權證明。
(三)外國移民在境外的債務結算	
(四)資產的轉移	
移民向國外的轉移	需向外匯管理局遞交申請，必須一次性申請擬轉移出境的全部財產金額，20 萬元人民幣以上的，須分步匯出。
移民向國內的轉移	
(五)博彩和中獎收入的轉移	

資料來源：《中國資本市場研究報告》，2010。

目前，按照國際貨幣基金組織的統計口徑，在四十三個資本交易項目中，中國沒有管制或只有較少管制的項目達到一半以上，嚴格管制的項目只有一〇%左右，且主要集中在非居民在境內自由發行或買賣貨幣市場工具和衍生工具，居民與非居民之間提供個人貸款等領域。近年來，從國內外學者對中國資本帳戶開放程度的實證研究結果來看，基本結論是一致的，即中國資本帳戶的實際開放程度與同期的其他國家相比，處於中等水準。

中國的資本帳戶開放：目標模式與開放次序

中國資本帳戶開放的模式選擇：漸進式開放

一國能否在不影響經濟與金融穩定的情況下順利實現資本帳戶的開放，與該國所具備的國內外條件密切相關。根據國際經驗，資本帳戶的開放客觀上要求該國必須具備以下基本前提：穩定的國內外政治經濟環境、有效的宏觀調控與金融監管能力、完善的市場微觀主體、足夠深度和廣度的金融市場、健全的法制基礎以及透明的資訊披露機制等。從目前的情況來看，作為一個典型的發展中國家，中國尚不具備完全開放資本帳戶的所有前提條件，如果貿然採取「一步到位」的激進式開放模式，可能遭遇種種不確定性和不可測風險。因此，從確保總體經濟和金融穩定的角度出發，全面權衡資本帳戶開放帶來的風險與收益至關重要。正如Jagdis Bhagwati（1998）所指出的：「任何國家如果想開放資本自由流動，必須權衡利弊得失，考慮是否可能爆發危機。即使如某些人假定的那樣，資本自由流動不會引發危機，也要將經濟效率提高帶來的收益與所有的損失相比較，才能做出明智決策。」

總體而言，無論是從國際經驗來看，還是從中國現階段的實際情況來看，選擇漸進式的開放模式都將成為中國資本帳戶開放的最佳模式。在這一模式下，中國將遵循漸進、有序的原則，逐步放開資本帳戶管制。這種漸進式的開放模式可以在逐漸推進資本帳戶開放的過程中，最大限度地確保總體經濟和金融的穩定，避免激進式開放可能造成的種種潛在風險。

中國資本帳戶開放的時間表

儘管中國沒有關於資本帳戶開放的明確時間表，但穩步推進資本帳戶的完全開放將成為大勢所趨。由於資本帳戶開放是一項複雜的系統工程，與一國的國內外經濟發展水準和國內外政治經濟形勢緊密相關，因此，制定精確的開放時間表並不現實。儘管如此，在借鑒發達國家經驗的基礎上，一個大致的開放時間進程仍然是可以預期的。

從國際上主要貨幣可兌換的實際進程來看，日本、英國、德國從實現經常項目開放到資本項目開放分別用了十六年、十八年和二十年，逐步推進資本專案開放大體需要十五至二十年時間。鑒於中國的經濟和金融發展水準落後於當時三個國家的發展水準，人民幣從經常項目開放到資本項目開放所需的時間應當會長於三國的平均水準。按最長的德國用了二十年時間來測算，中國在一九九六年實現經常項目可兌換後，人民幣資本項目可兌換大致應該在二〇一五至二〇二〇年之間的時間段完成。而這一時間區間

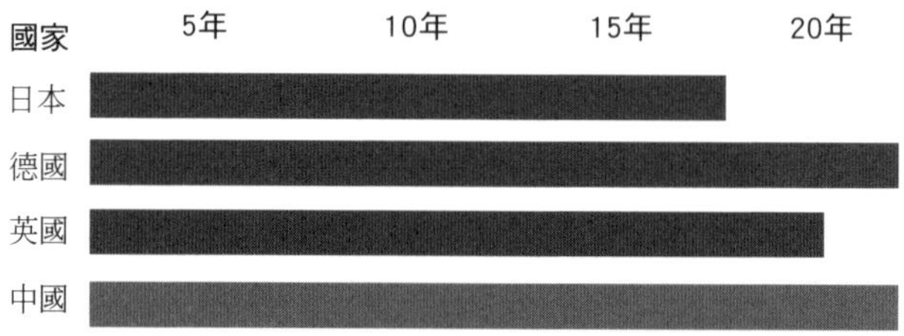

◇ 按照最長的時間計算，中國實現資本帳戶開放應該在2015－2020年之間。

圖5-6　世界主要國家從經常帳戶開放到資本帳戶開放所用時間表

與中國經濟的戰略機遇期正好吻合（圖5-6）。

中國穩步推進資本帳戶開放的次序與原則

在中國實施漸進開放策略的過程中，必然涉及如何科學把握各子項目開放的節奏與順序問題，也就是如何確定資本帳戶開放的最優次序問題。經過長期的論證和研究，中國學者在吸收各國資本帳戶開放的經驗教訓的基礎上，結合中國的國情，提出中國資本帳戶開放應遵循的最優次序為：先資本流入後資本流出；先直接投資後證券投資；先證券投資後銀行信貸；先長期投資後短期投資；先機構後個人；先債權類工具後股權類工具和金融衍生產品；先發行市場後交易市場；先放開有真實背景的交易，後放開無真實背景的交易。從目前的政策實踐來看，中國的資本帳戶開放基本上遵循了上述次序。

在穩步推進資本帳戶開放的過程中，中國的資本帳戶開放還應遵循著以下三項基本原則。

一是風險控制原則。在開放的過程中，一般先開放風險比較小的項目，後開放風險比較大的項目，這是各國在確定資本帳戶開放順序時最主要的原則。例如，長期資本交易應先於短期資本交易自由化，有真實交易背景的資本交易應先於無真實交易背景的資本交易自由化，法人資本交易應先於個人資本交易自由化，這些都體現了風險控制的原則。

二是目標釘住原則。各國推行資本帳戶開放的目的都是著眼於經濟發展，因此，資本帳戶開放順序的選擇要與一國經濟發展的戰略目標相適應。如對於發展中國家來說，國內資本技術和管理資源短缺，所以一般先放開外商直接投資。而一些資本過剩的國家則會傾向於鼓勵國內企業到海外設立分支機構，以促進本國產業的海外發展，與此相關的一些資本管制也較早放開。

三是條件約束原則。資本帳戶開放對國內外經濟和金融條件的依賴性很強，因此，放開資本帳戶下各項目管制的次序與方式應與條件成熟的狀況相匹配。比如，對於那些國內金融市場發育不成熟的國家，在開放此類項目的過程中就應該更加審慎。

應該指出，資本帳戶開放並不是一個獨立的外匯管理問題，而是與本國經濟與金融體制改革相互關聯的系統工程。資本帳戶開放應當與利率市場化改革、匯率制度改革以及外匯儲備經營管理改革相互協調，整體推進。只有這樣，資本帳戶開放才能在不破壞經濟穩定的情況下順利實現，也才有利於後危機時期中國與世界經濟的復甦和穩定。事實上，在中國新近公佈的「十二五規劃」中，也明確指出要「穩步推進利率市場化改革，完善以市場供求為基礎的、有管理的浮動匯率制度，改進外匯儲備經營管理，逐步實現人民幣資本項目可兌換」。

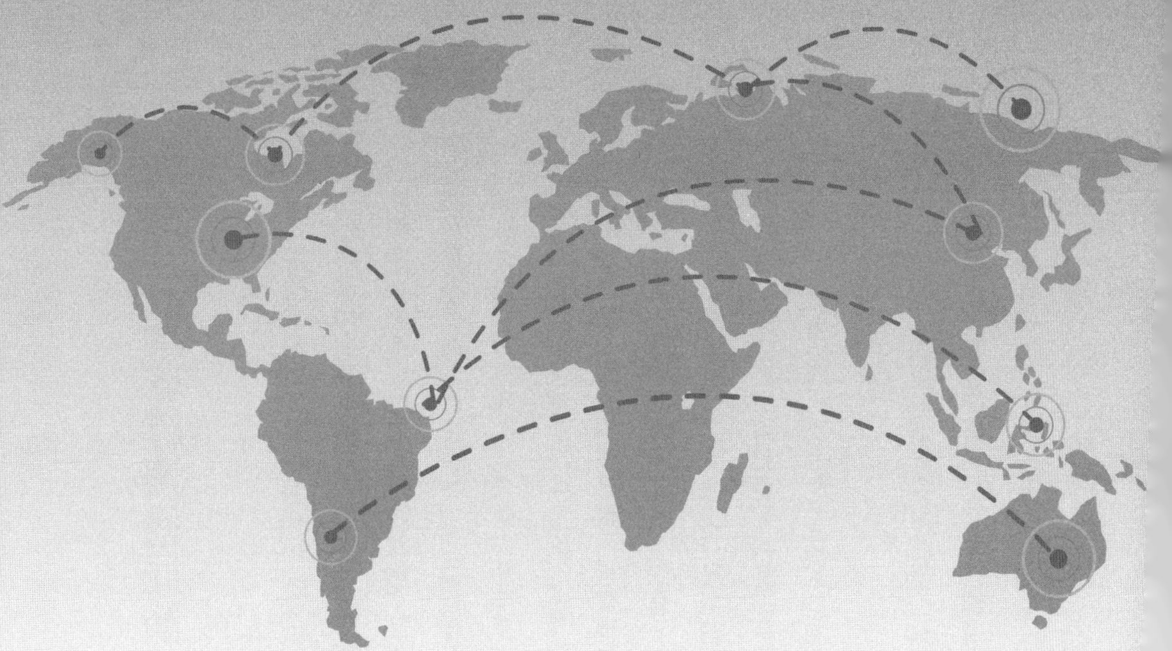

Chapter 6

國際貨幣體系改革與人民幣國際化

從英鎊到美元，再到人民幣？從「一主獨霸」到「一主多元」，再到「多元制衡」？全球主要經濟體及其貨幣博奕將最終決定「後危機時期」國際貨幣改革的走向。隨著中國經濟的發展和金融的全面開放，人民幣國際化將成為大勢所趨。

全球經濟格局演變與國際貨幣體系改革

國際貨幣形態的更替與匯率制度的變革，伴隨著世界經濟的興衰起伏，共同勾勒了國際貨幣體系二百年縱深演變的軌跡。前者反映了經濟力量轉移和世界經濟格局的變遷，而後者則反映出世界各國對於穩定貨幣秩序的要求，以及國家間特別是大國之間的金融競爭與利益衝突。十九世紀以來，四代國際貨幣體系演進的歷史表明，日益全球化的世界更需要一個穩定平衡的國際貨幣網路，而國際貨幣體系結構應當與貨幣大國的經濟實力結構基本統一，才能維持持續的平衡。

綜觀貨幣演變史，一國的貨幣成為國際儲備貨幣無不與其強大的經濟實力和綜合國力相伴相生。從本質上講，強大的經濟實力是實現貨幣國際化的經濟基礎和有效保障，貨幣的國際化是一國經濟和綜合實力在貨幣形態上的反映。只有一國經濟實力和綜合國力增強了，才能夠在全球產出、貿易中佔據較大份額，使其貨幣流通或交易區域的規模較大，增加對其貨幣的需求。此外，強大的經濟實力也是貨幣在國際社會建立信用和聲譽的基礎。因此，一國貨幣要成為國際貨幣，必須具備相應的經濟基礎。實際上，根據蒙代爾（Mundell, 1999）的研究，在漫長的貨幣發展史中，強勢貨幣總是與當時的強大經濟體緊密相連（表 6-1）。

從近現代國際儲備貨幣的更迭來看，無論是美元取代英鎊成為國際貨幣，還是歐元透過國際經貿合作成為重要的儲備貨幣，其背後都有強大的經濟實力作為基礎和支撐。

應該指出，從一九七一年理查．尼克森宣佈關閉黃金兌換窗口（終止美元與黃金的兌換）及各主

表 6-1　強勢貨幣的發展脈絡：強勢貨幣與強大經濟體

國家（強權）	時期	金幣	銀幣	紙幣
希臘	公元前 7 至公元前 3 世紀	斯第特	德拉克馬	
波斯	公元前 6 至公元前 4 世紀	德利克	謝克爾	
馬其頓地區	公元前 4 至公元前 2 世紀	斯第特		
羅馬	公元前 2 至公元 4 世紀	奧里斯	德納列斯	
拜占庭	公元 5 至 13 世紀	沙利得斯	塞立克	
伊斯蘭堡	公元 7 至 14 世紀	第納爾	德漢	
法蘭克	公元 8 至 11 世紀		丹尼爾	
意大利城邦	公元 13 至 16 世紀	弗洛林 達克特	格勞索	
法蘭西	公元 13 至 18 世紀	丹尼爾 路易	利維爾	
荷蘭	公元 17 至 18 世紀	基爾德	斯第沃	斯第沃
德國	公元 14 至 19 世紀		塔拉	
法國	1803 至 1870 年	20 法郎 40 法郎	法郎	
英國	1820 至 1914 年	英鎊 沙弗林	先令	英鎊紙幣
美國	1915 年至今	鷹徽金幣	美元	綠背紙幣
歐盟	1999 年至今			歐元紙幣

資料來源：Robert A. Mundell, 1999。

要貨幣匯率陸續自由浮動開始，國際社會關於改革和重建國際貨幣體系的努力就從未停止。從二十世紀八〇年代拉丁美洲的債務危機，到九〇年代的亞洲金融危機，再到起始於二〇〇七年美國次貸危機的全球金融危機，改革的呼聲更是隨著危機的肆虐一浪高過一浪。

在全球經濟格局日益多元化的背景下，國際貨幣體系的改革也面臨從單極向多極的轉變，這種轉變的核心要義在於：為控制單極貨幣體系給全球經濟和金融發展帶來的系統性風險，需要切實改變當前國際交易活動對美元的過度依賴，全面提升歐元、英鎊、人民幣和日圓等貨幣在國際結算中的地位，最終建立起由主要經濟體構成的多元貨幣並存的國際貨幣新體系。

縱觀國際貨幣體系演變的歷史進程，不難發現，國際貨幣體系的重建從根本上取決於大國經濟實力對比的逆轉。但是，由於轉換成本巨大，國際貨幣體系結構的變遷通常滯後於大國經濟實力的變遷，因而是一個長期、漸進、增量式變化的調整過程。美元替代英鎊幾乎用了一個世紀，而美元對英鎊的貨幣替代滯後於美國對英國的經濟超越近五十年。同時，在大變遷的過程當中，核心貨幣國家捲入世界性戰爭，或者是長期實施以自我為中心的財政與貨幣政策，通常使其他周邊國家最終決定脫離其貨幣體系，最終成為引燃大變革的起爆點。

專欄 6-1　國際貨幣體系

一般來講，「國際貨幣體系」（International Monetary System, IMS）是指與國際支付和國際貿易有關的貨幣規則和機構的總稱，主要包括各國的貨幣與匯率制度，國際貨幣金融事務干預和協調的規則，以及支援這些規則的機構等。理想的國際貨幣體系應當具備通貨穩定、金融穩定、增長平衡和調節對稱等特徵。

國際貨幣體系變遷：四個階段與三次貨幣替代

在過去二百年的時間裡，國際貨幣格局大致經歷了四個階段、三次貨幣替代的過程。英國和美國，在它們各自最為輝煌的時期，牢牢地控制了全球的經濟與貿易格局，它們的主權貨幣也在全世界享有無可撼動的話語權。從英鎊替代黃金在全球流通，到二戰後美元替代英鎊充當國際本位貨幣，再到此後六十餘年，德國馬克、日圓以及歐元等貨幣的興衰更替，全球主要貨幣之間的競爭伴隨著大國之間的政治、經濟力量轉換而不斷博弈。

第一代國際貨幣體系形成於十九世紀七〇年代，主要包括金本位與金匯兌本位兩個階段。這一體系的形成，主要源自英國在世界經濟和國際貿易中支配地位的確立，以及金本位貨幣體系在主要發達國家的普遍實施。在贏得了十七至十八世紀長達一百多年橫跨歐、亞、美的戰爭後，隨著工業革命的成功，英國於十九世紀中葉成為世界上第一經濟強權。一八一九年，英國頒布《恢復條令》，恢復了通貨與黃金的固定兌換比例，正式確立了金本位制度。隨後，德國、美國、法國分別於一八七一年、一八七三年與一八七八年建立金本位貨幣體系，標誌著第一代貨幣體系的最終建立。

憑藉發達的金融體系和穩定的英鎊幣值，英國在這一時期的貨幣體系中佔據絕對主導地位，英鎊與黃金共同充當國際本位貨幣。一九一四年，第一次世界大戰的爆發迫使各國陸續停止了本國貨幣與黃金的直接兌換，同時為防止黃金儲備流失，大部份國家都採取了浮動匯率制度。儘管在一九二二年熱那亞會議（Genoa Conference）上，英、法、意、日等國透過了恢復金本位的行動綱領，但由於當時的黃金供給遠遠無法滿足各國央行的國際儲備需求，各國最終採取了金匯兌本位制，即：小國以大國貨幣作國際儲備，而大國以黃金作為國際儲備。

一九三三年，隨著英鎊國際地位的下降，以及美元和法郎國際地位的上升，最終形成了由三種主要貨幣（英鎊、美元和法郎）共擔國際貨幣職責的「第二代國際貨幣體系」。這一時期，三大貨幣集團鼎足而立，均將各自貨幣作為國際儲備和國際清償力的主要來源，這種三大貨幣互相競爭的局面一直持續到第二次世界大戰結束。

兩次世界大戰以及一九二九至一九三三年的經濟危機使英國與美國的政治經濟力量對比發生了逆轉。一方面，美國經濟迅速崛起，很快取得了國際金融領域的主導權；另一方面，英國的經濟在戰爭中遭到極大破壞，日漸衰落。一九四四年七月，同盟國在美國布雷頓森林召開國際貨幣金融會議。在這場會議中，「懷特方案」最終戰勝「凱恩斯方案」成為《國際貨幣基金組織協定》的基礎，並由此確立了第三代國際貨幣體系，即「布雷頓森林體系」。這一體系實際上確立了美元在國際貨幣體系中的絕對主導權。

專欄 6-2「懷特方案」VS「凱恩斯方案」

一九四〇年，時任美國財政部長助理的亨利．得克斯特．懷特（Henry Dexter White）提出的管理未來國際金融的方案，被稱為「懷特方案」。該方案建議設立一個總額至少為五十億美元的國際貨幣穩定基金，份額來源於會員國的黃金、本國貨幣與政府債券，並以份額多少決定各國在該組織當中的投票權。基金組織發行一種可以與黃金自由兌換的「尤尼它」（Unita）作為國際貨幣計量單位。各國貨幣與尤尼它具有固定的法定平價，未經國際貨幣基金組織的同意不得任意變動。該方案還要求各成員國實現固定匯率，只有在其國際收支不平衡並經基金組織同意的情況下，才能對匯率進行調整。基金組織的主要任務在於維持國際貨幣秩序，特別是匯率穩定，解決國際收支不平衡等問題。

時任英國財政部顧問的約翰．梅納德．凱恩斯（John Maynard Keynes）於一九四一年提出「凱恩斯方案」。該方案主張建立一個世界性中央銀行——「國際貨幣（或清算）聯盟」，並發行以一定量黃金表示的國際貨幣「班柯」（Bancor）作為國際清算單位。班柯等同於黃金，各國貨幣的匯率以班柯標價。各國透過在國際貨幣聯盟中的班柯存款賬戶來清算各自的債權和債務，調節國際收支。

第二次世界大戰後，隨著日本、德國以及法國等主要工業國家經濟的飛速增長，美國的經濟主導地位遭到挑戰，以美元為基礎的國際貨幣體系也變得愈來愈不穩定。由於根植於第三代國際貨幣體系的「特里芬難題」長期得不到解決，貨幣體系運行的規則與根基不斷遭到削弱。二十世紀七〇年代以來，在經過若干次國際聯合救助行動無果後，布雷頓森林體系最終崩潰。一九七六年，國際貨幣基金組織理事會透過了《牙買加協定》，形成了新的國際貨幣體系，即牙買加體系。牙買加體系是世界貨幣演變史上的一次重要里程碑，自此人類貨幣完成了從實物貨幣向信用貨幣、從有錨貨幣向無錨貨幣、從固定匯率制向浮動匯率制的轉變。

專欄6-3 特里芬難題

特里芬難題（Triffin Dilemma）由美國經濟學家羅伯特．特里芬（Robert Triffin）在對布雷頓森林體系進行深入研究後提出。一九六〇年，他在《黃金與美元危機——自由兌換的未來》（*Gold and the Dollar Crisis: The Future of Convertibility*）一書中曾這樣描述根植於布雷頓森林體系內部的矛盾：「由於美元與黃金掛鉤，而其他國家的貨幣與美元掛鉤，美元雖然取得了國際核心貨幣的地位，但是各國為了發展國際貿易，必須用美元作為結算與儲備貨幣，這樣就會導致流出美國的貨幣在海外不斷沉澱，對美國來說就會發生長期貿易逆差；而美元作為國際貨幣核心的前提是必須保持美元幣值穩定與堅挺，這又要求美國必須是一個長期貿易順差國。這兩個要求互相矛盾，因此是一個悖論。」

牙買加體系實行有管理的浮動匯率制，具有多元化的國際儲備資產，多樣化的匯率安排，多種形式的國際收支調節手段及各國相對靈活的國內總體政策選擇，屬於半市場、半協商的制度安排。當各國政策目標發生衝突時，可以透過國際協調和政策配合來解決，但由於匯率問題向來關係國家利益，導致該體系下的國際協調變得十分困難。牙買加體系一直運行至今。

第四代國際貨幣體系可稱之為「一主多元」的貨幣體系。所謂「一主」是美元一主，「多元」則是歐元、日圓和英鎊。在該體系中，儘管美元不再處於一元和單極的地位，但仍然是世界上最重要的儲備貨幣、支付手段、結算工具和計價單位，因此，該體系又被稱為美元本位制。國際貨幣基金組織的資料顯示，截至二〇〇九年底，美元佔全球官方外匯儲備資產比率高達六四％；全球四五％的債券以美元計價和交易；全球所有外匯交易總量中，以美元為對手貨幣的比率高達八六％（總量為二〇〇％，每項交易涉及兩種貨幣）；全球有六十八個國家的貨幣與美元掛鉤或固定。在該體系中，各國根據自身情況自主選擇匯率安排，包括單一貨幣釘住制度、一籃子釘住制度、有管理的浮動匯率制度和自由浮動匯率制度等。

總體而言，在過去的二百年，國際貨幣體系經歷了四大階段、三大貨幣替代。在這一進程當中，有關國際貨幣體系更迭的規律有三：一是國際貨幣體系的結構應當與核心貨幣國家的經濟實力基本統一，二是核心貨幣國家捲入戰爭是國際貨幣體系變革的重要「引爆點」，三是國際貨幣體系的變遷相對於核心貨幣國家經濟實力的變化有一個相當長時間的滯後，因而是一個長期而緩慢的替代過程。

國際貨幣體系現狀：美元本位制的內在缺陷

從理論上講，合理的國際貨幣體系應當擔負起維護貨幣金融穩定與促進世界經濟發展的「雙重責任」。從現行國際貨幣體系的形成歷史與運行現狀來看，儘管該體系在一定程度上發揮了緩解「特里芬難題」、打破僵化的匯率體制、促進經濟增長等作用，但這種「沒有體系的體系」並不是國際貨幣體系的理想模式。

局限之一：全球經濟與金融失衡

在美元本位制條件下，包括美國在內的發達國家屬於該體系的中心國家，而以中國為代表的新興市場國家和以中東為代表的資源輸出國則屬於周邊國家（圖6-1）。一方面，來自周邊國家的商品和資源流入美國換回美元，由此積累了巨額的貿易順差和外匯儲備，同時這些國家又將大量的外匯投資於美國國債等金融資產，使得美元回流到美國；另一方面，美國不僅能以極其低廉的價格購買商品和資源，而且還能享受美元回流的好處。

上述實體資源與金融資本的「雙循環」模式最終不可避免地導致了全球國際收支的失衡，主要表現在兩方面：一是國際貿易不平衡，美國貿易赤字龐大而周邊國家積累大量貿易盈餘；二是國際資本流

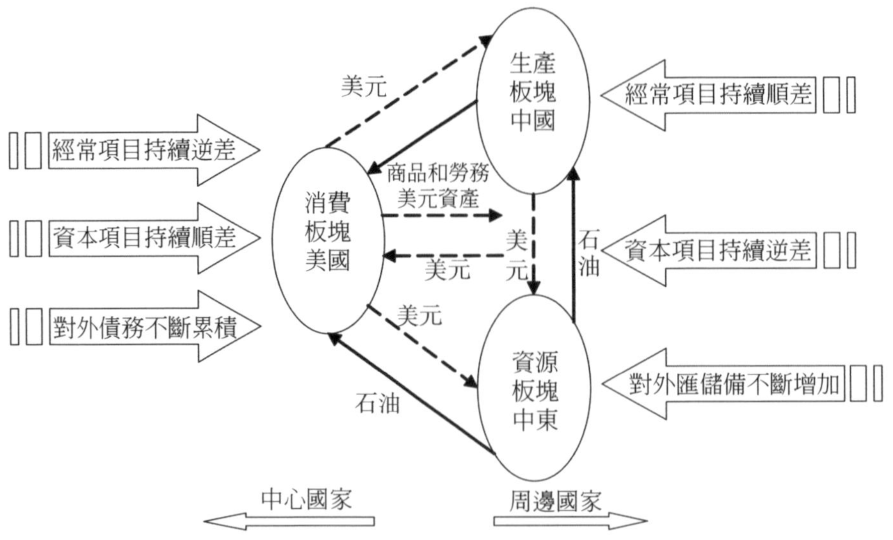

圖6-1　中心國家與周邊國家實體資源與金融資本的「雙循環」示意圖

註：實線箭頭代表實體資源流向，虛線代表金融資本流向。

資料來源：李若谷，2009。

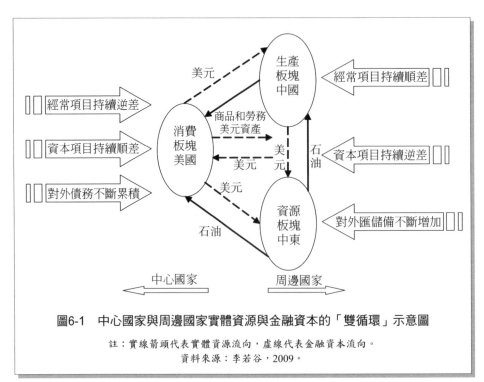

動不平衡，國際資本由周邊國家持續流向中心國家。據統計，一九九九至二〇〇七年間，全球約八六％的資本流向了美國、日本、英國以及歐元區等發達經濟體。

近年來，全球的國際收支失衡出現了不斷惡化的趨勢。如果用各國經常帳戶餘額絕對值之和與全球GDP之比以及全球外匯儲備總額這兩個指標來衡量全球國際收支失衡的狀況，那麼，前者從二〇〇〇年三・七％上升至二〇〇八年的五・九％，而後者則從一九九八年的一・六兆美元攀升至二〇〇八年的八・一兆美元，增幅高達四倍。

新世紀以來，全球經濟增長和平衡的基本模式是：新興發展中國家採取有管理浮動的中間匯率典範，透過軟釘住（soft peg）美元實施「出口導向」的發展戰略來促進就業和增長，並透過吸收外部直接投資來提高資源配置的效率，同時使用美元儲備來干預外匯市場；而儲備貨幣國家則透過廉價貨幣政策，一方面使用新興國家大量的美元儲備進行低成本融資，另一方面利用資產價格泡沫帶來的財富效應，透過消費主導型的模式來促進增長和就業。由於上述模式常常導致資產泡沫破滅引發的金融危機，因此這種內含矛盾的經濟增長和平衡模式又被稱為全球經濟的「恐怖平衡」。

總體而言，在目前的美元儲備體系下，周邊國家在國際貨幣體系中處於弱勢地位，並且承擔了其中的大部份成本。正如史迪格里茲（Joseph Eugene Stiglitz）所指出的：「非儲備貨幣國外匯資產的積累意味著世界上最富有的國家——美國可以得到廉價的資金，而窮國則不但得不到廉價資金而且還要承擔在儲備貨幣國的投資風險。」此外，目前的國際貨幣體系還帶來了國際協調機制的不平衡。國際貨幣基金組織、世界銀行和世界貿易組織是二戰後形成的三個主要的國際協調機構，但長期以來，少數發達國家在這些機構中擁有絕對的控制力，而佔據多數的發展中國家卻處於明顯的弱勢地位，缺乏足夠的話語權。

局限之二：與日益變遷的國際經濟格局不相匹配

除引發全球經濟和金融失衡之外，現行的國際貨幣體系還存在著匯率制度不穩定、危機救助機制不完善等弊端。此次全球金融危機的爆發，不僅使現行國際貨幣體系形成以來所累積的內在矛盾與外在衝突更為凸顯，同時也使全球的經濟格局發生了明顯轉變。

一方面，近年來，以中國、巴西、南非等為代表的新興市場經濟體發展趨勢強勁，新興市場在全球經濟總量的比重和對全球增長的貢獻度日益上升。根據世界銀行等機構的研究報告，早在二〇〇七年，全球經濟增長的五〇％就來自中國、印度和俄羅斯，整個新興市場對世界經濟增長的貢獻超過六〇％。由於國際貨幣體系以國家經濟和金融實力為支撐，因此，新興市場國家的發展壯大將促使全球貨幣體系進行相應調整以反映變化後的國際經濟格局。這意味著，新興市場國家的經濟發展將使得這些國家的貨幣在未來的國際貨幣體系中佔有一席之地。

另一方面，隨著國際經濟格局的變化，特別是本次國際金融危機以來，以「金磚四國」為代表的新興市場國家的經濟增長水準遠遠超過發達國家，美國經濟佔全球GDP的比重已經從超過一半回落到四分之一左右，進出口貿易佔全球的份額也從六分之一左右降至十分之一左右，而美國卻依然佔據著全球儲備體系當中三分之二的美元地位（表6-2）。以四分之一的力量支撐三分之二的國際貨幣地位，現行的國際貨幣格局已經難以為繼。

可以認為，隨著現行國際貨幣體系賴以形成及運轉的世界經濟格局發生深刻改變，為平衡全球經濟發展的成本與收益，新興市場國家必然要求在國際貨幣體系的重建過程中獲得更大的話語權與投票權。

表 6-2　一九四七至二〇〇八年美國經濟地位與美元地位　　單位：%

年份	美國經濟佔世界經濟比重			美元在世界貨幣市場的地位	
	GDP	出口	進口	在外匯儲備中的份額	在外匯交易中的份額
1947	50.0	—	—	—	—
1965	35.3	15.9	13.4		
1980	25.9	12.0	12.3		
1985	33.7	13.0	17.5		
1990	25.8	12.6	14.2		45
1995	24.7	12.6	14.2	59.0	
1998	29.4	13.8	16.3	69.3	43.5
1999	30.3	13.8	17.5	71.0	
2000	30.6	13.7	18.4	71.1	
2001	32.5	13.3	18.0	71.5	45.15
2002	32.2	12.4	17.6	67.1	
2003	29.4	11.0	16.4	65.9	
2004	27.8	10.3	15.8	65.9	44.35
2005	27.4	10.1	15.7	66.9	
2006	26.9	9.8	15.1	65.5	
2007	25.2	9.5	13.7	64.1	43.15
2008	23.4	10.7	13.2	64.0	

資料來源：李若谷，2009。

國際貨幣格局的調整：從「一主多元」到「多元制衡」

國際貨幣體系的改革方向：「多元制衡」

歷史經驗表明，國際貨幣體系的結構應當與貨幣大國的經濟實力對比基本統一，才能實現穩定持續的平衡。從這個意義上講，國際貨幣體系的重建，根本上取決於大國經濟實力對比的逆轉。

儘管後危機時期國際貨幣體系的改革勢在必行，但就目前的條件來看，對以美元本位制為主體的國際貨幣體系進行改革注定將是一個長期、漸進、增量式變化的調整過程。首先，美國依然是無可動搖的全球第一經濟大國，而且任何國家的單一貨幣成為國際貨幣都無法避免「特里芬難題」；其次，國際貨幣體系演進的歷史表明，國際貨幣體系的使用具有巨大的慣性，大部份國家並不願意看到劇烈變化所帶來的不確定性；第三，美元走弱帶來的高儲備國家中央銀行資產負債表的巨大潛在資產損失，也是阻礙國際貨幣體系改革的重要因素。

從短期來看，可以對現行的國際貨幣體系進行適當調整，比如：擴大ＳＤＲ（特別提款權）的適用性、改革ＩＭＦ、增強國際協調合作等。從調整ＳＤＲ定價籃子並擴大其供應量和使用範圍來看，蒙代爾教授建議改變原有權重結構[1]，把美元和歐元這兩大貨幣總的權重設為七〇%，另外三種貨幣總共佔三〇%，即日圓一〇%、英鎊一〇%、人民幣一〇%[2]。從改革ＩＭＦ和增強國際機構的公平性與合法性來看，ＩＭＦ應透過話語權的平衡調整，更多地向發展中國家讓渡投票權，推動發達國家和發展中國家家儘快實現政策協調。從加強各國（特別是中心國家與周邊國家）之間在國際貨幣領域的溝通和協商機制來看，應考慮轉向由主要發達國家和發展中國家共同組成的G20扮演核心角色。

從長期來看，必須對現行的國際貨幣體系進行「徹底整修」，其基本方向有三：一是由信用貨幣向實物貨幣回歸，重新回歸金本位制或某種商品貨幣本位制；二是創建全球中央銀行和世界貨幣；三是讓儲備貨幣多元化或創建新的多元化國際貨幣體系。在第一種模式下，實物貨幣的本位制度顯然無法滿足當今世界高度發達的經濟和貿易對於貨幣的需求，可行性很小。對於第二種模式而言，實踐表明，構建超主權的單一世界貨幣是難以實現的夢想❸。相比之下，在一個多極化的世界中，多元化的國際貨幣體系應該是比較現實可行的路徑選擇，既能夠跟現行的政治多極化和經濟全球化的形勢相適應，同時也符合發達國家與發展中國家的共同利益。因此，綜合來看，第三種模式的可行性最高。

在國際貨幣體系走向「多元制衡」的過程中，隨著中國經濟和貿易大國地位的確立和日益鞏固，人民幣無疑將發揮更大的影響力和更加積極的作用。根據目前的全球經濟格局和發展趨勢，經過三十年左右的時間，極有可能形成美元、歐元和人民幣三足鼎立的「第五代國際貨幣體系」（圖6-2）。

❶美元的權重四四%，歐元三四%，日圓一一%，英鎊一一%。

❷同時，擴大SDR的供應量，使其存量達到與全球GDP相符的水準。SDR的使用範圍不僅限於從官方，還要逐步擴展至私人。具體包括：SDR賬戶向私人放開、開發以SDR計價的金融工具並發展交易此類工具的金融市場、創設SDR的結算系統等。

❸一八六〇年英國斷然拒絕了法國提出的構建超主權的單一世界貨幣的構想，一九四四年美國又斷然拒絕了英國提出的單一世界貨幣的構想。

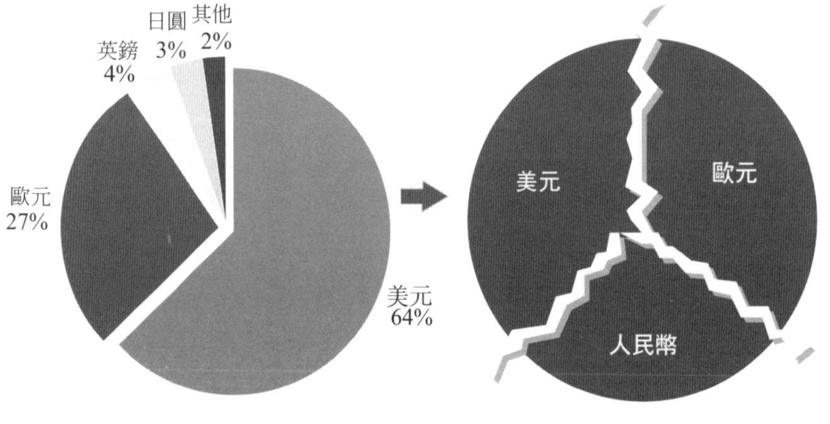

圖6-2　國際貨幣體系改革（從「一主多元」到「三元制衡」）示意圖

註：左圖資料取自截至2008 年底四種貨幣在全球國際儲備貨幣中的比重；右圖僅表示三種貨幣的「三元制衡」關係，並不代表各自在未來國際儲備貨幣當中所占比例。

國際貨幣體系改革的挑戰：「五〇一二問題」與貨幣大同

應該指出，作為一種趨勢性構想的「第五代國際貨幣體系」，最終能否成為現實還面臨著兩大挑戰。第一個挑戰是國際貨幣替代的時間問題，即「五〇一二問題」。所謂「五〇一二問題」，是指從一八九四年美國GDP總量超過英國，到美國利用第二次世界大戰用美元取代英鎊成為國際本位貨幣，這一歷程總共經歷了五十年的時間跨度、一次世界大戰和二次金融危機，並最終在世界政治、經濟版圖重新調整的基礎之上才完成了貨幣替代。

與「五〇一二問題」所代表的貨幣崛起滯後於經濟崛起半個世紀不同，如果要在二〇四〇年實現人民幣的國際化，中國的貨幣國際化將與經濟的崛起同步實現。對於人民幣能否成為世界第三大貨幣，目前學術界尚存在一定爭議。麥金農（2004）認為，隨著中國經濟的崛起，人民幣在短期內逐步成為世界三大貨幣之一是非常樂觀而現實的；而中國著名經濟學家黃達先生則認為，人民幣的崛起進程應當是一個漸進的長期過程，需要避免「超車」的心態。應該指出，從世界經濟發展史來看，在經濟和貨幣的發展過程中，堅實而穩固的漸進超越戰略是不可或缺的，而強行的「貨幣超車」則可能累積巨大的經濟、金融風險而最終危害經濟的健康發展。因此，人民幣國際化的前景是樂觀的，而實現的道路可能並不平坦。

人民幣國際化的另一種挑戰是關於「貨幣大同」的問題。所謂「貨幣大同」問題，是指假設在三十年以後美元、歐元和人民幣三足鼎立、三權制衡的國際貨幣格局如期形成，那麼，這一體系還將面臨以下問題：在三種貨幣共同充當世界關鍵貨幣的情況下，三者之間的匯率波動如何解決？如何避免匯率風險？顯而易見，如果沒有三種貨幣之間的匯率穩定機制，就不可能有未來穩定的全球金融體系。在這種情況下，能不能跳出主權貨幣的窠臼而實現「超主權貨幣一元」的貨幣大同呢？對此，英國首相柴契爾夫人與德國總理施密特、法國總統季斯卡在一九八〇年代初曾有一個關於「要不要實行貨幣一體化」的著名論辯，前者堅持貨幣的主

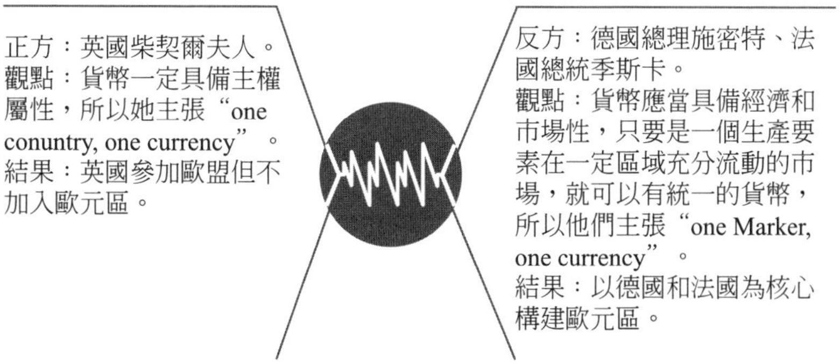
正方：英國柴契爾夫人。
觀點：貨幣一定具備主權屬性，所以她主張“one conuntry, one currency”。
結果：英國參加歐盟但不加入歐元區。
反方：德國總理施密特、法國總統季斯卡。
觀點：貨幣應當具備經濟和市場性，只要是一個生產要素在一定區域充分流動的市場，就可以有統一的貨幣，所以他們主張“one Marker, one currency”。
結果：以德國和法國為核心構建歐元區。

圖6-3 「貨幣一體化」之爭

權國家屬性，而後兩者則認為統一貨幣的建立具有現實可行性和必要性（圖6-3）。

根據「最優貨幣區」理論，貨幣一體化要求貨幣同盟國家須具備生產要素高度自由流動、經濟發展水準相當、貿易和金融一體化程度高、歷史文化背景相近等條件。當前，即使在具有統一貨幣的歐元區，也由於存在著缺乏統一的財政政策和國債市場，以及歐元區國家之間經濟發展程度的差異不斷拉大等問題，使得歐元區的經濟運行並非「風平浪靜」。

二〇一〇年爆發的希臘債務危機從一個側面顯示了歐元貨幣同盟的問題。與歐洲相比，亞洲的政治、經濟格局更為複雜，不僅各國經濟發展水準不同，而且存在價值觀方面的差異。「亞元」的建立尚且困難重重，要在全球範圍內實現貨幣大同就更是難上加難。

走向國際化的人民幣：現狀與發展路徑

政治多極化與經濟全球化是當今世界的時代特徵，「三元制衡」的新多元化國際貨幣體系是基本的改革取向。經過百年一遇的國際金融危機的洗禮，世界經濟力量「霸權守成」與「力量新興」的較量將決定後危機時期國際貨幣體系的新格局。

傳統的大國貨幣能否繼續保持其強勢的國際地位？後崛起的新興市場國家能否在國際貨幣的競爭中取得足夠的話語權？作為後崛起國家的典型代表，隨著中國經濟持續穩定的發展和金融開放的深入，人民幣能否以此為契機成為國際貨幣體系的關鍵貨幣，成為很多經濟學家關注的焦點。

人民幣國際化的現狀

貨幣國際化是指某種貨幣突破國家或者區域界限，逐步在世界範圍內承擔交易媒介、價值尺度和貯藏手段的功能，並最終成為「國際貨幣」的動態過程。關於「國際貨幣」概念的闡述，比較有代表性的是Cohen（1971）的定義。他認為：從貨幣職能角度來看，國際貨幣是在世界市場上普遍接受並使用的貨幣，是廣泛承擔國際結算的計價標準、流通手段、支付手段和貯藏手段等全部或部份貨幣職能的貨幣；從貨幣使用範圍角度來看，國際貨幣不僅是能夠在一國範圍內投資的貨幣，而且是能夠在國際區域乃至全球範圍內進行各種投資的貨幣。

Hartmann（1998）在此基礎上，從官方部門和私人部門兩個角度對國際貨幣所承擔的不同職能進行了詳細分類（表6-3）。

在金本位制時代，黃金作為國際貨幣，本身是具有一定價值的商品，能夠在全球範圍內進行流通和自由兌換，可以自發調節流通中的貨幣量。相比之下，在信用貨幣時代，受制於各國經濟實力和綜合國力的此消彼長，除歷史上的英鎊與美元等少數貨幣外，一國貨幣很難在國際範圍內發揮如前文所述的全部六大職能。一般而言，如果一種貨幣能夠跨越國界行使上述六大職能中的部份職能，即可被視為國際貨幣。

表6-3　國際貨幣的職能分類表

	官方部門	私人部門
價值尺度	確定匯率平價，作為匯率釘住的「駐錨」。	充當商品貿易和金融交易的計價貨幣
交易媒介	對外匯市場實施干預，以實現國際收支平衡。	在商品貿易和資本交易中被用於直接的貨幣交換，以及兩個其他貨幣之間間接交換的媒介貨幣。
貯藏手段	以國際貨幣本身及以其計價的金融資產作為儲備資產。	作為私人選擇金融資產的投資貨幣

此外，一國貨幣的國際化是一個動態過程，各國貨幣國際化的進程和結果也存在著層次上的差別。根據貨幣的使用區域劃分，貨幣的國際化可分為周邊化、國際區域化和全球化三個層次。根據貨幣職能劃分，國際化貨幣擁有流通手段、支付手段、作為國際儲備貨幣等職能。在這幾大功能當中，最關鍵的是國際儲備功能，即當一國貨幣被作為國際儲備貨幣使用時，可以判斷其已經成為國際貨幣。部份國際化貨幣是指該貨幣在國際經濟中發揮有限的作用，僅充當國際貨幣幾大職能中的一到兩種。

目前，人民幣已經跨越國境，在中國的周邊國家和地區不同程度地承擔上述六大職能。雖然從目前的情況來看，人民幣還不算是真正意義上的國際貨幣，但隨著中國經濟的發展和日益融入全球經濟金融體系，人民幣的國際化將成為長期趨勢。尤其是在本輪金融危機之後，人民幣的國際化進程出現了明顯的加速趨勢。

從官方部門來看，中國積極參與東亞地區的貨幣合作，建立流動性互助機制。一方面，在《清邁協議》框架下參與雙邊貨幣互換，先後與泰國、日本、韓國、馬來西亞、菲律賓與印尼分別簽訂雙邊貨幣互換協議，總額高達二百三十五億美元；另一方面，隨著《清邁協議》由雙邊化轉向多邊化，中國積極出資建立區域外匯儲備庫，以完善區域多邊資金救助機制。在二〇〇九年十二月簽訂的多邊化協定中，中國佔了一千二百億美元總規模的三二%，與日本持平。此外，二〇〇八年至今，中國人民銀行先後與韓國、香港、馬來西亞、白俄羅斯、印尼、阿根廷、冰島和新加坡的中央銀行或貨幣當局簽署了八份雙邊貨幣互換協定，總額達 八千三十五億元人民幣（請見表 6-4）。二〇〇六年十二月，人民幣首先被菲律賓確定成為儲備貨幣，此後，馬來西亞、韓國、柬埔寨的中央銀行先後將人民幣作為儲備貨幣。

從私人部門來看，旅遊、貿易等方式促進了人民幣在周邊國家或地區流通和使用。二〇〇四年，中

表 6-4　中國與其他國家或地區簽訂的雙邊本幣互換協議一覽表　單位：億元人民幣

參與方	規模（億元）	簽署時間
中國—韓國	1,800	2008年12月
中國—香港特別行政區	2,000	2009年1月
中國—馬來西亞	800	2009年2月
中國—白俄羅斯	200	2009年3月
中國—印尼	1,000	2009年3月
中國—阿根廷	700	2009年3月
中國—冰島	35	2010年6月
中國—新加坡	1,500	2010年7月
總計	8,035	

註：協議雙方可以在協議有效期內，以本方貨幣為抵押，隨時以商定的匯率水準換取對方貨幣，以解決短期融資困難和規避匯率風險。

國與香港、澳門簽署「更緊密經貿關係」協議（CEPA），二〇一〇年又與臺灣簽署了《兩岸經濟合作框架協定》（ECFA），人民幣在港澳臺的流通和使用達到了一定規模。除港澳臺之外，隨著經貿往來的不斷加深以及旅遊人數的持續增加，人民幣在其他周邊國家或地區的流通量也不斷增加。尤其是二〇一〇年上半年，受益於中國—東盟自貿區的全面建成，中國與東盟貿易額增長了五四．七％，東盟地區人民幣流通量顯著增加。

在跨境人民幣貿易方面，二〇〇九年七月，中國發佈了《跨境貿易人民幣結算試點管理辦法》，標誌著跨境貿易人民幣結算試點正式啟動。二〇一〇年六月，跨境貿易人民幣結算試點地區擴大到二十個省區市，境外結算地擴至所有國家和地區。試點業務範圍包括跨境貨物貿易、服務貿易和其他經常專案人民幣結算。隨著人民幣跨境結算的開展，國際金融市場的人民幣交易也日趨活躍。人民幣無本金遠期交割市場（Non-Deliverable Forward, NDF）發展迅速，其交易規模已經遠遠超過境內外匯市場。中國金融機構或外國企業的離岸金融市場人民幣債券發行也逐漸增多，如大陸金融機構在香港發行人民幣債券，外國金融機構在中國境內發行人民幣債券等。

人民幣國際化的可能路徑：兩個「三步走」設想

一般而言，一國貨幣要想逐步走出國門，成為國際儲備貨幣，完成貨幣國際化進程，需要具備雄厚的經濟基礎和綜合國力、統一而穩定的政治環境、規模巨大的國際貿易、極具廣度和深度的金融市場以及穩定的對內與對外價值等條件。

從英鎊、美元、歐元、馬克以及日圓等大國貨幣的國際化歷程來看，貨幣的國際化大致需要經歷三個階段：一是從國內支付手段或交易貨幣上升為區域貿易和國際貿易結算貨幣；二是從貿易結算貨幣上升為金融交易貨幣和國際大宗商品計價貨幣；三是從金融交易貨幣提升為主要國際儲備貨幣。英鎊和美元成為國際主要儲備貨幣分別用了五十五年和五十年。

根據歷史經驗，人民幣國際化將是一個漸進而長遠的過程。從長期來看，在未來三十年，透過兩個「三步走」來實現人民幣的國際化將成為一種可能的發展路徑（圖6-4）。

首先，在人民幣的使用範圍上，第一個十年是「周邊化」，即完成人民幣在周邊國家和地區的使用；第二個十年是「區域化」，即完成人民幣在整個亞洲地區使用；第三個十年是「國際化」，使人民幣成為全球範圍內的關鍵貨幣。

其次，在人民幣充當世界貨幣的功能上，第一步是「貿易結算化」，即人民幣在貿易結算中充當國際結算貨幣；第二步是「金融投資化」，即人民幣在國際投資領域中作為投資貨幣；第三步是「國際儲

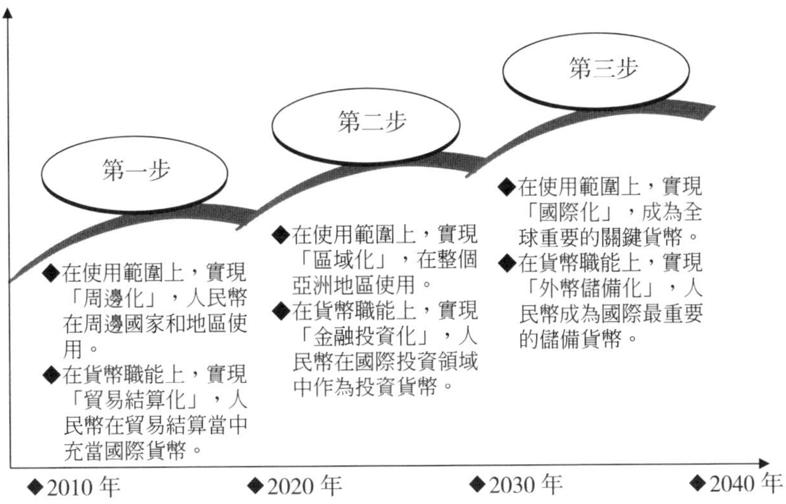

◆在使用範圍上，實現「國際化」，成為全球重要的關鍵貨幣。

圖6-4　人民幣國際化的兩個「三步走」階段

註：每個步驟之間的10 年之隔僅為約數，現實的國際化推進過程當中並不存在確切的時間劃分，需要根據實際情況進行即時調整。

備化」，即人民幣成為國際最重要的儲備貨幣之一。

當然，在歷史當中尋求規律，並不意味著重演歷史，因為當前的國際貨幣體系第一次面臨著發達國家與發展中國家之間差距巨大的、不平衡的調整，第一次面臨著東西方文明的此消彼長。這意味著在人民幣崛起的過程中，必然存在著大國之間以及舊體系與新體系之間的長期博弈。

從現階段人民幣國際化具備的條件和實際進程來看，儘管人民幣已經開始了國際化進程，並在周邊國家或地區承擔部份國際貨幣的職能，但無論是宏觀經濟環境還是微觀市場基礎，目前都存在著制約人民幣國際化進程的因素。同時，人民幣國際化還會帶來貨幣政策效果弱化、國內經濟獨立性受損以及匯率不穩定性增強等諸多問題。這些都是在人民幣國際化過程中必須重點加以關注的問題。

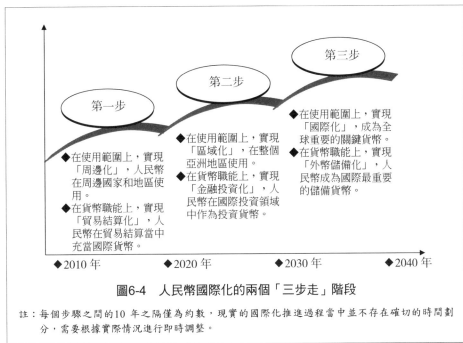

人民幣與多元貨幣的共同治理

應該指出，在一定的歷史時期內，由某個強勢經濟體向全球供給貨幣的國際貨幣體系曾經一度維持了相對穩定的匯率，並以此促進了全球經濟的發展。但自二十世紀末以來，隨著新興經濟體的日益發展和全球經濟格局的變化，全球以單一美元為主導的國際貨幣體系面臨改革。尤其是此次源自美國次貸問題的金融危機在全球範圍內的蔓延，再一次反映出了當前國際金融體系的內在缺陷和系統性風險。

當一國貨幣成為全世界初級產品定價貨幣、貿易結算貨幣和儲備貨幣後，經濟全球化既受益於一種被普遍接受的儲備貨幣，又為發行這種貨幣的制度缺陷所連累。「特里芬難題」的現代復甦就像全球化中揮之不去的陰影，自始至終都在拷問國際金融制度的合理性。對於儲備貨幣發行國而言，目標的衝突始終難以同時實現經濟的內外均衡，其結果是在通脹與流動性氾濫的痛苦選擇中躑躅不前。

毋庸諱言，此次全球金融危機的爆發無疑再次將國際儲備貨幣問題置於各種爭論的漩渦之中。糾正現行國際貨幣體系的內在缺陷，建立能夠保持全球金融穩定、促進世界經濟發展的儲備貨幣制度，對於處於日漸緊密的全球體系中的任何經濟體而言都是重要而不容回避的問題。從改革方向上來看，逐漸改變由美元單極主導的舊體系，並根據新的全球經濟格局讓主要的大國經濟體共同承擔全球貨幣體系穩定的責任，最終建立起包括美元、歐元、英鎊、人民幣和日圓在內的多元化貨幣文明格局，將有利於全球金融體系的穩定和全球經濟的持續發展。

毫無疑問，在全球經濟格局從「單極」走向「多極」的過程中，國際貨幣體系也將從單一貨幣主導的格局逐漸發展為多元國家貨幣和諧共存的新格局。在新的全球貨幣體系重建的過程中，作為一個發展中的大國，同時也作為全球經濟增長最快的新興經濟體，人民幣理應在未來多元貨幣共同治理的框架中發揮更大和更為積極的建設性作用。

人民幣國際化指數

人民幣國際化定義

人民幣國際化可定義為人民幣在國際範圍內行使貨幣功能，成為主要的貿易計價結算貨幣、金融交易貨幣以及政府國際儲備貨幣的過程。在當前極其複雜與動盪的國際經濟環境中，中國要實現新型城鎮化、保持經濟穩健增長、維護核心利益，人民幣國際化無疑是一個非常重要的制度保障。

貨幣國際化需要具備一些基本的條件。例如，實體經濟保持穩健發展，在國際經濟和貿易中佔有重要的地位；國內金融自由化水準和對外開放程度較高；建立有利於貨幣國際化的總體經濟與市場制度基礎。儘管人民幣已初步具備了國際化的一些條件，但是要實現最終的目標，中國還將面臨一個漫長而艱巨的過程。按照貨幣國際化的發展規律，人民幣國際化必須經歷周邊化—區域化—全球化三個發展階段，至少需要二十至三十年的時間。

毋庸置疑，人民幣國際化是一個市場自然形成與政府政策導向相結合的過程。這個過程充滿國際各方力量的反復博弈，要求中國在政治、經濟、軍事、文化等多方面做好扎實的工作，提升綜合實力，以便從容應對人民幣國際化的風險與挑戰。

人民幣國際化指數

國際社會通常使用貨幣在官方外匯儲備中的比重來衡量貨幣國際化水準。各國政府按照國際貨幣基金組織的統計要求，將自己官方外匯儲備中名列前茅的貨幣報送IMF，然後由IMF公佈這一指標。由於IMF只單獨統計並公佈全球官方外匯儲備中比重大於一%的貨幣，符合該條件的貨幣目前只有美元、歐元、日圓、英鎊、瑞士法郎、加拿大元和澳大利亞元，也就是說，無法使用貨幣在官方外匯儲備中的比重這一國際通用指標來衡量人民幣國際化水準。

中國人民大學國際貨幣研究所從國際貨幣的基本職能出發，認為在人民幣資本帳戶有序開放的情況下，人民幣的國際貨幣功能應該主要體現在實體經濟領域，強調人民幣作為貿易計價結算和直接投資、國際債券交易貨幣的職能，並以此為指導思想選擇適當的變數和指標，編製了一個綜合的多變數合成指數——人民幣國際化指數（RMB internationalization index, RII），用來衡量和反映人民幣國際化的真實水準。透過觀察RII指數的數值及其結構變化，不僅可以直觀明瞭地評判人民幣國際化的程度及其主要影響因素，還可以把握不同因素對人民幣國際化的作用方向、影響大小，並對主要貨幣的全球使用情況進行動態比較。這就為政府決策部門、企業準確把握人民幣國際化的動態進程，及時抓住人民幣國際化中出現的來自國內外的新機遇，認清不斷出現的新挑戰，有針對性地調整或制定對策，提供了一個可操作的科學工具和一個高效的管理手段。

人民幣國際化指數的構建原則

第一，立足國際貨幣職能，既能反映人民幣國際應用實際狀況，又能體現人民幣國際化引導方向，突出人民幣作為實體經濟交易流通手段的功能。ＲＩＩ的編製，其核心目標就是要客觀反映世界各國使用人民幣的現狀，以便為政府部門制定相關決策、為私人部門使用人民幣相關金融產品、制定相應金融戰略提供客觀、公正、可靠的依據。全球金融危機使人們認識到虛擬經濟過度發達帶來的危害，一旦貨幣脫離實體經濟而內生膨脹，金融體系的穩健運行就會遭到巨大破壞。因此，人民幣國際化指數絕不可過於注重虛擬經濟或衍生品類金融交易功能，而應強調實體經濟的交易流通功能。

第二，綜合考慮可比性與可操作性。ＲＩＩ的編製宗旨之一是為世界各國提供國際交易與儲備貨幣選擇的依據，這就要求設計中必須考慮評價結果在不同貨幣之間的橫向可比性和動態可比性。透過對比分析人民幣與其他主要貨幣的國際化指數，從結構上認識推動或阻礙人民幣國際化的主要因素，瞭解人民幣國際化與其他主要貨幣國際化之間的差距，發現其中的主要矛盾和突出問題，為政府分析檢討人民幣國際化目標實現情況以及推動措施的有效性提供一個便捷的評價工具，以便中國政府及時抓住人民幣國際化中的機會，制定恰當的、有針對性的對策，扎實、高效地推進人民幣國際化。與此同時，指標體系設計時還要充分顧及資料的可得性與可操作性。

對於某些特別重要而又無法直接採集資料的指標，應根據盡可能多的資訊進行估計，而且所選擇的指標其內容應易於理解，不能有歧義，以確保所構建的ＲＩＩ能夠準確而方便地計算並應用。

第三，兼顧結構穩定性與靈活性。ＲＩＩ編製所依據的指標、各指標的權重不宜頻繁變化，以使評估結果的解釋具有一定的持續性與動態可比性。然而，不能將指數編製依據的指標及其權重僵化對待，應保持一定的靈活性。因為人民幣國際化的不同階段有不同的戰略目標，而且這些階段性戰略目標還要根據國際政治與經濟形勢的變化進行適當的調整。為了準確、客觀地反映人民幣國際化進程，編製RII的指標及各指標的權重應與人民幣國際化實踐和中國的戰略目標相適應，能夠在不同的階段進行適當的調整。

第四，指數編製方法透明、簡單。RII編製的指標選擇原則、權重確定原則，均在科學性與可操作性的指導下進行。同時，採用比較簡單直觀的計算方法，避免過於複雜、難以理解的方法。此外，指數編製的方法是公開的，以便政府及相關研究部門的工作人員對人民幣國際化問題進行協同研究，為RII的科學發展奠定堅實的基礎。

人民幣國際化指數指標體系

從理論上講，貨幣具有三種功能——價值尺度、支付手段和價值貯藏。考慮到在國際貿易中，計價貨幣通常就是結算貨幣，編製RII的目的之一是要側重反映人民幣在國際經濟活動中的實際使用情況，因此將價值尺度功能與支付手段功能合二為一，即為計價支付功能。由此人民幣國際化指數的一級指標主要包括國際計價支付功能與國際儲備功能兩大類，而國際計價支付功能又可以體現在貿易與金融兩大方面，因此在國際化指數中，貿易計價、金融計價與官方外匯儲備功能並行，所佔權重均為三分之一。

根據RII編製的原則之一，即向實體經濟交易流通功能方面加以引導，人民幣在國際貿易中實現的結算功能是評價人民幣國際化的重要組成部份，具體的三級指標可選擇世界貿易總額中人民幣結算所佔比重。

根據國際收支平衡表，金融賬戶囊括了居民與非居民之間的金融交易活動。金融交易包括直接投資、國際證券和國際信貸三大類。指標體系中分別針對人民幣在這三大類金融交易中的實際功能設置了相應的指標，其中關於證券交易部份的指標設置做如下說明。

國際證券交易包括債券和股票兩部份，由於國際金融存在巨大的資訊不對稱風險，具有固定收益的債券風險可控性優於股票，因此國際債券市場規模遠遠超過股票市場規模，一直在國際證券市場中佔據主導地位，而且主要國家股票市場規模往往以本幣標價，缺乏按照幣種對非居民股票投資的統計，從金融學原理和資料可獲得性兩方面考慮，本報告使用國際清算銀行的國際債券和票據指標來反映國際證券交易。

按照BIS的統計分類標準，國際債券和票據包括：第一，所有由國內機構和非國內機構發行的非本國貨幣債券和票據；第二，所有本國市場上由國外機構發行的本國貨幣債券和票據；第三，所有非居民購買的本國市場上由本國機構發行的本國貨幣債券和票據。

由此可見，國際債券和票據指標能夠很好地反映一國貨幣在國際證券市場的國際化程度。為了更加全面、準確地反映人民幣國際債券和票據交易情況，本報告採用兩個指標：其一是存量指標，即債券和票據餘額；其二是流量指標，即債券和票據發行額。這樣做的理由在於，存量指標可以客觀地體現人民幣在國際債券和票據交易中的現實地位，流量指標則能夠更好地捕捉人民幣國際債券和票據的動態變化。

當然，流量的累積形成存量，流量指標與存量指標之間的這種關係決定了存量指標本身含有流量指標的資訊，因此，我們對人民幣國際債券和票據交易的存量指標賦予了較大的權數。國際儲備功能是國際貨幣職能最典型、最集中的體現。通常，一國貨幣在國際儲備中的比重是一個最直接、最明瞭的貨幣國際化衡量指標，該指標目前由IMF發佈。絕大多數國家從自身利益出發，一般不公佈官方外匯儲備中具體的貨幣結構，這就給人民幣國際儲備功能指標的資料蒐集造成極大困難。儘管人民幣尚未進入IMF的單獨統計行列，但是隨著中國統計制度的不斷完善，以及國際合作的深入，人民幣在官方外匯儲備中比重指標的資料可獲得性有望得到改善（見表6-5）。

RII指標的主要資料來源於中國人民銀行、國際貨幣基金組織、國際清算銀行、世界銀行、聯合國貿易和發展組織。隨著人民幣國際化程度的提高，上述國際組織的指標統計將有所改進，人民幣在國際貿易、國際金融中的使用情況有可能單獨統計。屆時RII的指標體系有可能隨著國際組織指標統計的改進與細化，進一步納入更多的指標，並且在

表6-5　人民幣國際化指數指標體系

一級指標	二級指標	三級指標
國際計價支付功能	貿易	世界貿易總額中人民幣結算比重
	金融	全球對外信貸總額中人民幣信貸比重
		全球國際債券和票據發行額中人民幣債券和票據比重
		全球國際債券和票據餘額中人民幣債券和票據比重
		全球直接投資中人民幣直接投資比重
國際儲備功能	官方外匯儲備	全球外匯儲備中人民幣儲備比重

註：世界貿易總額中人民幣結算比重＝人民幣跨境貿易金額／世界貿易進出口總額；全球對外信貸總額中人民幣信貸比重＝人民幣境外信貸金額／全球對外信貸總額；全球國際債券和票據發行額中人民幣債券和票據比重＝人民幣國際債券和票據發行額；全球國際債券和票據餘額中人民幣債券和票據比重＝人民幣國際債券和票據餘額／全球國際債券和票據餘額；全球直接投資中人民幣直接投資比重＝人民幣直接投資額／全球直接投資額；全球外匯儲備中人民幣儲備比重＝人民幣官方儲備餘額／全球外匯儲備餘額。

指標賦權上進行適當的調整。

人民幣國際化指數計算方法及其經濟含義

RII指標體系中每一個指標本身都是比重，不存在數量級差別，因此無須進行無量綱化（nondimensionalization）處理，可以直接進行加權平均並編製RII。

$$RII_t = \frac{\sum_{j=1}^{5} X_{jt} w_j}{\sum_{j=1}^{5} w_j} \times 100$$

其中，RII_t表示第t期的人民幣國際化指數，

X_{jt}表示第j個變數在第t期的數值，

w_j為第j個變數的權數。

RII的經濟含義應做如下解讀：如果人民幣是全球唯一的國際貨幣，則RII指標體系中各項指標的數值就應該等於一〇〇%，此時RII為一〇〇。反之，如果人民幣在任何國際經濟交易中完全沒有被使用，則其各項指標的數值就等於零，此時RII為零。如果RII的數值不斷變大，表明人民幣在國際

經濟中發揮了更多的國際貨幣職能，其國際化水準就愈來愈高。例如，當RII為一〇時，意味著全球各國的國際貿易、資本流動、官方外匯儲備資產交易活動中，有十分之一的交易額使用的是人民幣。

貨幣國際化和離岸市場：歷史經驗的啟示

離岸市場發展的必然性

生產和貿易始終是世界經濟發展的永恆主題。隨著經濟的發展，當商品貿易範圍突破一國邊境擴大至跨境貿易，對金融服務的要求也相應拓展至貨幣匯兌、跨境結算清收、貿易融資等國際金融服務。離岸金融市場的產生和發展正是世界經濟發展的必然要求。

國際貿易融資服務推動了離岸金融市場的產生

國際貿易規模的提高和貿易範圍的擴大都得益於出口信貸等各種形式的貿易融資活動。第二次世界大戰後國際貿易迅速發展，全球貿易增速遠遠超過世界各國的經濟增長速度。然而，貿易逆差國一般會採取貿易保護、保護性融資政策、加強外匯管制等一系列措施來限制本國貨幣外流。因此，市場上存在著以外國貨幣獲取貿易融資的需求。與此同時，貿易順差國也有大量的貿易資金盈餘需要尋找存取方便、回報率較高的交易場所。當資金餘缺脫節的情況變得嚴重時，以融通資金為目的的金融機構便在離岸金融市場上應運而生。

一九五一年英鎊危機發生時，英國當局禁止本國商業銀行對非英鎊區居民提供以英鎊計價的貿易融資服務，市場因此產生了以非英鎊計價的貿易融資需求。為滿足市場需求，英國商業銀行透過吸收國際金融市場上的美元存款對國際貿易商放貸。於是，以倫敦為代表的歐洲金融市場開始出現離岸美元存貸款、貿易融資等最基本的銀行業務，美元離岸市場由此產生。

跨國公司對金融服務的需求促進了離岸金融市場發展

跨國公司是全球社會分工深化的重要載體。跨國公司以母國為中心，透過設立遍佈全球的生產經營網路或從事貫穿南北半球的直接投資活動，積極參與並推動經濟全球化。跨國公司除了進行一般性生產銷售活動外，還積極參與國際投資、融資、海外併購等金融活動。除了最基本的支付結算、貿易融資以外，資產管理、風險對沖、財務顧問等高層次國際金融服務都需要國際金融市場和跨國金融機構來提供。

隨著市場競爭加劇，跨國公司在商業併購、資產管理中產生了保密、避稅（或逃稅）等一系列特殊金融需求。大量以保密、避稅為特色的簿記型離岸金融中心逐漸發展壯大。以安地列斯群島（Antilles）為例，基於當地嚴格的銀行保密法和一九四八年美國與荷蘭簽訂的稅收條約（該島是荷蘭自治區域），當地企業對美國投資可以獲得非常顯著的稅收優勢。所以安地列斯群島成為二十世紀下半葉對美投資的主要來源地。

金融機構國際化成為離岸金融市場發展的主要動力

金融機構是國際金融市場的重要參與主體和中介機構。金融機構國際化經營促進了離岸金融市場的產生和發展，表現在以下幾個方面：第一，交易主體國際化，服務對象既有居民也有非居民。第二，分支機構跨國化。二十世紀六〇年代以後，歐美國家的大型銀行紛紛在海外設立分支機構或其控股銀行擴大海外業務，主要國際金融中心同時也都是跨國銀行的聚集地。第三，業務品種國際化。銀行離岸業務逐漸豐富，資金跨境融通增加，例如離岸賬戶間開展的銀行同業間短期資金交易、歐洲辛迪加貸款、發行外幣可轉讓存單、期權期貨等外匯交易。第四，資產構成國際化。全球跨國銀行資產構成中離岸銀行資產所佔比重較大。據二〇一三年國際清算銀行統計，雖然二十世紀九〇年代以來離岸銀行業務有所縮減，但其資產佔跨國銀行總資產的比重仍高於五〇%。第五，收益來源構成國際化。二十世紀七〇年代上半期，美國十三家大型跨國銀行的利潤增長約七〇%來自歐洲信貸。於是跨國銀行更加重視海外業務發展，為離岸市場發展提供了源源不斷的動力。

離岸金融市場是金融自由化和政府管制放鬆的結果

金融自由化是離岸市場產生和發展的動力。金融自由化在二十世紀五〇年代後期開始在離岸金融市場得到體現。首先，市場進入限制較少。比如在倫敦，英格蘭銀行對境外境內銀行設立離岸機構採取較為寬鬆的政策。又如在開曼群島，一家跨國銀行只需二十四萬美元的資本就能滿足在當地設立分支機構的最低資本限制。第二，成本管理要求較低。絕大多數離岸市場的管理當局均不要求離岸金融機構繳納存款準備，稅收較為優惠。大部份簿記型離岸金融中心均不收取個人和公司所得稅、資本利得稅、利息和股息預扣稅。第三，市場運作和機構業務活動的監管寬鬆。對利率和匯率波動一般不加限制，對外匯交易和資本國際流動基本不加限制，對金融創新活動管制較少。

經濟國際化、金融自由化意味著各種經濟、金融要素的自由流動以及市場的對外開放，而這必然是以政府管制放鬆為前提。第一，政府對外經濟和金融管制放鬆對離岸金融市場形成和發展發揮了重要作用。第二，允許對居民的進口及其他支付進行某種程度的限制。

措施之一是各國逐步提高商品進口的自由化比率，即自由進口部份佔進口總額的比率。一九五八年底西歐各國的自由進口比率已佔全部區域內進口的九〇%。第三，資本國際流動管制的放鬆。二十世紀六〇年代以後，英國等歐洲國家普遍放鬆銀行接受非居民外國通貨存款的限制，資金（主要是美元）由於利率變動而在國家間大規模流動。

二十世紀八〇年代，由於歐洲各國取消對國內市場資金流入的管制，歐洲債券市場得到迅速發展，從而使得離岸金融市場的投融資活動更加活躍，業務品種和交易規模都呈現出快速擴張的趨勢。

離岸金融市場的特點

離岸金融市場與國內金融市場以及傳統國際金融市場有很大的不同，關鍵在於這是一個完全自由的市場。

監管寬鬆，經營自由

傳統的國際金融市場必須受所在地政府的政策法令約束，而離岸金融市場則不受國家政府管制與稅收限制，擺脫了任何國家或地區政府法令的管理約束。因為一方面，這個市場本質上是一個為了避免主權國家干預而形成的「超國家」的資金市場，它在貨幣發行國境外，貨幣發行國無權施以管制；另一方面，市場所在地的政府為了吸引更多的歐洲貨幣資金，擴大借貸業務，通常採取種種優惠措施，盡力創造寬鬆的管理氛圍。

因此，這個市場經營非常自由，不受任何管制。例如，借款條件靈活、借款不限制用途等；而且離岸金融市場資金調度靈活、手續簡便，有很強的競爭力。離岸金融市場資金周轉極快，調度十分靈便，因為這些資金不受任何管轄。因此這個市場不僅符合跨國公司和進出口商的需要，而且也符合許多西方國家和發展中國家政府的需要。

資金成本低

由於不受法定準備金和存款利率最高額限制，離岸金融市場利率較國內金融市場獨特。其獨特性表現為存貸利差較小，即存款利率略高於國內金融市場，而貸款利率略低於國內金融市場。存款利率較高，是因為一方面國外存款的風險比國內大，存款人要求更高的風險溢價補償，另一方面不受法定準備金和存款利率最高額限制。

而貸款利率略低，是因為歐洲銀行享有所在國的免稅和免繳存款準備金等優惠條件，貸款的資金成本相對較低，故可以降低貸款利率來招徠客戶。離岸金融市場存貸款利差很小，一般為〇．二五至〇．五％，對借貸雙方都極具吸引力。

離岸金融市場的開放度、深度和廣度優於國內市場

離岸金融市場資金規模極其龐大。離岸金融市場的資金管道廣泛，來自世界各地，流動性非常充裕，各種主要可兌換貨幣應有盡有，不同期限、不同風險、不同用途的金融產品層出不窮，故能滿足政府、金融機構及跨國公司的各類資金需要。實際上，離岸金融市場是一個重量級大客戶進行交易的「批發市場」。每筆資金交易的數額都很大，一般少則數十萬美元，多則可達到數億甚至數十億美元。

主要由非居民交易形成借貸關係

國際金融市場的借貸關係，主要是外國投資者與外國籌資者的關係，即非居民之間的借貸關係。國際金融市場通常有三種類型的交易活動：一是外國投資者與本國籌資者之間的交易，如外國投資者在證券市場上直接購買本國籌資者發行的證券。二是本國投資者與外國籌資者之間的交易，如本國投資者在證券市場上購買外國籌資者發行的證券。三是外國投資者與外國籌資者之間的交易，如外國投資者透過某一金融中心的銀行中介或證券市場，向外國籌資者提供資金。

第一種交易和第二種交易是居民和非居民之間的交易，這種交易形成的關係是傳統國際金融市場的借貸關係。目前中國的跨境人民幣業務大多屬於這一類型。第三種交易是非居民之間的交易，又稱中轉或離岸交易。這種交易形成的關係才是離岸金融市場的借貸關係。

離岸市場的職能

提供貨幣流動性

離岸金融市場具有國內市場不可比擬的強大資金供給能力和較高的市場開放度。富有競爭力的利率結構和自由度，使得各國政府、跨國公司、金融機構樂於將資金投入離岸金融市場，增強了該市場的引申存款（derivative deposit）能力，形成不依賴於貨幣發行國境內貨幣供給的貨幣自我循環系統。由於離岸市場沒有存款準備金要求，從理論上講，該市場具有無限的引申存款能力。在沒有出現金融危機的正常情況下，離岸市場的流動性是充裕的，能夠滿足各類市場主體的資金需求。

提供清算交收便利

國際離岸金融中心分佈在全球幾大主要時區，透過處於不同時區的離岸市場的聯網，既可以保證交易者連續二十四小時不間斷進行交易，又可以輻射全球主要經濟體，使各個時區的客戶能夠在本時區內完成正常外匯交易，滿足國際貿易和金融交易者對資金的清算交收需求。

提供高效、低廉、安全的貨幣支付交易平臺

離岸市場具有政治穩定、法律透明、金融基礎設施完備、自由度較高、金融產品種類齊全、交易成本低廉等特點，而且還有低稅收、保密性好等制度優勢，是理想的國際金融交易及支付平臺。

提供國家風險管理平臺

國家風險是損失最大、最需要管理的金融風險。一國政府透過政治、法律、稅收和對隱私的保護等強制力，在給定的轄區內阻礙資金使用，降低資產價值，從而直接損害投資者的利益。離岸金融市場提供了規避貨幣發行國政府強制力的有效管道，因而成為投資者無比青睞的國家風險管理平臺。歷史上最早的美元離岸市場就是前蘇聯將美元存款放置於倫敦，避免美國政府凍結其資產的結果。

目前，前十大離岸市場之所以吸引了全球三分之二的美元存款，其中一個主要的原因就是規避難以預料的國家風險。

當然，將貨幣風險從國家風險中分離出來的做法，源自只在一個國家存儲美元會面臨基礎設施或營運風險過於集中的問題。二〇〇一年九月十一日發生在紐約的恐怖襲擊使美國國債交易遭到破壞，「這讓各國央行意識到了交易場所多元化能夠帶來的潛在好處」——當境內美國國債的正常交易中止時，中央銀行存放在歐洲離岸市場的美元證券仍然可以開展交易，因為美元支付清算系統仍然繼續運行，銀行支付美元的業務活動可以不受影響。❹

提供協力廠商交易平臺，鞏固國際貨幣地位

國際貨幣通常也是非國際貨幣發行國之間開展經濟往來活動時使用的貨幣，這一現象被稱為國際貨幣的協力廠商使用。由於協力廠商使用與貨幣發行國國內實體經濟無關，考慮到交易的便利性和安全

❹參見何東、羅伯特・麥考利：〈本國貨幣的離岸市場：貨幣和金融穩定問題〉，載《比較》，2010(1)。

性，無須在貨幣發行國國內金融市場實現，大多透過離岸市場交易來完成。在離岸市場上協力廠商使用程度愈高，貨幣的國際地位愈強。

例如，美國對外貿易佔全球貿易的一〇%左右，美國居民參與的投資活動約佔全球投資的二〇%至五〇%，但是美元在全球外匯交易中的比率高達四二%，美元被廣泛用於協力廠商交易，在國際貨幣體系中高居榜首。

離岸市場對世界經濟的影響

提高國際金融市場一體化程度

離岸金融市場在很大程度上打破了各國貨幣金融體系之間的相互隔絕狀態。歐洲離岸市場的發展將大西洋兩岸的金融市場和外匯市場聯繫在一起，從而促進了國際資金流動。國際銀行廣泛從事的套利套匯活動，使得兩種國際貨幣之間的利率平價成立，促進了國際金融市場的一體化，提高了全球金融效率。

促進經濟增長

離岸金融市場建立了資金自由、高效流動的機制，有利於全球資源優化配置，因而是推動世界經濟增長的重要力量。如果沒有離岸金融市場，二十世紀六七十年代的亞洲「四小龍」、「拉美奇蹟」就不可能出現。離岸金融市場提供的巨額資金，在很大程度上幫助了西歐和日本迅速從第二次世界大戰的廢墟中恢復經濟，並為發展中國家實現「負債發展」、擺脫「馬太效應」的惡性經濟循環創造了有利條件。

幫助解決國際收支逆差問題

離岸金融市場大大方便了短期資金流動，特別是促進了石油美元回流。據國際貨幣基金組織估計，在一九七四至一九八一年間，世界各國的國際收支經常項目逆差總額高達八千一百億美元，但各國透過國際金融市場籌集的資金總額即達七千五百一十億美元，這在很大程度上緩和了世界性的國際收支失調問題。在這期間，離岸金融市場所吸收的石油出口國的存款就達一千三百三十億美元，在防止國際收支失衡導致貨幣危機方面發揮了重要作用。

對國內金融監管和貨幣政策有效性提出挑戰

離岸市場是一個與本國貨幣體系並行而且不受本國政府監管的市場，如果一國企業和金融機構的資金活動過度依賴離岸市場，特別是如果「熱錢」流動過於頻繁、金額過大，那麼該國國內貨幣數量、資金價格、匯率必然會受到干擾。此外，離岸市場強大的貨幣引申功能有可能加劇通貨膨脹的國際傳遞，將主要貨幣發行國的貨幣擴張效果溢出到本國，導致本國的貨幣政策失靈或達不到預期的效果。這就對本國的總體經濟管理提出了新的挑戰。

人民幣國際化與離岸市場建設的內在邏輯

離岸市場建設有利於發揮市場基礎作用

由於中國的利率、匯率市場化改革尚未完全到位，國內外金融市場存在雙重定價，套利、套匯成為人民幣結算規模大幅增長的主要原因之一。透過人民幣離岸市場建設的日臻完善，一方面，可以發揮示範作用，引導、影響市場主體行為，促進利率、匯率市場化，為人民幣資本帳戶可兌換創造有利的市場條件。另一方面，促成人民幣匯率、利率更好地發揮「看不見的手」的基礎性作用，減少境內外套利套匯空間，降低貨幣風險隱患。

發展離岸市場可以放大人民幣輸出體量

人民幣國際化，意味著人民幣將逐漸成為協力廠商使用貨幣，這就要求對外源源不斷地輸出人民幣，在離岸市場保有充足的人民幣流動性。然而，當前人民幣對外輸出更多依靠貿易管道，在中國貿易順差的情況下，人民幣很難輸出，而且規模也十分有限，無法滿足國際市場對人民幣巨大的潛在需求，制約了人民幣發揮國際貨幣職能。據馬駿、徐劍剛等人（2012）估測，如果不開放資本帳戶，僅以貿易項目輸出人民幣，人民幣國際化程度將低於其真實潛能一〇%。[5]

透過在離岸市場上發行人民幣債券、放寬居民的人民幣兌換限額、提供人民幣貸款等一系列有針對性的放鬆資本管制的手段和安排，擴大人民幣對外輸出管道，可以有效地解決人民幣輸出規模不足的難題。以貿易順差加離岸市場淨輸出的模式實現人民幣對外淨輸出，不僅有利於維護中國經濟的穩定增長，確保出口對經濟增長的正能量，還能夠有效避免依靠貿易逆差實現人民幣國際化而陷入特里芬難題。

此外，離岸市場的貨幣引申功能可以發揮放大器的作用，引申出數倍於原始人民幣存款的流動性。以香港為例，如果用足香港金融管理局規定的二五%的流動性比率的要求，香港可以在由中國內地輸送的一兆元「原始人民幣存款」的基礎上，派生出新的三兆元人民幣存款（四倍貨幣乘數）。如果這些引申的人民幣用於協力廠商使用（體外循環），就會以更大倍數擴大原有貿易項下對外淨輸出的人民幣規模。

完善的離岸金融服務有利於提高人民幣的國際需求

隨著人民幣跨境貿易結算規模的擴大，人民幣的海外沉澱愈來愈多。國際社會對人民幣的金融服務需求也水漲船高，希望得到高品質的貨幣匯兌、支付結算、貿易融資、風險管理、財富管理等服務。在目前的資本管制下，如果沒有產品豐富、功能齊全的人民幣離岸市場來滿足這些需求，就難以樹立起被國際社會接受和使用人民幣的信心，人民幣國際化進程必然遭遇阻礙。因此，現階段人民幣離岸市場具有特別的功效，除了藉由發揮人民幣離岸市場的融資功能外，還可以透過創新人民幣利率互換、期貨、期權等金融衍生工具，有效管理各種市場風險，實現保值增值功能，提高海外經濟主體持有人民幣的信心。當然，RQFII、跨國公司人民幣資金池等制度安排，建立了適度的人民幣回流管道，為海外人民幣持有者提供了更大的增值空間，也有利於提高國際市場對人民幣的使用需求。

❺參見馬駿、徐劍剛：《人民幣走出國門之路——離岸市場發展與資本帳戶開放》，北京，中國經濟出版社，2012。

緩解資本帳戶開放前的人民幣可兌換障礙

人民幣國際化和資本帳戶改革相互促進

資本帳戶開放是一個逐漸放鬆資本管制，允許居民與非居民持有跨境資產及從事跨境資產交易，實現貨幣自由兌換的過程。資本帳戶的開放並不是完全放任跨境資本的自由兌換與流動，從本質上說，資本帳戶開放是一種有管理的資本兌換與流動。一九九六年十二月以來，雖然中國一直保持著「經常帳戶開放＋資本帳戶管制」的政策組合，但資本帳戶卻一直在向著有序、可控放開的目標前進。目前，中國對中長期性質的雙向直接投資與貿易融資已經基本放開，僅在證券投資、跨境借貸與衍生品交易等短期資本流動方面存在較為嚴格的管制。在全球資本流動顯著提高的背景下，微觀主體規避資本管制的做法層出不窮，資本管制的成本和難度明顯上升，中國政府面臨「管不住」也「管不好」的尷尬局面。

國際經驗表明，資本帳戶開放不是貨幣國際化的充分條件，甚至在貨幣國際化初期也不是一個必要條件。對中國來說，人民幣國際化和資本帳戶改革都是由淺入深、從簡單到複雜的漸進過程。在這個過程中，二者完全可以彼此促進、相輔相成。一方面，資本帳戶改革推高人民幣國際化指數。根據《人民幣國際化報告二〇一三》估算，二〇一二年中國資本帳戶開放度為〇．五一二五（二〇一一年為〇．五〇四五），在國際上處於中等開放水準。

隨著跨境人民幣資本流動相關政策的持續放開，人民幣「走出去」和回流方式實現多樣化試點，並且規模逐漸擴大，使得二〇一二年人民幣國際化指數達到〇．八七，較上一年增長了四九％。其中，「人民幣直接投資全球佔比」上升到二．一八％，成為當年人民幣國際使用發展最快的領域。在資本帳戶改革推動下，人民幣國際化從單純的貿易計價功能「一輪驅動」模式發展成為貿易計價與金融計價「兩條腿走路」的更合理、更穩健的格局。

目前，一些國家的中央銀行和主權財富基金已經透過QFII管道持有人民幣債券和股票。可以相信，只要中國允許QFII繼續擴大規模，或者放鬆交易限制，資本帳戶逐漸放開的同時，人民幣的國際使用程度也將日漸深化。

另一方面，人民幣國際化對資本帳戶改革提出更高要求。在跨境貿易人民幣結算業務推廣到全球範圍後，貿易項下人民幣輸出和回流的管道便已打通。隨著中國貿易大國地位的確立，人民幣貿易結算規模不斷擴大，由此自然產生非居民對貿易人民幣套期保值和資產管理的需求，客觀上要求中國進一步開放資本帳戶，以實現人民幣自由可兌換、提供豐富的人民幣投融資工具以及創建更多層面的人民幣回流管道。一旦人民幣升值節奏放緩，國際收支趨於平衡，金融機構的國際化步伐加快，則依靠貿易項下推動人民幣國際化的潛力將釋放殆盡。從長期來看，要成為重要的國際金融交易貨幣和國際儲備貨幣，無論如何都避不開實現人民幣的完全可自由兌換。因此，必須透過資本帳戶改革為人民幣更廣泛、更深入的國際使用創造條件。

資本帳戶完全可兌換時機尚未成熟

資本流動推動了資源在全球的優化配置，無論對流入國還是流出國都大有裨益。但是資本流動本身是一把「雙刃劍」，其規模和波動性往往會構成政策挑戰。在一國金融系統和金融機構尚未強勁到足以應對「熱錢」衝擊時就貿然開放資本帳戶，很容易造成金融市場不穩定甚至引發金融危機。從中國的具體國情出發，我們認為目前並非徹底放開資本帳戶的最佳時機，至少還不適宜採用激進的方式放開資本帳戶。原因如下：

第一，從國際環境來看，受主要發達國家QE貨幣政策影響，國際資金頻繁大進大出於新興市場，為防範系統性風險，對短期套利資金進行限制是十分必要的。否則，資產市場的巨大泡沫及金融風險膨脹將在所難免。例如，二〇一三年六月，聯準會發出下半年退出量化寬鬆信號，市場反應劇烈，一周內引發國際游資大量迅速撤離新興市場，俄羅斯、印度、巴西等新興市場國家立即陷入流動性緊缺的恐慌，並出現了經濟下滑、利率高漲、本幣貶值的金融危機前兆。

第二，從國內總體經濟環境來看，雖然中國國民經濟一直保持強勁增長，外匯儲備充足，金融機構經營管理日漸成熟，基本符合西方發達國家和發展中國家資本帳戶開放經驗中所需的前提條件。但不容忽視的是，隨著中國社會經濟改革漸入深水區，已開始對原有影響市場資源配置效率的各種價格扭曲、體制不健全問題動大手術，多項制度、體制處於大變革、大調整期，不確定因素較多。如果此時開放資本帳戶，國際游資衝擊可能會放大這些不確定因素的負面效應，不利於中國的金融穩定。加上中國還存在產能過剩、房地產泡沫、地方債務負擔較大等容易誘發危機的導火線，開放資本帳戶時需要特別講究策略。

第三，從金融市場運行來看，中國存貸款資金的市場利率水準遠高於國際市場，套利空間吸引了大量短期投機性資金的跨境流動，不適宜全面開放資本帳戶。在國內資金利率維持高水準的條件下完全放開資本帳戶，相當於為國內外資金大規模進出打開了國門，勢必會擾亂國內正常的金融市場秩序。此外，人民幣匯率的單向升值預期，使得不少國內企業在離岸市場結匯。有學者研究指出，如果在所有其他因素都不變的情況下完全開放資本帳戶，中國可能會出現大規模的資金淨流出。[6]

在資本帳戶開放前應當主動培育人民幣離岸市場

在當前資本帳戶管制條件下，發展人民幣離岸市場，對推動人民幣國際化具有積極意義。人民幣離岸市場建設對資本帳戶開放具有一定程度的替代效果。例如，允許三類機構將海外融到的人民幣投資於境內的銀行間債券市場的舉措本質上和QFII類似；企業可以透過分支機構在香港人民幣離岸市場自由兌換外匯，在一定程度上打破了資本項下貨幣兌換的限制。現階段主動培育人民幣離岸市場，在效果上相當於資本帳戶完全開放之前的過渡性金融安排，有利於將可能的資本流動風險牢牢控制在離岸市場範圍內，保證穩定的國內金融市場環境，同時又能提供以變相的資本帳戶放鬆來助推人民幣國際化。

離岸市場中的一些金融安排實質上是資本帳戶可兌換或其變種，目的是調控人民幣離岸市場的規模與結構，適時、有序擴大「離岸」與「在岸」兩個市場的「通道」，以不斷接近並實現資本帳戶開放和人民幣國際化互相促進的功能定位。

資本帳戶管制條件下培育人民幣離岸市場來有序推動人民幣國際化，是現階段的次優選擇。因為它創造了寶貴的時間窗口，使得資本帳戶深化改革可以從容不迫、有條不紊地開展，為人民幣國際化戰略的順利推進奠定堅實的基礎。

---

[6] Tamim Bayoumi and Franziska Ohnsorge. "Do Inflows or Out flows Dominate? Global Implications of Capital Account Liberalization in China [WP]". IMF working paper WP13. 2013.

抓住當前有利時機以離岸市場促進人民幣國際化

充分利用國內市場的經濟結構轉型期，以離岸市場建設促進人民幣國際化

國際金融危機爆發以來，西方國家需求疲軟，導致中國長期以出口為導向的經濟增長模式難以為繼。以離岸市場建設推動人民幣國際化，可成為中國調整優化經濟結構、推進經濟轉型升級的重要切入點。因為人民幣國際化在加快經濟結構調整、促進經濟自主協調發展方面可以發揮重要作用，而提高人民幣離岸市場的廣度和深度，創新離岸人民幣金融產品，滿足國際市場主體對人民幣資產的保值增值需求，是推動跨境貿易人民幣結算和提高人民幣市場接受度的捷徑。這不僅有利於中國逐漸改變以美元為主、被動積累的外匯儲備，而且可以促使中國採取更加平衡的外貿措施，減少貿易順差。此外，我們還可以大力建設人民幣離岸市場，透過人民幣境外直接投資、人民幣對外貸款，進一步拓寬中國居民人民幣投資管道，透過完善離岸人民幣債券市場、離岸人民幣衍生金融產品市場，為中資企業「走出去」提供更豐富的金融服務、創造更加便捷的條件。

充分利用國際離岸金融中心調整期，積極佈局全球人民幣離岸市場

當前國際離岸金融中心正處於業務結構和經營格局深度調整時期，主要表現在如下幾個方面：第一，自二十一世紀以來，在金融自由化和高度競爭環境下，離岸金融中心的整體發展出現結構性變化。離岸金融中心的發展更多取決於市場的流動性、深度、廣度和支付清算的效率及服務品質的提高而非各種優惠措施，因此金融體制較為完善的離岸金融市場依託全球金融一體化浪潮得到較快發展，而眾多避

稅型離岸金融中心如加勒比海地區島國型離岸金融中心則呈現業務收縮趨勢，甚至逐漸被市場淘汰。

第二，二〇〇八年金融海嘯爆發，避稅型離岸中心為眾多國際資金提供保密、避稅等優惠政策使其游離於國際監管體系之外，這使其廣受詬病。與此同時，OECD、FSF、FATF等國際性組織多次強調透明性、合作和資訊交換，並透過建立國際統一的規範措施使離岸市場的欠規範狀況得到很大改善。受國際組織壓力，島國型離岸金融中心對本地涉及避稅和資訊保密等政策法規進行了必要的修改，國際離岸金融業務結構開始規範整合。

第三，金融危機後，受國際金融環境變化的影響，離岸金融中心競爭加劇，業務收益增速放緩，一些大的交易所出現合併整合，傳統離岸中心亟須尋求新的利潤增長點。

我們應充分利用調整期內各主要離岸金融中心競相爭奪人民幣離岸業務的機遇，合理佈局全球人民幣離岸市場。金融危機後，新興市場尤其是中國成為推動全球經濟增長的最主要力量之一。作為全球第一大出口國和第二大進口國，中國與世界多地的經貿往來成為當地經濟發展的一大推動力。隨著中國進出口貿易量以及跨境投資量的逐年攀升，在人民幣跨境貿易結算及央行貨幣互換協定的推動下，海外人民幣存量和交易量快速增長。一旦成為人民幣離岸中心，當地自然會有更多的人民幣交易量，從而帶動更多的金融機構入駐並推出更多的金融創新產品，進而帶動當地整個金融產業的發展，這對任何金融中心而言都具有極大的吸引力。

正因為看到了這一點，國際金融中心香港人民幣離岸中心確立之後，倫敦、新加坡、盧森堡、巴黎、法蘭克福、蘇黎世、日內瓦、雪梨、臺北等九大城市先後表達了發展人民幣離岸中心的意願。中國應抓住這一歷史機遇，積極推動人民幣離岸中心的海外佈局，充分發揮各個離岸中心的自身優勢，合理規劃功能定位，利用國際離岸中心的聚集功能、循環功能和輻射功能，發展人民幣離岸金融業務，拓展人民幣的海外使用範圍，推動人民幣國際化。

充分利用國際市場尋找避險幣種的需求，透過離岸人民幣交易提供多層次金融服務

當前西方發達國家陷入金融危機後的經濟衰退和非常規貨幣政策時期，大量流動性注入國際市場，美元、歐元、日圓等主要儲備貨幣幣值大幅波動。一方面，美國經濟復甦乏力，歐債危機不斷提升全球避險情緒，市場對金融避險工具、避險資產的需求也將不斷提升；另一方面，與之矛盾的是，歐元以及長期作為避險貨幣的美元因非常規貨幣政策影響而遭遇信任危機，這將倒逼市場尋求新的避險貨幣品種。大量避險資金和逐利資本開始尋找新的價值穩定貨幣作為結算和投資工具。與此同時，新興市場國家經濟增長強勁。

新興市場國家貨幣受到國際市場不同程度的追捧，尤其是在中國啟動跨境貿易人民幣計價結算試點後，東南亞國家以及中國周邊市場等形成了對人民幣較強的市場需求。在當前的環境下，順應市場需求，透過人民幣離岸市場建設再配合跨境貿易，就可以在進一步推動人民幣國際化上取得明顯的效果。

總體來看，這個時間窗口是階段性的。一旦歐美等主要經濟體逐步從危機中恢復，人民幣國際化推進的難度勢必加大。因此，應當在當前環境下，更好地把握好市場需求，依託中國經濟、國際貿易的穩定發展和人民幣價值穩定所具有的避險作用，依託離岸人民幣市場，著重推動協力廠商交易和人民幣直接投資、離岸人民幣期貨產品，充分發揮人民幣的計價工具、投資媒介和貯藏手段職能，順勢推進人民幣的國際化。

建設人民幣離岸市場的挑戰

挑戰主要來自兩個方面。首先是如何建設好人民幣離岸市場的問題。從香港等地人民幣離岸業務發展的實際情況來看，必須從產品、機構、技術保障和法制架構等各個層面付出巨大努力，才能夠真正實現人民幣離岸市場的較快發展，進而積極推動人民幣國際化進程。另外則要客觀面對人民幣離岸市場建成以後可能產生的各種消極影響。根據國際經驗，離岸市場發展不僅使私人部門面對更高的金融風險，還有可能擾亂一國財稅制度和貨幣流通，甚至破壞實體經濟的正常運行。因此，人民幣離岸市場建設既要「大步快走」，又要「小心穩妥」。

離岸人民幣產品和機構競爭力有待提升

離岸人民幣金融產品不健全

自二〇〇八年金融危機以來，在海外降息和國內貨幣政策總體中性至趨緊的環境下，人民幣匯率維持穩中有升的局面令人民幣債券受到普遍歡迎。目前二〇%的離岸人民幣債券由協力廠商（非內地或香港企業）發行。買家亦來自五湖四海，澳大利亞、奈及利亞和日本銀行準備將人民幣債券納入外匯儲備，德國機構大額購買離岸人民幣債券，投資人民幣債券已無國界。臺灣發行首筆「寶島債」，中國建設銀行在倫敦發行的十億元離岸人民幣債券被一搶而空；種種跡象證明人民幣債券正逐步國際化。表

6-6總結了離岸債券的種類及特徵。

二○一二年九月發佈的《金融業發展和改革「十二五」規劃》明確表示「支援香港發展成為離岸人民幣業務中心和國際資產管理中心，鞏固和提升香港國際金融中心地位」。可以預見，未來香港將擁有更為廣闊的人民幣離岸市場和更多的金融交易便利，可進一步推進人民幣國際化進程。

依託香港的核心清算體系，全球將開拓橫跨東西的人民幣離岸次中心，臺灣—新加坡—倫敦—美國，離岸人民幣債券將迎來另一次爆發性增長，數年內有望超越亞洲美元債券，成為區內企業重要的融資管道。

此外，香港證監會還認可了四支人民幣計價債券基金及人民幣計價、交易的黃金交易所買賣基金（ETF）。二○一一年十二月，中國實施了投資香港股市的合格境內機構投資者計畫（RQFII），並開啟香港上市公司在內地股市的籌措資金安排，對於股票市場的外匯管制在逐步

表6-6　點心債券（DSB）與合成型債券比較

	點心債券（DSB）	合成型債券
投資者主體	需在香港設立人民幣賬戶，對投資者有更嚴格的要求。	無須持有人民幣基金，對投資者無特殊限制。
發行主體	國內政策性銀行和商業銀行*	目前多為國內房地產企業或境外上市的國內企業
交易量	10億至15億元人民幣	35億元人民幣
平均期限	2至3年	3至5年
評級	有評級	無評級
流動性**	少於2億元人民幣。	5億至10億元人民幣
發行主體是否可使用人民幣資金回流	是，但須一事一議審批。	是。因獲得幣種為美元，利用現行結售匯制度匯入境內即可。
匯率影響	因支付結算都以人民幣定價交割，無匯率影響。	以定價日（或者招債說明書）匯率為準而非交割日匯率，若人民幣持續升值，投資者將獲得所有匯率升值收益。

註：*不包含臺灣、香港和澳門的商業銀行和政策性銀行，且滿足核心資本充足率至少為4%，持續三年盈利。

**用日均市場換手率來衡量。

地、有序地放寬。

RQFII規定合格的內地基金管理公司、證券公司的香港附屬公司在香港籌集的人民幣資金可以用於內地證券市場的投資，因此，透過該計畫，香港投資者可以以人民幣涉足內地的證券市場。截至二〇一四年七月，香港證監會自計畫推出以來認可了十九支RQFII基金，涉及金額達一九〇億元。

在香港離岸人民幣（CNH）市場方面，最初CNH貨幣市場交易量相對較少，與CNH即期和遠期市場流動性的穩步改善形成了鮮明對比。實際上，貨幣市場交易活動在境外機構獲准投資銀行間外匯市場的消息宣佈之初，經歷了短暫的興奮之後，隨即陷入沉寂。

CNH市場分為兩個明顯的層次，能夠深入參與跨境貿易結算或擁有健康的CNH賬戶的銀行數量非常有限。此外，CNH流動性普遍缺乏。預計未來隨著CNH計價資產更加豐富，貨幣市場流動性將會獲得明顯改善。在交易層面，做多CNH的機構能夠將資金存放在清算行（需要滿足機構內部限制條件），目前銀行間貨幣市場買入價是以清算行報價為基礎建立的。需要注意的是，這並不是期限非常短的CNH利率的絕對下限，原因是人民幣貿易結算參加行儲存CNH的能力有限。CNH賣出方短期報價仍然較低，並隨著期限變長逐步升高。總的看來，離岸CNH利率曲線至少比在岸SHIBOR低五十個基點。

當前市場關注重心集中在「新」貨幣——非貿易相關人民幣上。但需要注意的是，目前存在著兩個CNH市場。渣打銀行（香港）有限公司（簡稱渣打香港）既提供貿易結算美元／CNH報價，也提供非貿易相關美元／CNH報價。鑒於香港貿易結算行能夠自動進入清算行，貿易相關CNH可與在岸人民幣（CNO）相替換。但非貿易相關CNH則不是這樣。

因此，銀行境外分支機構，例如紐約渣打銀行能夠從渣打香港代客購入CNH，但其是否與貿易相關，將取決於渣打香港軋平頭寸的方式。相應地，這將決定客戶在賣出美元、買入CNH時對價格的滿意程度（目前對非貿易結算相關價格的滿意程度要低一些）。流動性不多的時候，外匯交易櫃檯可能僅僅按照訂單為客戶進行非貿易相關交易。離岸人民幣計價產品概覽見表6-7。

目前CNH遠期市場上有最長至兩年的CNH／港元和美元／CNH報價，但流動性仍然低於境內遠期市場和離岸人民幣NDF市場。現已形成三條迥異的遠期曲線。三百萬至五百萬美元左右的一年期美元／CNH價格普遍被市場認可，流動性較好，但貿易結算行對CNH遠期市場的總體敞口一般會受到（內部的）限制，在某些情況下可能制約市場進入規模。

離岸人民幣債券市場目前有以下幾點問題：

第一，市場流動性較差，但市場波動幅度卻較大。一方面，目前的香港點心債券（DSB）市場只能容納香港離岸人民幣存量的極小部份（截至二〇一二年，約

表6-7　離岸人民幣（CNH）計價產品概覽

CNH 產品	是否上市	備註
即期	是	
遠期	是	
遠期利率協議、貨幣利率交叉互換	是	
貨幣市場	是	目前擁有CNH的機構數量仍然較少，銀行間交易量因而相對稀薄。
存款證、結構性票據	是	
外匯期權	是	當前CNH即期匯率缺乏透明度和定價機制，制約著這一類產品的發展。
結構性產品	部份	
債券	是	香港CNH債券市場處於持續的建設中
公募基金	是	首支境外人民幣基金於二〇一〇年八月在港推出

資料來源：渣打銀行全球研究部和作者整理。

為一七・七％），與此同時市場上缺乏其他有效的人民幣投資管道，故DSB的市場供給遠不能滿足投資者的投資需求，已持有DSB的投資者並不願意在二級市場上交易（當前香港離岸人民幣最主要的投資管道是人民幣存款和投資DSB，二者相比，投資者更傾向於收益率高的DSB）。事實上，目前DSB流動性遠低於歐元債券和美元債券，甚至遠低於其他亞洲債券。另一方面，DSB的熱銷源於投資者對人民幣持續升值的預期。一旦人民幣升值趨勢難以為繼，或人民幣匯率開始雙向波動，投資者將選擇大量拋售債券，從而引起市場較大幅度的波動。

第二，市場缺乏有效的信用評級機制和相應的信用評級機構，不利於保護投資者利益和市場的規範運行。

第三，人民幣回流機制尚不完善，造成市場上以合成型債券為代表的「新型」DSB形式可能成為「熱錢」流向內地的工具，影響內地宏觀經濟穩定和經濟調控政策的有效實施。

第四，長期融資工具的匱乏意味著標的物為長期投資專案的融資不得不過度依賴銀行貸款，而並不能在債市進行，長久以來，這一障礙造成了項目週期長期性與銀行貸款短期性之間的錯配。要解決這一錯配以適應未來城鎮化需求，離岸債券市場的發展亟待加快。

給定未來十年總計約二十兆至三十兆元人民幣的城鎮化基建投資需求以及金融「十二五」規劃將直接融資比重提升至一五％的目標，預期市政債及企業債規模可能在未來五年擴大一倍。當然，在發展離岸債券市場的過程中也存在巨大的挑戰，如何將相互割裂的幾個在岸和離岸債券市場一體化並對發行統一監管以及建立健全的市場制度框架對提高市場效率至關重要。此外，允許國際金融機構更多地參與將有助於提高市場的深度和廣度。債券市場的發展反過來也將刺激銀行業更多關注中小企業及消費者的融資需求。

中資離岸金融機構創新能力較弱

離岸銀行又稱離岸單位，是設在離岸金融中心的銀行或其他金融組織。其業務只限於與其他境外銀行單位或外國機構往來，而不允許在國內市場經營業務。離岸銀行的出現導致離岸金融市場的形成。在傳統的國際金融市場上，資金的交易主要是在居民與非居民之間進行。

金融市場的作用主要是透過銀行等金融機構對外國機構貸款，或為外國借款人承銷有價證券及在二級市場上由國內投資者購買非居民的有價證券。而離岸金融市場是為非居民投資者和借款人提供中介服務，一般是接受非居民的外幣存款，並為非居民提供外幣貸款。由於此類交易不涉及居民和本國的經濟活動，所以被稱為中轉型或離岸交易。

中國離岸銀行業務的發展過程曲折。一九八九年六月，中國人民銀行和國家外匯管理局批准招商銀行率先在深圳試辦離岸銀行業務。後來，又陸續批准了深圳發展銀行、廣東發展銀行及其深圳的分行以及工商銀行、農業銀行的深圳分行試辦離岸銀行業務。受一九九七年亞洲金融危機的影響，中國人民銀行在一九九九年初叫停了五家試點銀行的離岸銀行業務，中資商業銀行離岸銀行業務進入清理整頓階段。

二〇〇二年六月，中國人民銀行批准招商銀行和深圳發展銀行全面恢復離岸銀行業務，同時批准了交通銀行和浦東發展銀行開辦離岸銀行業務。目前，上述各家銀行離岸銀行業務發展平穩。據不完全統計，截至二〇〇六年六月末，上述各家銀行離岸銀行業務資產總額超過了二十億美元。離岸存款總額為二十億美元，國際結算總量接近二百億美元，實現利潤二千多萬美元。

一般而言，中資離岸銀行的業務可以分為以下幾種：外匯存款、外匯貸款、同業外匯拆借、國際結算、發行大額可轉讓存款證、外匯擔保、諮詢業務、國家外匯管理局批准的其他業務。目前可以開設的離岸賬戶可分為以下幾種：港幣儲蓄賬號、外幣儲蓄賬號、港幣往來賬號（支票賬號）、美元支票賬號、港幣理財賬號、外幣理財賬號、互聯網賬號和進出口信用證。

二〇〇三年十一月，中國人民銀行為在香港辦理個人人民幣業務的有關銀行提供清算安排。二〇〇四年二月，香港各銀行開始辦理個人人民幣業務，當年年底，香港人民幣活期、定期存款總額為一百二十一．二七億元。二〇〇五年，由香港匯入內地銀行的人民幣金額上限調整至八萬元，香港居民可在每天每賬戶八萬元限額內簽發用於廣東省內消費的支票等一系列規定的調整，以及人民幣貿易結算活動的增多，使得香港人民幣存款數額有了大幅提升。

到二〇一二年十一月底，香港經金融管理局認可的經營人民幣業務的機構達到一百三十八家，在這些機構開設的人民幣活期及儲蓄存款戶口有近三百萬個，人民幣定期存款戶口為七十五萬個。相較於人民幣存款業務，人民幣貸款業務在香港開辦的時間較晚，於二〇一一年正式展開，人民幣貸款餘額呈現出強勁的增長趨勢，由二〇一〇年底的二十億元升至二〇一一年底的三百零八億元。

此外，截至二〇一二年十一月底，共有二．六兆元人民幣經過香港認可經營人民幣業務的機構被兌換成港元或其他貨幣，同時，共有等值於二．六兆元人民幣的港幣及其他貨幣被兌換為人民幣。匯款方面，香港匯至內地的人民幣交易有二萬八千四百三十四宗，金額為一千六百零三．五億元。

中國離岸銀行業務的發展特點包含以下幾個方面：

第一，各項業務增長較快，但業務總體規模仍然較小。二〇〇二年離岸銀行業務全面恢復以來，中國中資商業銀行各項離岸業務平穩增長。據不完全統計，各中資銀行的離岸銀行業務資產總量、存款餘額和國際結算業務量二〇〇四年分別為十六億美元、十二億美元和六十億美元，到二〇〇五年分別增長為十七億美元、十五．五億美元和一百五十億美元，增長速度較快，尤其是國際結算業務量增長迅猛。與此形成鮮明對比的是，中國離岸銀行業務總體規模很小。

截至二〇〇六年六月末，中國四家中資銀行離岸銀行業務資產總額為二十多億美元，即使加上外資銀行在華離岸銀行業務資產總額，全部離岸銀行業務資產和負債總額不會超過二百億美元，離岸銀行業務規模比倫敦、香港和新加坡等國際離岸金融中心的業務規模要小得多，尚未發育成為一個完善、成熟的離岸金融市場。

第二，業務品種較少，經營範圍狹窄。總體上講，中國中資離岸銀行業務還是停留在傳統的存款、貸款和國際結算上，仍然是以發展國際結算和低風險的貿易融資為主。其主要服務對象也僅限於境外中資機構和港澳臺的境外企業等狹窄範圍內，歐美、日本等經濟發達地區的客戶很少。

第三，資金來源單一，資產負債結構不夠合理。受服務對象和產品的限制，中國中資商業銀行離岸業務中負債業務規模明顯偏小，資金來源單一，吸收資金嚴重不足，這也嚴重制約了資產業務的發展；同時資產負債結構不合理，負債結構中短期負債佔比大，但資產結構中長期資產佔比偏大，導致短存長貸等問題突出，容易引發流動性風險。

第四，利潤增長速度較快，但盈利水準不高，外部競爭力較弱。據不完全統計，中國中資商業銀行離岸業務截至二〇〇四年六月末、二〇〇五年六月末和二〇〇六年六月末實現利潤額分別為五百萬元、一千一百萬元和二千二百萬元，同比增長超過一百%，利潤總額增長速度較快。

但由於目前中國中資銀行離岸業務的負債業務總量偏小，資產業務規模和範圍受到相應限制，同時由於負債總量和期限結構等原因，各行不得不持有大量頭寸以保證流動性，從而降低了資金回報率，導致利潤率較低，二〇〇六年六月末中國各中資離岸銀行資產利潤率只有一%。

更為重要的是，如果考慮未來在主權國家建成人民幣的離岸中心，那麼目前人民幣所面臨的考驗是多方面的：

首先，以倫敦為例，其實在實體經濟層面，並沒有多少機構人士支持建立人民幣離岸中心，或者說是該問題僅局限於少數政策層面人士的認知。其原因在於對於作為全世界最大的外匯交易中心的倫敦而言，人民幣的存量仍然太小，能夠給倫敦帶來的確實利益極其有限。目前倫敦建立離岸人民幣歐洲中心的計畫主要是由英國內閣與財政部推動的，是否能夠儘快落實到具體操作，困難重重。

目前英國主流媒體和政界人士不斷放風意圖尋求建立人民幣離岸中心，主要原因在於如果未來人民幣國際化進程（或者說資本項下的可自由兌換最終實現）有實質性的突破，則英國會第一個收益。

其次，就目前而言，在倫敦的離岸國有商業銀行的困境主要體現在「對等監管」層面。金融危機之後，因為英國金融監管當局進一步的審慎性行政管制，並不認可中國銀監會對於中資商業銀行的監管，要求海外的離岸中資商業銀行（不局限於中資，部份美資銀行也有類似的問題）必須是在岸（中國大陸）該商業銀行總行所全資擁有的獨立法人實體，也就是逼迫離岸中資商業銀行子公司與母公司拆賬，不能以分行的形式提供商業銀行服務。

具體來說，最理想的狀況是英國金融監管機構與中國銀監會共同認可對方的監管體系和標準，則中資銀行可以自由地在倫敦設立分行，而非全資子公司形式的子行。設立分行的好處在於，分行與中國境內總行不拆賬，只要滿足總行資本充足率要求即可，因此，分行能經營的業務不論在數量上還是在規模上都是一個全資子公司形式的子行所不能比擬的。

然而，目前的情況是，在金融危機發生之後，尤其是當雷曼兄弟破產倒閉之後，英國監管當局發現一旦危機發生，當局並不能控制銀行資本金從倫敦大量撤回紐約總部，其後果是嚴重損害英國普通存款人的利益。因此，在危機之後，英國金融監管當局更加審慎，並重新制定準則，要求外資商業銀行（不局限中國）在英國運營的前提條件是必須建立全資子公司，從而完全接受英國當局監管。

如此一來，英國普通存款人的利益得到最大程度的保障，然而其壞處是嚴重限制了跨國大銀行在英國經營的資本金規模，使得目前中資銀行在業務數量和規模上嚴重受制。

二〇一三年下半年，英國財政大臣已經放風要將中資銀行在該專案上的限制放開，有條件地准許中資銀行設立分行，目的就是為倫敦切實成為離岸人民幣的海外中心鋪平道路。但是目前這只停留在口頭，並無具體政策頒佈。

最後，國有商業銀行自身的問題也是建立成熟、高效的離岸人民幣市場的巨大障礙。主要體現在以下兩個方面：第一，國有中資企業（包括國有商業銀行）目前採用的人事制度是準公務員制度，薪酬體系嚴格遵循行政級別和技術職稱，這樣的特性在中國的制度背景下是可以維持經營的，但卻是極其不適應發達國家金融城的遊戲規則。

以某一個國有商業銀行倫敦子行為例，目前能夠招到的人員為金融城內受教育程度較低、金融專業素質欠缺的中國籍員工，當地頂尖高校的金融學畢業生不會遞交申請，這其中一大重要原因就是國有銀行的人事政策、薪酬體系的滯後造成激勵不足，完全不能與當地其他外資離岸商業銀行競爭。

第二，中資商業銀行創造利潤的來源有限。國有商業銀行在中國國內習慣了較高的存貸款利差和壟斷利潤，其本質已經脫離了金融服務業的實質屬性，在中國的金融體系中已然成為高高在上的壟斷者。然而，發達經濟體的金融環境卻是高競爭、高創新的，對於沒有任何中間業務創新和金融市場業務創新的國有駐外子銀行，除了延續在中國本土的傳統貸款業務，並無其他利潤來源，因此，其未來的成長空間極其有限。

在岸與離岸金融市場相互影響

傳統的國際金融市場又稱在岸金融市場，是從事市場所在國貨幣的國際借貸，並受市場所在國政府政策與法令管轄的金融市場。

主要特點是：該市場要受到市場所在國法律和金融條例的管理和制約，各種限制較多，借貸成本較高；交易活動是在市場所在國居民和非居民之間進行的；通常只經營所在國貨幣的信貸業務，本質上是一種資本輸出的形式。新型的國際金融市場又稱離岸金融市場或境外市場，是指非居民的境外貨幣存貸市場。

離岸金融市場有如下特徵：市場參與者是市場所在國的非居民，即交易關係是外國貸款人和外國借款人之間的關係；交易的貨幣是市場所在國之外的貨幣，包括世界主要可自由兌換貨幣；資金融通業務基本不受市場所在國及其他國家的政策法規約束。

在金融全球化的背景下，私人資本成為國際資本流動的主角；國際金融市場一體化進程加快；發展中國家在國際資本市場中的投資比例有所上升；大規模金融併購浪潮風起雲湧；跨國銀行業務綜合化、網路化，這些特徵使國際金融市場日益發揮其重要作用。

國際金融市場的積極作用有：促進國際貿易和國際投資的發展；調節各國國際收支，促進經濟平衡發展；推動生產和資本國際化的發展等。其消極作用有：國際金融交易日益與實際經濟相脫節，加大了金融風險；國際金融市場一體化使金融風險隨全球化而擴展；巨額的國際資本流動增大了國際金融市場的風險等。

鑒於以上特點和作用，以及各種離岸金融中心模式的特點和中國現階段金融發展滯後的基本狀況，中國離岸金融市場的建設應該採取分階段逐步推進的模式。

現階段人民幣不能自由兌換的現狀與離岸金融中心資本自由流動的特性相悖，如在現狀下建立離岸金融市場，則離岸金融中心的建設必須採取嚴格的內外分離型的模式，必須將境內金融業務與離岸金融業務嚴格分離。等到中國金融市場進一步發展，資本帳戶完全開放，外匯市場自由化發展到一定程度時，離岸金融中心的模式方可適度調整，即允許內地居民在離岸賬戶上進行部份融資交易。

在短期內，中國離岸金融市場的發展應該採用內外分離型模式，原因有以下幾點：

1. 目前中國還存在較嚴格的外匯管制，且人民幣尚不能自由兌換，金融業主要由國有企業壟斷經營，利率市場化改革尚待推進。鑒於此，為了維持金融秩序的穩定和金融市場的健康運行，保持政府對金融活動調控的有效性，維護中國貨幣政策的獨立性，選擇內外分離型模式更符合中國實際。

2. 採用內外分離型模式，離岸市場和在岸市場之間的屏障可減緩離岸市場金融環境的波動對在岸市場可能產生的衝擊，保證國內金融體系穩定和銀行資金安全，又可以藉助離岸金融市場的示範效應促進中國金融市場的轉型，並能更好地利用世界流動性過剩這個歷史機遇。

3.在市場發展初期，離岸金融業務與在岸金融業務的有效分離，可以在相當程度上避免加大地區經濟差異的回波效應。

從長期來看，為吸引外資，並藉助全球流動性過剩的機遇發展經濟，中國宜逐步轉變為部份滲透型模式。內外分離型模式雖然能夠給金融風險設置隔離牆，防範外部經濟波動對國內經濟的影響，但政策上的杜絕不利於國內外經濟往來和互動，不利於發揮外資對中國經濟發展的影響力，致使發展離岸金融市場的意義沒有得到充分體現。

隨著中國經濟發展水準的提高、金融監管體制的健全，離岸金融市場在穩健運行並積累了一定的運行經驗之後，可將內外分離型轉變為有限制的滲透型，使離岸、在岸賬戶之間形成一條資金正常流動的通道。對於具體逐步開放步驟，在滲透的方向上，初期只允許離岸資金向國內金融市場滲透，不允許國內資金向離岸金融市場滲透；在滲透的管道上，初期可允許貸款這一間接融資方式，待成熟之後，可逐步放開債券、股票等直接融資方式，即有條件的雙向滲透；在滲透的管理上，要從政策設計到實際操作的各個環節上均做到管理有效、管理及時、管理可控；在滲透的規模上，限定較低的滲透比例，且在額度增加時也不同步提高上述比例，以免資金大規模地進入在岸市場。

缺乏高效安全的離岸人民幣支付清算系統

目前，人民幣離岸業務支付清算是透過代理行模式進行的。境內商業銀行為境外金融機構開立人民幣同業往來賬戶，設定鋪底資金，為境外金融機構提供鋪底資金兌換服務，按境外金融機構的要求在限額內購售人民幣。商業銀行承擔了人民幣支付清算、在離岸市場上提供人民幣流動性和回流機制等幾大功能。離岸人民幣支付清算具體可以分為三類：

第一，代理行為境外參加行進入人民幣大額支付系統的「接口」。境內代理行（代表境外參加行和其參與貿易結算的客戶）與境內結算銀行（代表境內參加貿易結算的客戶）辦理跨境資金人民幣結算業務時，透過中國人民銀行的大額支付系統辦理。

第二，代理行在額度內為人民幣貿易結算提供一定程度的流動性保證。由於中國的資本項目尚未可兌換，因此無法保證參加貿易結算的企業所需要的人民幣流動性必然會在外匯市場獲得。因此，在目前的體制下，為了推動人民幣貿易結算，人民銀行給予了代理行一定的人民幣購售額度，在一定程度上（但尚不是完全地）提供了人民幣流動性的保證。

第三，境內代理行由於本來就是境內銀行市場的成員，也可以在境內銀行間拆借市場拆入和拆出人民幣資金，為境外離岸市場提供額外的流動性保證。

未來隨著人民幣國際化的逐漸深入和離岸人民幣市場的進一步蓬勃發展，由於代理行模式具有先天的缺陷，必須採取其他配套措施以規避結算風險。具體來說，由非中央銀行的商業銀行分支機構充當跨境支付清算的代理銀行在金融系統穩定性方面存在以下幾方面的困境：

1. 支付資訊安全完全屈服於境外代理銀行機構。

2. 商業銀行分支機構並非中央銀行（在某些國家，甚至存在交易日頭寸限制），並無對於突發大宗交易實施擔保的能力，如果一旦該代理銀行由於其他方面的原因經營不良，則其風險會立即傳遞到支付清算，構成結算風險（見圖6-1）。

3. 離岸支付清算平臺為「系統重要性」的金融機構，然而境外商業銀行代理行模式並非如此，因

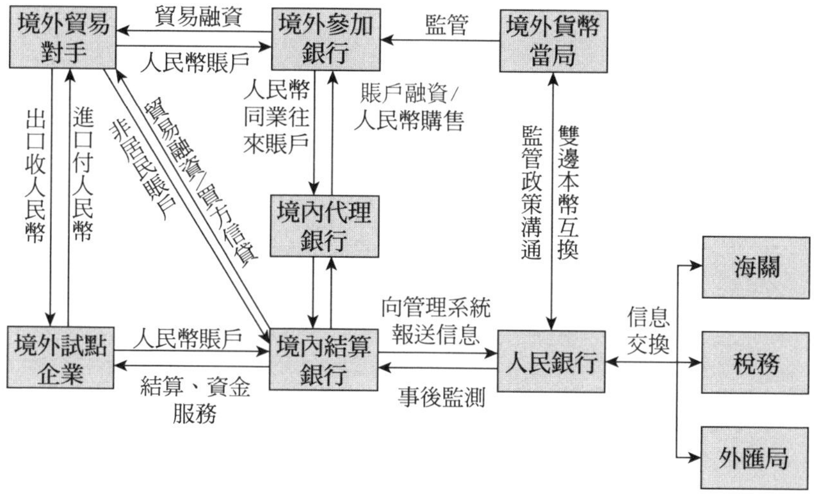

圖6-1 代理行清算模式

此在監管層面存在重大漏洞。因此，人民幣離岸市場客觀要求必須儘快建立高效的離岸人民幣清算系統。以美元清算系統CHIPS為例，由於多數跨境結算對時效的要求不特別高，即不需要在幾秒鐘內完成，如果CHIPS的成本（尤其是對流動性要求）較低，即使費時稍稍多一些，多數客戶也傾向於使用CHIPS。因此未來人民幣的離岸市場可參考美國的CHIPS系統建立離岸人民幣清算系統（見表6-8）。

人民幣離岸金融中心法律制度架構有待建立

法律制度的構築對於人民幣離岸金融中心的發展具有非常重要的挑戰性意義，特別是有關金融監管、稅收優惠、司法制度、爭議解決方式等制度的安排和設計，極大影響著人民幣離岸金融中心對海外投資的吸引力以及與世界主要金融中心規制的協調配合。構建離岸金融中心法律規制架構的挑戰需要在離岸金融交易和離岸金融監管方面雙管齊下應對和解決。

挑戰之一在於目前人民幣離岸金融實踐處在初

表6-8 CHIPS與離岸人民幣清算系統

	CHIPS	離岸人民幣清算系統（擬）
結算方式	淨額結算	淨額結算
股東構成和組織形式	CHIPS是由商業機構CHPC運行的一個系統。該商業機構的股東（會員）包括The Clearing House Association LLC（組織會員）、18家A類會員（國際銀行）和4家AA類會員（國際銀行）。	以商業模式操作，以中國國內的大銀行和若干國際大銀行為股東。股東個數限制在10家左右。允許50至100家國內大銀行和國際銀行作為成員。
運營模式	CHIPS要求所有參與者銀行都在美國設有存款類分支機構，並有足夠融資管道保證其滿足在CHIPS賬戶內達到每日初始餘額和日終餘額的要求。這些成員銀行在本銀行全球各分行之間的美元支付一般在本銀行內部系統中完成，跨成員銀行之間的美元支付則絕大部份透過CHIPS進行。國際上任何非CHIPS成員的銀行可以委託一家CHIPS成員銀行作為代理行，代其處理美元的跨境支付。	直接使用跨境人民幣支付系統進行人民幣支付和清算。全球其他金融機構的人民幣跨境支付可委託人民幣跨境結算支付系統（IPSR）成員銀行作為代理行進行。在目前體制下國內參與人民幣跨境支付的代理行原則上都應成為IPSR的成員。
主要特點和機制安排	淨額結算模式的流動性成本低於全額即時模式。CHIPS每天的起始資金頭寸（所有參與者 的CHIPS賬戶內的初始餘額 的總量）要求僅僅為35億美元左右，但每天清算的交易總量達到2兆美元。換句話說，一美元的起始頭寸可以支援五百多倍的清算量。這個資金使用的效率（槓桿率）是全球清算系統中最高的。即使用對參與者的總淨流動性要求（初始頭寸和一日內追加的頭寸之和）為基數，其流動性使用的槓桿率也達到二十多倍，而聯邦儲備通信系統（FedWire）的流動性槓桿率僅為5至6倍。FedWire為了保證流動性，為其成員銀行提供透支服務，而銀行因此要支付利息。 CHIPS由於採用淨額結算，本身對流動性要求就低，而且演算法效率高，因此在不提供透支服務的情況下也能保證絕大多數支付指令得到即時執行。由於CHIPS不提供透支，銀行就不需要支付相應的利息。	應該能夠實現跨境支付的中文指令與英文指令的自動轉換，消除支付系統的語言障礙。需要在中國時區的工作時間之外持續運行，爭取保證在二十四小時中的大部份時間（至少18小時）運行，為在全球主要金融中心（如倫敦、紐約等）的人民幣支付與結算提供即時的服務與國際上其他主要外匯清算系統〔包括CLS（Continuous Link Settlement）系統〕可以用跨貨幣同步交收方式進行連接。借鑒CHIPS，引入提高流動性使用效率的演算法系統，大幅降低大額人民幣跨境支付的成本。CHIPS有興趣為中國提供相關的技術諮詢服務。

始階段且金融基礎設施較為薄弱的客觀現實，因此尚未達到制定統一的《離岸金融法》的條件。人民幣離岸金融在法律規制細節的挑戰融合了兩方面的因素，一是需要參照目前世界主要離岸金融中心的法律規制以保證有序運轉，二是與其他主要離岸金融中心法律規制協調配合，對人民幣離岸金融中心的頂層設計提供基礎性保障。因此，人民幣離岸金融中心法律規制需要在《金融服務法》以及銀行、保險、信託、基金等業務法規、相關程序法以及司法制度等方面多方位努力，積極應對多方位的挑戰，建立具有針對性的人民幣離岸金融法律規制法群。

鑒於人民幣離岸金融中心主要處理離岸人民幣的存貸款業務及資本運作，包括借貸、投資、結算、外匯買賣、保險、證券業務等一系列交易與服務。建立人民幣離岸金融中心的法律規制必須首先考慮下面幾個標準：

首先，必須確保離岸金融中心所在區域社會穩定、金融業務發達、對外開放程度高且法律制度能夠為多數跨國投資者認可，離岸金融中心可以設置於目前已經確立且成熟的國際金融中心區域或與中國已簽署相關雙邊或多邊的金融合作協定或自由貿易協定的國家和區域，逐步形成金融監管合作和協同治理。

其次，離岸金融中心的政治環境、經濟政策和健全的法律制度必須保證維持離岸人民幣資本的運作和吸引力，保障離岸人民幣參與海外直接投融資、適用較為成熟的資本市場條件和參與國際貨幣結算服務。同時，離岸金融中心所在管轄區與中國需要在政治、經濟、外交及其他國際事務等領域保持良好的磋商與協調關係，保證協同監管、資訊交換和爭端磋商等機制的運行。

藉由研究、匯總和借鑒目前世界主要離岸金融市場已實施的法律制度，基於人民幣離岸業務的特殊性，離岸人民幣中心的法律制度和框架的基本特徵和內容要從兩方面應對挑戰：一方面需要從宏觀層面完成人民幣離岸市場的法律規制頂層設計，尤其在離岸金融監管層面進行改革；另一方面需要從微觀層面確立從事具體離岸交易面臨的諸如准入、具體業務內容等方面的共同挑戰及相關部門法律和細則。

金融監管的挑戰：設置監管機構與優化監管措施

人民幣離岸金融中心的監管模式是確立相關法律規制的目的和基礎所在。相對於與在岸金融業務的關係而言，無論人民幣離岸金融業務是內外一體、內外分離還是避稅型模式，均需要從宏觀層面確立人民幣離岸中心法律規制，在監管方面進行架構性優化，這是建立人民幣離岸金融中心必須首先應對的挑戰。具體而言，人民幣離岸金融中心所在地所實施的金融監管政策，對於特定離岸人民幣業務的監管標準和對離岸業務的豁免或例外性規定，在存款準備金、存款保險、利率、稅收和外匯管制等方面的優惠待遇，均是人民幣離岸中心獲取並利用國際金融資源的前提和保障[7]，據此進而得以建立和維持離岸人民幣資本流動和匯存的基礎。

鑒於離岸金融市場的借貸業務存短放長的特點，對金融風險的預防和對跨國資本流動的監控是離岸金融中心監管的基本要求，也是必須首先克服的難題，進而人民幣離岸金融中心方能根本性地緩解由於跨國資金迅速流動和國際游資投機套利所導致的央行宏觀監控難度。因此，金融監管靈活操作是離岸金融中心發展的必然選擇，同時是保持市場信心、保護金融消費者、宣傳離岸金融市場和打擊金融犯罪的規制性要素。

金融監管的挑戰可以從以下幾個方面應對和緩解：

1. 金融監管措施與獨立的金融監管機構

若人民幣離岸金融中心實施內外一體的金融監管機制，金融監管機構與被監管的離岸金融機構則必須保持經常性聯繫，透過創新性的激勵機制刺激金融投資機構自己完善風險管理和合規要求。具體而言，第一，準備經營金融業務的企業必須向金融監管機構提出申請且得到批准後方可經營。金融監管機構在審批時需將金融投資機構是否有完善的管理金融風險的制度作為主要審閱和核准條件。第二，對離岸金融機構實行專管制度，監管人員有權監控、判定和限制金融投資機構風險。第三，金融監管機構對金融投資機構需要進行風險等級評估，按照風險層級創造激勵機制，激勵金融投資企業改善管理風險的能力。金融投資企業要按風險級別向金融監管機構交管理費。第四，離岸金融監管機制可以強制要求金融投資機構在公司治理方面改進風險管理能力和自我監管風險管控機制。由於離岸金融業務的複雜化和革新化需求，金融監管機構不強求被監管的離岸金融機構有統一的投資風險管理制度，但要求企業有自我管理機制、監督投資風險機制以及風險管理機制的運行原則。第五，金融監管機構要求被監管的機構設立針對自身的反洗錢機制並設立專門的反洗錢報告員制度。

人民幣離岸金融中心同時可以參考主要避稅型離岸金融中心的制度性安排來應對監管方面的挑戰。金融監管機構可以直接負責所有經營性業務許可和執法活動，強調金融自由化和紀律化相結合，保證強勢管理和維持金融秩序。同時，金融監管機構可以設置貪汙調查部門，作為防止、發現和遏制貪汙受賄

❼參見曾之明：《人民幣離岸金融中心發展研究》，63頁，北京，經濟科學出版社，2012。

行徑的主要機構，為金融秩序的穩定和經濟的發展提供保障。

2.市場准入監管

市場准入監管是離岸中心設立監管的第一道防線，各離岸中心監管機構均對金融業准入設定了較為嚴格的標準，主要針對進入離岸金融市場的金融機構類型、規模和層次進行限定。

從機構性質方面可分為兩類，即僅允許銀行進入市場以及允許多種金融機構進入市場。開展金融業務的金融機構必須履行依法嚴格設定的審批手續；或透過頒發全面牌照、離岸牌照、有限牌照等對不同公司和金融或資本業務進行管理。

以新加坡為例，新加坡設立的亞洲貨幣單位使得新加坡發展成為亞洲離岸金融市場的結算中心，其將准入銀行分為四類——全面性執照銀行、限制性執照銀行、離岸銀行和商人銀行，不同執照所從事的業務範圍不同。

3.業務經營監管

離岸金融中心一般對資本金、業務範圍、交易對象、交易貨幣等經營相關問題制定相關法律進行監管，例如：多個離岸中心政府在經營業務範圍方面的監管主要包括三種，即業務範圍限制為傳統的銀行業，把離岸業務擴展到債券和票據業務，以及允許最為寬泛的包括信託、保險基金等其他金融業務。

4.退出機制監管

退出機制是金融監管不可或缺但常被忽視的制度構建。目前主要離岸中心退出機制主要包括三種制度，包括危機預警機制、最後貸款人制度和存款保險制度，如中國香港地區，政府外匯基金可充當最後

貸款人角色以保護整個金融市場的安全。❽

與目前國內金融體系監管更多採用直接嚴格監管方式不同，離岸金融中心更多的是採取間接和引導性監管方式，更多是非現場檢查和疏導，如透過離岸金融機構定期向有關監督機構報告的形式，進行問題定位，撬動可能存在的體制內部潛在問題，維護金融體系的穩定。當然，此類監管措施在簿記式（虛擬式）離岸金融中心（如英屬維京群島、開曼群島、百慕達群島）運用較少，而在具有實體經濟與交易的金融中心運用較多。

保密制度帶來的衝擊

保密制度（條款）作為各個離岸金融中心共同採納的法律規定，基於其最大限度地保護了投資者的隱私，消除了投資者的顧慮。中國金融機構開展人民幣離岸金融業務時，可以援引諸如倫敦、香港和法蘭克福等國際金融中心的現行保密制度。同時，中國目前實施的金融保密制度也需要改革，以協同配合主要國際金融中心的保密制度的條件和舉措。

幾乎所有的離岸金融中心均明文規定：公司對其股東資料、股權比例、收益狀況等核心資訊，均享有保密權利，未經股東授權或同意不得向協力廠商披露。一般來說，只有公司一般資訊可供公眾查閱或

❽參見巴曙松、郭云釗：《離岸金融市場發展研究》，北京，北京大學出版社，2008。

查冊。[9]同時，在保護投資者利益的前提下，加強資訊披露、交換和共用，提高資訊透明度將是未來保密條款的立法改革方向。[10]

細化反洗錢法律規範及提升實施效率

反洗錢實踐和制度是對建立人民幣離岸金融中心監管制度相當大的挑戰。一方面人民幣離岸金融中心要確保資本的流動和對跨國資本的吸引力；另一方面亦要保持遠離全球性的金融犯罪和恐怖性活動的資本運作。離岸金融中心容易滋生洗錢犯罪，與其嚴格的金融保密措施、優惠的稅收條件和寬鬆的監管環境不可分割[11]，同時，離岸金融市場資金的電子劃撥方式，使得洗錢行為在操作層面變得非常容易。

美國、英國等發達國家均制定了相應的金融機構反洗錢法律制度，巴塞爾銀行監管委員會一九八八年《關於防止犯罪份子利用銀行系統洗錢的聲明》確定的職業道德準則包括瞭解客戶真實身分、遵守法律、加強與執法機構的合作、相關一般要求和程序性要求，向國內金融機構進入國際離岸金融中心完成離岸人民幣業務設定了挑戰。

為了打擊洗錢犯罪，人民幣離岸金融中心需要加強監管以建立良好的審查制度，全力維護自身在國際金融交易和資本生態環境中的聲譽。針對洗錢活動，人民幣離岸金融中心一方面需要依託現行《中華人民共和國反洗錢法》及相關具體實施細則，建立獨立的金融監管機構和強化反洗錢措施；另一方面，可以借鑒其他離岸金融中心設定的「瞭解你的客戶」（KYC）要求，透過立法，鑒別金融投資機構實際擁有權人以及投資者身分，並對資本來源和用途進行較為嚴密的檢查，尤其是對從事相關金融業務的機構、人士及相關業務嚴格執行反洗錢和反恐怖主義融資（Anti-Money Laundering and Countering the

Financing of Terrorism, AML／CFT）準則，包括投資基金和對沖基金。

此外，人民幣離岸金融中心可以借鑒目前其他離岸金融中心現行反洗錢制度和立法，包括可以考慮適用相關引渡公約條款⓬，建立稅收資訊切換式通訊協定和備忘錄，並同意向主要國際金融中心所在國

⓽譬如以下相關資訊：註冊辦事處、代理人地址和名稱；公司成立證書（百慕達、英屬維京群島、香港）；公司章程大綱、章程細則（香港、百慕達、英屬維京群島）；公司章程細則（英屬維京群島、香港）；任何已存檔的招股說明書（百慕達、香港）；股東名冊、董事高級管理人員名冊（香港）；抵押登記冊（香港、百慕達、開曼群島）；合法證明書、有效存續證明書（百慕達、英屬維京群島）；自願性結業通知（百慕達、英屬維京群島、香港）；在當地進行的針對公司的任何訴訟或法律程序（香港、英屬維京群島、百慕達、開曼群島）。此外，百慕達群島不需要披露公司實際利益擁有人，但需向百慕達金融管理局（BMA）披露，英屬維京群島和開曼群島雖不要求披露，但需向註冊代理人或註冊辦事處披露，若有要求，需向當局披露；馬來西亞納閩金融中心《離岸銀行法》中也規定了保密條款，以保證離岸銀行客戶的身分、賬戶和業務得到保障。

⓾各主要離岸金融中心近年針對有關保密性措施的變革包括：二〇一三年一月，開曼群島金融管理局向其管轄區域包括投資、保險、金融、銀行、律師、會計等在內的十五個行業協會發出公開信，信中闡述了就保密制度擬行改革的宗旨和主要內容，涉及了公開資料庫、強化監管和協調資訊披露的內容，包括公開數千家此前隱祕的企業及其董事的名字。英屬維京群島自二〇〇三年開始對其從一九八四年開始實施的《國際商務公司法》全面修訂，包括限制不記名股份的流動性、實行董事強制登記、涉嫌洗錢情況下的離岸公司資料強制公開等。二〇〇六年英屬維京群島對該法再一次修訂，規定可以有限度披露股東和董事資訊，承諾交換資訊，建立與其他國家和地區就有關資訊的交換機制，加強資訊交流（百慕達亦同），取消辦理註冊業務，加強離岸公司的財務監管，要求公司的運營資訊能夠隨時備查。

⓫如《一九九五年塞席爾經濟發展法》豁免暴力行為和販毒有關的罪行之外的刑事訴訟。

⓬譬如，開曼群島有關反洗錢的主要法律包括：《濫用藥物法》（二〇一〇年修訂）、《反腐敗法》（二〇〇八年）、《犯罪所得法》（二〇〇八年）、《恐怖主義法》（二〇一一年修訂）、《擴散融資（禁止）法》（二〇一〇年）、《反洗錢條例》（二〇一〇年修訂）和《開曼群島防止和偵查洗錢及恐怖主義融資指導意見》（二〇一〇年）；同時，開曼群島與美國合作簽訂法律互助協定，包含有二百五十二項請求事宜，並透過《刑事審判（國家合作）法》針對一系列犯罪提供綜合性的共同法律協助。

反洗錢監管機關提供充分合理的資訊。

明晰離岸金融業務載體制度

作為人民幣離岸金融中心運作的基石，包含離岸金融業務機構在內的離岸載體（公司或經營實體）的註冊、運行、治理、結算管理、海外上市等方面需要具備極其簡易和方便的實用性，進而便於人民幣離岸業務的操作和發展，維持人民幣離岸金融中心對資本的旺盛吸引力。一般而言，離岸金融業務載體備選的公司架構相仿[13]，相關法律特徵應包括便捷的設立程序、低廉的運營費用、簡便的章程大綱及細則修改程序等，同時在對募集資本如公開上市業務的靈活性方面[14]，也需保持與其他離岸金融中心的競爭與配合。

建立離岸金融中心的司法制度

司法制度是確立和實現經濟民事權利的保障，正如澤西島財經事務發展局首席執行官傑夫．庫克（Geoff Cook）所言，「契約精神要體現在合約中，投資和資產能受到保護。強有力的司法制度對企業和個人、對股東和投資者都是平等的。」[15]人民幣離岸金融中心需要奉行司法獨立原則，與律師和司法管理制度結合，將離岸金融業務匡制在司法制度內，形成有效的激勵機制和約束機制，進而實現離岸中心運作堅實的基礎和保障。

爭議解決制度是司法制度運作和建立公信力的基礎，也是建立人民幣離岸金融中心制度的挑戰和難點。儘管仲裁可能作為糾紛解決尤其是投資糾紛解決的有效方式，但是仲裁在相當多的離岸金融中心沒有得到廣泛的運用，譬如仲裁在英屬維京群島管轄區內並不經常使用。

因此，人民幣離岸金融中心的訴訟制度必須完善，可以有效制約金融管理機構的公權力，以及促進資本管理依法操作。同時，在完善離岸金融交易糾紛解決機制中，完備高效的司法制度對離岸金融所涉及法律問題的獨特性和國際性必須進行有效調整，所涉及的如法律淵源等問題，一般而言口，也應該是大型離岸金融市場實踐的國際慣例，或針對糾紛適用國際民事訴訟解決方式等。[16]

與此相匹配，人民幣離岸金融中心需要建立律師制度，保障離岸金融業務的發展和推動。在離岸公司註冊前期諮詢、公司註冊、公司運營再到爭議解決的一系列問題上，利用律師對當地法律環境的瞭解和高度專業的職業技能，使得律師在離岸金融中心法律規制中扮演重要角色。[17]

---

[13] 譬如，百慕達備選的公司為豁免公司，主要包括股份有限公司、擔保公司、無限責任公司、有限年期公司、獨立賬戶公司等形式，並可從工商當局處獲得截止於二〇一六年三月二十八日的免稅承諾函；開曼群島註冊的豁免公司，有股份有限公司、擔保公司、無限責任公司、有限年期公司、獨立投資組合公司等形式，並可獲得二十年免稅承諾函；英屬維京群島的載體公司為商業公司，包括股份有限公司，也可透過擔保有限公司、無限公司或獨立投資賬戶公司形式成立。

[14] 譬如，開曼群島和英屬維京群島對上市的離岸載體無法定內容要求，百慕達群島對招股書內容的法定要求更為靈活，只要求指定證交所或合格監管機構已接受其招股書；英屬維京群島和開曼群島還允許註冊辦事處以及允許子公司持有控股公司股份，公司股份結構具有彈性，允許發行低面值或無面值股份、發行只繳清部份股份應繳額的股份、發行非整數股份、以任何國家貨幣發行股份等資本運作業務，為離岸載體募集資金和參與國際資本運作奠定堅實基礎。

[15] 〈離岸金融中心有三大條件〉，載上海金融新聞網，2011年6月24日，http:/ /www.shfinan-cialnews.com/xww/2009jrb/node5019/node5036/node5046/userobje ct1ai78216.html。

[16] 參見羅國強：〈離岸金融交易終端中的法律規避和公共秩序保留〉，載《財經科學》，2011(8)。

[17] 參見陳憶：〈律師在離岸公司業務中的法律服務〉，載《法治研究》，2007(10)。

人民幣離岸金融中心面臨的法律挑戰及建議

法律制度的協調是貨幣國際化進程中的必然要求，也是建立人民幣離岸金融中心的根本性挑戰之一。每個國家或地區的立法者基於不同的法律傳統，在立法、行政及司法理念和立場方面會創設不同的法律制度。人民幣離岸金融中心法律規制不僅需要眾多法律部門的協調配合，更需要立法層面的頂層設計，進而彙集分散在各法律部門的問題並加以規範。

人民幣離岸金融中心的建立必須直面現有法律制度的相關協調和潛在衝突的挑戰，進而從至少三個層次來推動和確立人民幣離岸金融中心的建立、運作和完善。

首先，人民幣離岸金融中心必須依託人民幣境內業務或在岸業務的相關法律規制，確立人民幣資本貨幣供應量、流動性保障、清算交割便利、完善跨境結算機制和跨境融資市場等方面的制度性設計，必須有利於穩定境內金融秩序和保障人民幣資本的宏觀調控。

與此相關，必須就人民幣在岸業務所涉及的外匯管理制度進行改革和調整，推進人民幣離岸金融中心建設，完善和豐富離岸金融中心人民幣回流的管道。儘管《離岸銀行業務管理辦法實施細則》自一九九八年開始施行，但匯率和外匯管制仍是推進人民幣離岸業務的桎梏之一。

如何規範利率在嚴格金融管控和市場需求之間扭曲的地位，是建立人民幣離岸金融中心的關鍵點和面臨的挑戰之一。同時，利率制度改革是涉及人民幣離岸金融中心運作法律規制層面的要求。由於中國參考一籃子貨幣的浮動匯率制度缺乏彈性，如果僅僅取決於市場的供求關係，可能導致大規模人民幣資金透過投資、貿易等公開以及各種非公開的形式跨境套匯。

儘管中國《離岸銀行業務管理辦法》第二十二條規定了離岸銀行業務的外匯存款、外匯貸款利率可以參照國際金融市場利率制定，但中國《商業銀行法》要求商業銀行應按照中國人民銀行規定的存款利率的上下限確定存款利率。

離岸金融業務相關的國內銀行運營制度也是限制人民幣離岸金融中心的因素。通觀《離岸銀行業務管理辦法》和《離岸銀行業務管理辦法實施細則》，目前對離岸銀行業務和範圍的規定較為嚴苛，並且沒有對外資金融機構經營離岸金融業務做出細緻規定。

其次，人民幣離岸金融中心管轄區內法律規制構建必須從立法、監管、風險控制、糾紛解決協調和司法制度等層面配合人民幣資本流動的特質，創設人民幣資本跨境結算和流動便利的法律環境和富有國際公信力的協調機制，確保在目前資本帳戶開放時機尚未完全成熟的環境下，支持人民幣離岸中心在離岸載體規制、國際貿易和國際結算等方面推進人民幣國際化的具體實踐。

最後，由於人民幣離岸金融中心法律規制的特殊性，如何積極汲取其他離岸金融中心業已建立的體制和合理優秀的經驗，也是建立人民幣離岸金融中心面對的考驗。經由比較和移植，透過立法頂層設計，人民幣離岸金融中心法律規制需要從金融投資機構管理、跨境資本流動規制、金融監管、資訊披露、糾紛解決機制協調等方面將各個法律部門有效聯動和銜接起來。

針對以上三個層次的挑戰和考驗，人民幣離岸金融中心的建立、運作和完善，可以透過具體法律規制的管轄內容來實現。

1.金融監管管轄

就金融基本制度而言，人民幣離岸中心必須設立金融監管機構，負責向被監管實體和金融投資企業頒發許可證；對許可機構施行非現場和現場審慎監管；在被監管機構發生資金財政困難時，從投資者的利益出發採取行動。金融監管的範圍涉及金融市場、金融中間業務和金融產品，包括投資、保險、養老基金和存取款活動（非借貸），進而防止市場操縱、欺詐和不公平，並有效與其他離岸中心金融監管機構協調配合。

人民幣離岸金融中心區域的金融監管機構須有經符合法律正當程序的監督和授權，充分發揮政策導向性和革新性作用。一方面需要充實金融監管細節，另一方面是積極建立人民幣離岸金融中心與其他國際金融中心如倫敦、香港和法蘭克福等在具體監管和規制方面的協調。具體而言，金融監管機構應具備以下權力：

(1)制定和實施向被監管實體頒發許可證相關政策、法律和監管的權力，譬如最基本的准入和退出制度。能夠在符合離岸中心管轄權的基本金融制度下，充分享有包括金融性營業政策和許可政策的制定權、執行權、充分的金融行政管理權和一定限度的行政處罰權等在內的權力。

(2)與其他國家金融監管機關簽署相關雙邊或多邊的金融監管協定的權力。

(3)制定和執行對金融從業機構現場審慎性監管的權力。

(4)制定、實施和監管有關貿易和經營型等活動的支付、結算、相關國際協調等金融基礎性平臺和業務政策的權力。

(5)制定和實施儲戶操作、儲戶利益保護和儲戶投資等相關政策、法律和監管的權力。

(6)制定和實施金融市場及金融中間業務相關法律和監管的權力。

(7)制定和實施與金融產品相關的法律和監管的權力，包括但不限於投資、保險、養老基金、一定類別的社會保障、基本存取款活動（非借貸）、複雜金融產品、外匯管理和匯兌業務等。

(8)執行對金融市場操縱、欺詐和不公平交易行為的行政性管理和處罰權力等。

2.基本法律管轄

人民幣離岸金融中心在管轄方面首先應依託所涉及的憲法性原則以及基本經濟、公司、貿易和投資法律制度的框架，建立完整、具備針對性和執行力的基本法律制度，應涵蓋下列具體管轄內容：

(1)稅收優惠政策

在人民幣離岸金融中心設立統一架構、集中監管、至少三個層次的稅收優惠政策和法律。包括最高稅收優惠程度的全面優惠層次，主要面向投資者和虛擬業務型離岸金融業務，同時配合人民幣貨幣政策；面向廣大儲戶的輻射面廣、向具體地理區域和業務領域投資提供的中高等稅收優惠；以及面向低層次投資者的中等稅收優惠。建立覆蓋範圍大，但又有區別對待體系的稅收優惠制度。

(2)完善的保密制度（條款）

保密制度是離岸金融中心通行採納的基本法律。人民幣離岸金融中心必須建立最大限度保護投資者的隱私和商業祕密的制度，消除投資者的顧慮並積極鼓勵其向人民幣離岸金融中心多形式的投資。譬如應採納類似規定：公司的股東資料、股權比例、收益狀況等，享有保密權利，如股東不願意，可以不對外披露。同時，可以要求在金融監管類法律文本中加入保密條款等。

(3)反洗錢法律制度

人民幣離岸金融中心區域必須將反洗錢法律與嚴格的金融保密措施、優惠的稅收條件和寬鬆的監管環境在制度層面完整結合在一起，建立良好的審查制度並盡力維護自身在國際交易中的聲譽。面對離岸金融市場資金的電子劃撥方式可能代理的頻繁洗錢活動，必須制定和執行相應的金融機構反洗錢法律制度。同時，可以依照巴塞爾銀行監管委員會一九八八年《關於防止犯罪份子利用銀行系統洗錢的聲明》確定的職業道德準則，建立一系列制度，譬如瞭解客戶真實身分、法律遵從、與執法機構加強合作、一般政策性要求和程序性要求等制度。

(4)便利、友好和高效的離岸載體法律制度

人民幣離岸金融中心必須建立充分、便利、有效的離岸載體法律體系，包括在離岸載體或公司的註冊、運行、上市等方面設計極其簡易的要求，便於離岸公司的運作和發展。相關法律可以借鑒目前其他離岸金融中心的相關法律，既避免制度發展中的桎梏，又能充分汲取其他地區的經驗和良好實踐。

(5)相對獨立的司法管轄體系

相對獨立的司法管轄體系是人民幣離岸金融中心運作的基礎。因此，人民幣離岸金融中心須在管轄權整體司法體系框架下建立相對獨立、適合離岸金融中心特性的訴訟制度、終審制度、法官行為制度和律師管理制度。

(6)爭端解決制度

爭端解決機制是離岸中心法律制度進行頂層設計必須考慮的核心問題之一。在人民幣離岸中心內註冊的離岸載體或公司可能採取的糾紛解決機制應參考離岸中心管轄區與外國企業所屬國家簽訂的投資保

護協定或者相關國際仲裁協定或公約解決爭議，並與相關條約、協定或備忘等相關法律和管理協調與銜接，以達到可持續發展和雙贏。

一般來說，政府間組織解決國際經濟法律衝突的基本方式有三種，即「遵從」（deferential）、「協作」（collaborative）、「自理」（autonomous）。[18]在設計人民幣離岸金融中心爭端解決制度時，應瞭解人民幣離岸金融中心所在法律管轄區的法律文化和法律制度，提高對離岸中心金融基礎設施運行的共識，在爭議出現時能夠透過磋商等有效解決方式，選擇糾紛各方共同認可的法律解釋。

國內貨幣政策和金融監管將承受較大壓力

離岸市場發展可能干擾國內貨幣政策

二十世紀九〇年代以來，離岸金融市場的發展逐漸為世界經濟的穩定增添了一些不和諧的因素，這其中就包括對國內貨幣政策實行效果的干擾。目前，離岸市場建設過程中貨幣政策面臨的挑戰包括以下三方面：

第一，當離岸市場因無存款準備金要求而成本低於在岸市場本幣成本時，會形成國內貨幣緊縮的壓力。在新加坡離岸金融市場的發展過程中，二十世紀八〇年代初期由於國內存款受制於二六%的存款儲

[18] 參見徐崇利：〈國際經濟法律衝突與政府間組織的網路化——以世界貿易組織為例的研究〉，載《信安政府大學學報》，2005 (5)。

備要求，其中包括六%的現金餘額和二〇%的雙重流動現金比率，其國內存款機構利用離岸機構來逃避這一存款儲備要求，從而降低存款成本以便向客戶提供更具有吸引力的利率。這樣做當然會導致國內存款基數的擴大、貨幣供應量的減小，由此迫使國內利率趨於上升。

後來，新加坡監管當局加強監管，這種情況才得以遏止。同時，當所在國政府為刺激經濟增長而放鬆銀根時，大量資金為追求較高收益而流向離岸金融市場，此時，該國政府將不得不採取包括提高利率在內的一系列措施來抑制資金外流。這樣一來，擴張的政策就難以貫徹實施了。

第二，離岸金融市場可能帶來輸入性通貨膨脹。因為離岸市場的融通活動使一國的閒置貨幣變成另一國的貨幣供應量，增加了新的信用擴張手段，使該國通貨膨脹的壓力加大。當商業銀行從離岸市場籌資向國內企業大量貸放外幣款項，而後者則將這些外幣資金轉換成本幣時，國內的貨幣供應將受到擴張的壓力。同時，當離岸市場所在國政府為了抑制通貨膨脹而採取緊縮銀根的措施時，國內銀行和工商企業可以從利率較低的離岸金融市場調入資金，從而削弱甚至完全抵消本國政府貨幣政策的效力。

同樣為亞洲國家，泰國目前的情況是，透過曼谷國際銀行設施這一離岸市場所借的大量外債以及在市場預期向好時透過該市場流入的外國資本，大都要換成泰銖使用。這樣一來，國內資金狀況變得寬鬆，國內信貸迅速擴張，加大了國內貨幣供應膨脹的壓力，衝擊了本國貨幣政策的運行。

第三，離岸金融市場的發展使得貨幣發行國的利率和匯率決定機制複雜化。離岸利率和國內利率並存、離岸匯率和國內匯率並存的局面將對政府有效制定和實施國內經濟和金融政策的能力形成嚴峻考驗。具體到人民幣離岸市場發展對國內貨幣政策的挑戰，主要表現為兩個關鍵問題。

1.離岸市場建設中匯率與利率的定價權爭奪問題

中國在利率、匯率尚未完全市場化的背景下發展離岸金融市場，就不可避免地會受到離岸金融市場的衝擊。尤其是離岸市場發展到一定規模的時候，其對國內市場會有一定的傳導作用，並且有可能會給國內帶來一定的風險。

首先，從對匯率定價權的影響來看。一般來說，離岸市場因其金融自由化程度高等因素，對海外市場匯率變動的反應相當敏銳，國際市場稍有變化，市場自由化程度較高且官僚干預較少的離岸市場會迅速做出反應，先於在岸市場出現升貶值趨勢。因此，離岸市場人民幣匯率對在岸市場即期匯率在價格發現上具有先導作用。然而，在離岸市場發展初期，境內市場規模遠大於離岸市場，離岸市場對人民幣匯率價格的影響力相當有限，因此匯率定價權仍由境內市場掌握。但從長期來看，隨著離岸市場規模的擴大，其影響力不斷增長，最終將從境內市場奪走匯率定價權。

其次，從對利率定價權的影響來看。目前中國內地市場的利率仍未實現完全市場化，管制依然存在，而離岸市場因沒有準備金、存款保險費用及稅收較低等原因，其人民幣利率與內地的利率水準存在較大差距。但由於資本項目管制的存在，離岸市場的低利率無法引發大規模的資金流動，所以對境內利率不會造成直接而重大的衝擊。

但從長期來看，資本項目管制將逐漸放鬆，大規模的套利行為將驅使大量人民幣資本湧入內地市場，增加國內貨幣供應量。中國人民銀行一般會採取緊縮性貨幣政策以抑制貨幣供給量過快增長，如上調存款準備金和存貸款利率等。透過這樣的傳導機制，離岸市場會對境內市場利率產生較大的影響。

2.促使貨幣政策從總量模式向價格型模式轉變

由於離岸市場的存款準備金要求較低，貨幣乘數效應較大，因而資金規模較大，大量的資金回流將導致貨幣當局難以監控境內的貨幣總量，所以再繼續使用數量型工具將降低貨幣政策的有效性。

隨著離岸市場建設的不斷完善，利率市場化程度也將不斷加深，使用價格型工具的有效性也將不斷提升。在這種背景下，貨幣政策從總量模式向價格型模式轉變，將有利於境內外價格有效傳導，促進跨境資本自由流動，避免資金大進大出，保證境內貨幣當局貨幣政策目標順利實現，維護貨幣政策獨立性。

離岸金融市場發展也可能削弱國內貨幣政策的有效性。例如，若國內出現通貨膨脹，央行緊縮貨幣導致利率提高。如果境內利率高於人民幣離岸市場，可能會導致資金淨流入，從而有可能抵消央行貨幣政策的效果。當國內總體經濟持續順差的時候，人民幣面臨升值壓力；要維持匯率穩定，央行會拋出一定數量的本幣。但如果離岸金融市場的匯率高於境內的話，套利行為可能會導致一部份境內人民幣資金流向離岸金融市場，從而有可能使央行的匯率穩定目標打了折扣。

總之，在中國利率、匯率尚未完全市場化的時候，離岸金融市場和境內市場難免會出現套利機會。投機資本的流入和流出可能會給國內金融市場造成一定的衝擊。與此同時，離岸金融市場對在岸市場的傳導機制以及對國內經濟主體預期的影響都存在著一定程度的不確定性。以上因素無疑都增加了國內貨幣政策調控的難度及效果的不確定性。

專欄6-1 日本離岸金融市場（JOM）經驗借鑒

一九八六年十二月，日本離岸金融市場（JOM）正式成立。離岸金融交易免除利息預扣稅、存款準備金和存款保險，沒有利率上限的規定。與倫敦和紐約市場不同的是，JOM中的交易需要繳納國家和地方政府的稅收，這在一定程度上限制了JOM市場的吸引力。

一、對市場主體和業務活動的限制

1.操作過程限制。為了確保離岸賬戶的外部性，離岸賬戶資金與在岸賬戶資金之間的劃轉有嚴格的限制：對於離岸賬戶與日本國內普通賬戶之間的資金流入、流出和每天從離岸賬戶的淨流入控制在上個月非居民資產平均餘額的一〇%以內，同時每月總流入額不能超過每月總流出額；從事離岸業務的銀行和機構對離岸交易資金負有審查的義務，必須保證「交易對方在境外使用這些資金」。

2.交易對象的限制。JOM的交易對象只限於外國法人、外國政府、國際機構和外匯銀行（經政府批准經營離岸賬戶的銀行）的海外分行。日本企業的海外分社及個人，即使是非居民也不能成為交易對象。外匯銀行在開展離岸業務時有義務對交易對象的性質進行審查。

3.資金籌集和使用的限制。JOM中交易業務只限於從非居民、其他離岸賬戶和母行吸收非結算性質的存款與貸款，不允許發行大額定期存單。從非居民和其他離岸賬戶吸收存款，要滿足以下三個條件：一是對約定期限的存款，對非金融機構的外國法人的期限為至少兩天，對外國政府及國際機構，至少是隔夜；二是對沒有約定期限的存款，只限於從金融機構、外國政府及國際機構吸收存款，在解約通知的第二天後支付；三是從非金融機構的外國法人借款，不得低於一億日圓或等值的外匯。離岸賬戶內的資金不可以進行外匯買賣、票據交易、證券買賣和掉期交易，即經營離岸業務的銀行與國外居民的資金往來限定為一般的存款和借貸業務，其他交易只能在銀行的普通賬戶中進行。

JOM離岸業務透過金融廳批准設立的「特別國際金融賬戶」進行。「特別國際金融賬戶」之間的資金交易不需要徵收存款準備金，但是由於JOM內外分離的性質，「特別國際金融賬戶」的資金向國內市場劃轉則必須經過日本銀行設立的「資金劃撥相關賬戶」並繳納存款準備金。「資金劃撥相關賬戶」是連接日本離岸市場與在岸市場的紐帶：一方面，監管當局可以透過監控「資金劃撥相關賬戶」以掌握離岸市場資金與在岸市場的交易情況；另一方面，日本中央銀行可以調整「資金劃撥相關賬戶」的存款準備金率對離岸資金向在岸的滲透量進行調控。在JOM設立之初的一九八六年十二月，存款準備金率為二五%，到一九九一年十月，存款準備金率下調到一五%。「資金劃撥相關賬戶」存款準備金率的設置為日本央行調控離岸與在岸的相互滲透提供了一個特別的工具。在特殊情況下，如果日本國內流動性過剩，當局不希望離岸資金滲透到在岸市場，可以透過對「資金劃撥相關賬戶」徵收一〇〇%的準備金來達到目的。

二、JOM運行中出現的問題

JOM建立時監管當局的初衷是內外分離，但是在實際運作過程中卻出現了離岸資金向在岸市場的滲透。一國離岸市場的發展必然伴隨著國內金融市場的改革與開放。一九八四年六月日本政府廢除外匯兌換限制，原則上外匯資金可以自由地兌換為日圓，且可作為國內資金使用。外匯兌換限制的廢除，使得銀行可以不受數量的限制將外匯兌換成日圓，或吸收歐洲日圓並將其運用於國內市場。

由於經過「特別國際金融賬戶」向國內賬戶轉移離岸資金需要繳納準備金，在日本經營離岸業務的商業銀行在逐利動機下，將離岸籌集的大量外匯資金貸給其在香港和新加坡的境外分行，境外分行再將這些資金貸給國內金融機構和企業。這些離岸外匯資金以對外負債的形式被自由兌換為日圓進入日本國內市場，繞開了政府對離岸資金進入在岸市場的監管通道。

日本商業銀行的上述做法在外匯管理法的框架下，規避了離岸與在岸隔離的限制，大量外匯透過上述路徑流入日本在岸市場。JOM在運行過程中，沒有真正做到內外分離，離岸市場和在岸市場之間上演了一場由銀行業主導的「再貸款遊戲」。也就是說，這些資金其實只在日本人手中流通。日本的銀行業充當了這場遊戲的主角，倫敦和香港等離岸中心成為資金進出的主要通道。

在一九八四至一九九〇年間，日本銀行業的對外資產由一千零五十億美元飆升到七千二百五十億美元，同期，日本銀行業的對外負債則從一千三百億美元飆升到九千零四十億美元，淨流入的資金從二百五十億美元飆升到一千八百億美元。這場再貸款遊戲成為日本長期經濟蕭條的重要原因，在經歷一九九〇年泡沫危機和一九九七年亞洲金融危機之後，東京離岸市場的發展及日圓的國際化進程同時陷入倒退。

離岸市場發展對金融監管提出更高要求

離岸金融市場之所以出現，本來就有為了規避國內監管的原因。所以離岸金融市場的發展必然對金融監管提出更高要求。首先，在離岸金融市場中，資本可 以自由流動，因此將導致「熱錢」管制成本升高和跨境資金監測難度增加。

如果不能設置合理的防火牆，國際金融危機向國內市場蔓延的速度和深度都將超出市場的預期和掌控。因此，我們必須以審慎的策略確定金融開放的「度」，避免金融開放過度造成的各種潛在風險。

其次，人民幣可自由兌換、匯率市場化和利率市場化等改革都將在離岸金融中心先試先行。這些舉措一旦真正落地，將給中國目前的資本帳戶監管政策、匯率政策、利率政策以及銀行業監管舉措帶來很大的挑戰。這要求中國必須建立起一套全新的總體審慎金融監管模式。而目前中國整體正處於總體審慎監管體系構建的初步階段，此時要再制定出一套適應於境內離岸市場的全新審慎監管體系無疑是對中國監管部門的重大挑戰，我們必須要儘快對現有各部門各司其職，對不能夠在內部進行有效協調的機制進行改善，否則將無法適應國際性離岸市場全面開放的巨大衝擊，並進而引發系統性金融危機。

最後，在現有的人民幣跨境貿易支付的三個管道中，沒有一種管道是完全透過我們自有的人民幣跨境支付系統進行的，這對人民幣資金的跨境流動帶來了很大的安全隱患。每一筆資金變動都極易受到一些別有用心的國家的即時監測，從而嚴重制約了中國和中東、非洲等政治敏感地區國家的經濟金融合作。人民幣的日交易量已經達到一千二百億美元，成為全球第九大外匯市場交易幣種，構建一個獨立的人民幣跨境支付體系已經迫在眉睫。

市場風險防範和監管是金融業中最受關注的問題，人民幣離岸市場也不可避免地會受到影響，離岸業務是否能很好地發展很大程度上取決於監管水準和監管能力的高低。為了保證離岸業務的順利進行，在實行監管的時候，既要考慮到監管的行之有效，又要同時兼顧到過多的監管會對離岸銀行業務的順利發展形成阻礙，所以也要很好地把握「度」的問題。我們必須以前人為鑒，吸取其中的教訓，認真地分析構建人民幣離岸市場的風險防範和監管機制，確保人民幣離岸市場平穩、健康發展。

1.貨幣發行國的監管

一般來說，外國央行在境外選擇的儲備資產中，不管是國債還是存款的形式，均是由貨幣發行國的政府和自身的銀行系統來提供這龐大的資金規模的。這些規模龐大的資金透過銀行體系的週轉和政府的支出機制逐漸變為可貸資金，進而創造收益。不斷規範和強化市場准入管理，簡化人民幣業務的審批過程。任何開展人民幣離岸業務的銀行都應經過中國和離岸金融機構所在國相關機構的審批。

在審批過程中，不同種類的牌照也應該根據申請人的自身情況來頒發，同時，申請人的業務範圍也應被清晰地進行歸類從而管理起來能夠更加有效。

2.離岸金融機構母國的監管

離岸金融機構在整個市場中充當著「溝通橋梁」的作用。比如一些商業銀行、投資銀行等，它們既能為資金的供給者引導方向，又能為資金的需求者提供有價值的資訊。這種調和的重要性不容小覷。因此，為了保證這種調和的實效性，母國必須擔當相應的責任，即保證對離岸銀行機構進行絕對充分的監管。根據國際社會接受的巴塞爾委員會曾經頒布的相關條例，有三個方面我們需要注意。

首先，在監管方面我們應實行母國監管部門直接對銀行負責的監管方式，銀行在整個世界範圍內的業務均要受到母國的這種監管；其次，銀行跨境設立機構要經母國監管當局同意，監管機構有能力去禁止阻礙到併表監管（併表監管（Consolidated supervision）指併表管理與監管，相對於單一監管而言。台灣稱「合併監理」。是指銀行母國的監管當局在合併資產負債表基礎上，對銀行或銀行集團在全球範圍內的總體資本、經營和所有風險予以監督控制，而不論其機構註冊於何國、何地的一種監管方法。）的法人機構之建立或監管機構有能力在有嫌疑的國家制止銀行建立機構；最後，母國當局掌握跨境的銀行機構的境內外信息，監控各種經營指標。

3. 構建人民幣離岸金融中心的監管體系

首先，我們要完善人民幣離岸市場金融立法。在此過程中，既不能限制過於嚴格，又要注意適當降低交易成本。其次，要設立行業監管標準。不僅要對流動資金比例進行適當的調整，還要頒布與離岸金融方面相關的稅收減免政策。

再次，加強市場准入監管必不可少。應從審批手續上開始規範，同時離岸銀行應對不同牌照的持有情況進行清楚的歸類管理，且必須由總行作為最後償債人承擔業務風險。最後，頒佈其他必要的監管舉措。除了要求涉及離岸業務的金融機構具備嚴格、全面的內部管理控制制度外，還要求其時刻保持與國家外匯管理局的溝通。此外，將離岸金融市場內外分離化，保持離岸金融市場上賬戶的獨立性，以便監控。

避稅港型離岸金融中心可能構成較大威脅

全球有很多離岸金融中心以低稅負聞名，其特徵十分顯著，是投資者理想的「避難所」。倫敦、紐約、香港、新加坡等離岸金融中心的法制健全，監管嚴格，很難為犯罪份子利用。但是如英屬維京群島、開曼群島、薩摩亞、百慕達等加勒比海和太平洋所屬的眾多全球著名的離岸中心，則素來就有「避稅天堂」或「洗錢天堂」的名聲。

離岸金融中心曾經對美元國際化產生過積極作用。當年美國的金融機構出於利益驅動，曾藉助離岸金融中心在離岸美元相關的金融業務方面相當活躍，推出一系列金融創新產品與工具，將美元推向全球的各個角落。經過多年的演變，離岸金融中心已經成為全球金融體系不可或缺的一個組成部份，只要各國各地區經濟發展存在著差異、存在著不平衡，各國稅務政策方面存在著漏洞，離岸金融中心就會不斷以新的形式行使稅收套利的功能。

專欄 6-2 避稅港型離岸金融中心的稅制特徵

一、沒有稅收或者低稅收

這是離岸金融中心的最基本特徵。稅率低、稅負輕或根本無稅，才能對投資者產生吸引力，才屬於提供避稅的地方。

二、側重對跨國投資者的稅收優惠

成為離岸金融中心的國家或地區，其所採取的稅收優惠都是有針對性的。儘管有的離岸金融中心國家或地區對國內和國外投資者給予同樣的稅收優惠，但畢竟不多，絕大多數離岸金融中心的稅收優惠是側重於跨國投資者的。

三、避稅區域明確

提供避稅的場所都有明確的範圍，有的是整個國家或地區；有的是其中一個或幾個島嶼；有的是一個港口城市、自由貿易區或出口加工區，在區域內才能實行低稅政策。正是由於區域明確才會產生鮮明的對比，如屬於離岸金融中心的島國與鄰近的高稅國對比，這樣更突出了避稅地的形象，使較多的資金、業務流向避稅地。

四、政治體制的不完整性

在國際離岸金融中心中，許多國家和地區過去是殖民地，有的至今仍是殖民地或帶有強烈的殖民地色彩，有的甚至僅是一個小島、託管地。它們其中有些迫切希望政治獨立和經濟繁榮。這些地區一旦脫離殖民關係後，出於迅速發展本地經濟的願望，很容易在原依託關係的基礎上過渡為避稅地。

避稅港型離岸金融中心的負面影響

除了隱匿了大量非法資金，為洗錢和恐怖主義活動等創造便利條件，避稅行為氾濫造成有關國家的巨額財政流失外，避稅港型離岸金融中心的存在提高了國際金融市場的整體風險水準。二〇〇八年全球經濟和金融危機揭示了許多金融機構從事表外負債活動，而這些金融機構正是在這樣的離岸金融中心註冊從而使其部份債務受到匿名保護。避稅港型離岸金融中心提高了不同參與者之間的風險和信息不對稱程度，從而破壞了國際金融市場作用的正常發揮並導致了所有國家的高借貸成本。

避稅港型離岸金融中心破壞了各國稅制和財政收支的正常運行。為了吸引資本流入，避稅港型離岸金融中心提供各種保密規則和人為的虛擬住所以及免稅制度。這樣的制度會對其他的經濟體產生財政降格的效應，因為避稅港型離岸金融中心提供了對別的國家或地區的主權有負面影響的有害法律結構，也使得其他國家很難保留資本所得稅，從而導致對資本徵收的稅收愈來愈低，引發了「競爭到底」的惡性國際競爭。再者，與發達國家相比，發展中國家的稅基比較小，還需要從資本收益中獲得最大部份的稅收收入。因此，比較低的資本稅收意味著稅收收入的下降，而無法徵稅則沒有收入來源，對政府的運轉構成威脅。因此，這樣的離岸金融中心加大了發展中國家徵稅的社會經濟成本，嚴重阻礙了經濟增長。

避稅港型離岸金融中心加大了稅收收入的分配不公。

這樣的離岸金融中心的存在影響了各國對源於資本的所得的徵稅以及稅收收入的跨國分配。在雙邊稅收協定中，對跨國收入的分配一般適用的是屬地原則，換句話說就是徵稅的優先權屬於公司所有者的居住地國家或註冊地國家而不是收入來源國。這種劃分徵稅權的方法依據就是，住所所在國和該納稅人之間一般存在著密切的聯繫。如果出現這樣的情況，在離岸金融中心這種徵稅原理的依據消失了：法律實體僅僅在一個轄區註冊，但不是為了從事真正的經濟活動。避稅港型離岸金融中心的一個特徵就是稅收主體和轄區之間的聯繫僅僅存在於正式法律層面上。

避稅港型離岸金融中心降低了發展中國家資源配置的效率。這樣的離岸金融中心使得逃稅和稅收籌畫變得更加有利可圖了。但這些活動無助於價值創造，對整個社會是沒有任何好處的。避稅港型離岸金融中心的存在使得投資者更加關注稅後收益率高的投資項目，稅收成為影響投資的最重要因素，會加大私人和社會投資標準之間的缺口。這會導致私人部門不再關注最高稅前收益率，而轉向產生最高稅後收益率的投資項目。

避稅港型離岸金融中心使得經濟犯罪更加有利可圖。許多發展中國家的一個共同特點就是這些國家缺乏資源、人才和能力來建立和發展成一個有效的治理體系。發展中國家稅收徵收體系的品質要比發達國家差。因而，當局發現經濟犯罪的可能性在發展中國家比較低。離岸金融中心的保密立法為那些試圖隱匿其經濟犯罪收益的人提供了一個躲藏的地方。從而，離岸金融中心的存在降低了這樣的犯罪行為的門檻。

避稅港型離岸金融中心能鼓勵發展中國家的尋租（競租）行為並降低了私人收入。在過去的四十年間，那些自然資源豐富的國家的平均增長率要比其他國家低。這種現象常被稱為「富足的悖論」或者「資源的詛咒」。發展中國家得到的最重要的教訓就是，那些從天而降的收入可能對那些比較疲弱的制度的國家有不利的經濟後果。離岸金融中心的存在和氾濫提高了尋租者的獲利水準，這會促使更多的人選擇尋租行為、更少的人選擇生產性的活動。尋租活動會使私人實際收入下降。

避稅港型離岸金融中心破壞了發展中國家制度的品質和經濟增長。離岸金融中心的一個最嚴重的後果是它們會導致發展中國家制度品質和政治體系的弱化。這是因為離岸金融中心鼓勵自我利益，而發展中國家的政客和官僚都處於比較弱化的制度中，缺乏有效執法組織意味著政客可以在很大程度上利用離岸金融中心提供的機遇隱匿源於經濟犯罪和尋租的收益。

避稅港型離岸金融中心對中國的挑戰

截至二〇一三年四月底，中國累計實際利用外國直接投資的總額達到一．三兆美元，位居全球第二位，而且在二〇一三年第二季度成為了資本淨輸出的國家。不可否認這些離岸金融中心在其中發揮了重要作用。

儘管有很多正面影響，但離岸金融中心對中國的經濟和社會發展等方面構成了挑戰甚至是威脅。第一，「返程投資」現象嚴重，造成總體經濟決策的失誤。從統計數據看，中國吸收利用的外資絕大部份來自避稅港型離岸金融中心，英屬維京群島、巴貝多、開曼群島等都位居前列。而這些地區也一直是中國對外直接投資較為集中的地區。其中，中國從這些離岸金融中心吸收投資所佔比例很高，而對拉丁美洲的直接投資高度集中在開曼群島和英屬維京群島兩個離岸金融中心。

聯合國的《二〇一三年世界投資報告》（UNCTAD, 2013）研究發現，國內外的跨國公司都是將在離岸金融中心設立各種特殊目的實體（SPV）作為其國際投資的一個「跳板」。因此，在某種意義上，來自這些離岸金融中心的外資都是「虛假的」外資。如果不剔除這些來自離岸金融中心的「返程投資」，勢必有可能給中國的決策者傳遞錯誤資訊，造成決策的失誤。

第二，海外轉移資產與非法資本流動。利用離岸金融中心向境外轉移資產成為中國腐敗份子向境外轉移資產的途徑之一。全球金融誠信組織（ＧＦＩ）發佈的《發展中國家非法資本流動：二〇〇一至二〇一〇年》顯示，在截至二〇一〇年的十年中，有總計約五．九兆美元非法資金流出約一百五十個發展中國家，其中以中國為最，非法資金流出規模最大，主要是流向境外避稅地型離岸金融中心或發達國家金融機構。

報告顯示，二〇一〇年中國非法資金流出總量四千二百億美元，在截至二〇一〇年的十年中總計二．七兆美元，接近發展中國家總額的一半，是全球資本外流情況最嚴重的國家。巨額的非法資金外流會影響中國的政治形象和威脅到國家的經濟安全。而目前的情況是，除了香港，像英屬維京群島和百慕達群島那樣的離岸金融中心早就成為了很多富豪和企業家、腐敗份子轉移業務和資產的最佳選擇。

第三，稅收收入流失。離岸金融中心為避稅者和逃稅者提供了可乘之機。長期以來，中國政府用稅收優惠來吸引外資，也推動了內地投資者使用離岸金融中心。

例如，中國一些廠商用「返程投資」的方式避稅：在境外成立子公司，由國內的母公司將在內地生產的產品低價賣給離岸的子公司。母公司由於賬上利潤少，甚至沒有盈利，自然免稅。然後再由子公司把產品以高價賣給別的公司，把利潤匯回母公司。

這部份利潤是當作母公司從英屬維京群島或香港獲得的「外商投資」，也無須向中國政府繳稅。中國的對外直接投資和海外直接投資集中於避稅港型離岸金融中心的趨勢愈來愈明顯，稅收因素無疑是重要因素之一。跨國公司透過利用轉移定價和濫用稅收協定等方式將本該在中國實現的利潤或應繳納的稅款轉移到離岸金融中心，給中國造成了巨額的稅收收入流失。

第四，為非法活動創造條件。有證據顯示，中國一些公司和個人利用離岸公司進行非法活動。二〇一三年九月，前鐵道部高官張曙光承認轉移二十八億美元到海外賬戶。目前身陷囹圄的中國前首富黃光裕也曾運用離岸公司進行商業操作。黃光裕與妻子杜鵑在二〇〇一至二〇〇八年間至少成立了三十一家英屬維京群島公司。當時他們持有的國美集團是全國最大的電器商連鎖。二〇一〇年，黃光裕因內幕交易、賄賂和操縱股價，被判有期徒刑十四年。杜鵑也以相關罪名獲刑，但二審獲改判，當場釋放。黃光裕大部份資產被凍結，但其利用離岸金融網絡維繫他的商業王國。二〇一一年，黃光裕名下的英屬維京群島公司Eagle Vantage Assets Management競購英國退役航母，欲打造成高端購物商場。黃光裕 目前透過Shining Crown Holdings和Shine Group這兩家英屬維京群島公司控制國美集團三〇%多的股份。

實際上，世界各國對離岸金融中心大多持自由放任的態度。直至二〇〇八年國際金融危機爆發後，離岸金融中心的客戶氾濫，涉嫌逃稅、洗錢甚至資助恐怖組織等重大問題才受到主要國家的重視。在美國的巨大壓力之下，瑞士的銀行保密法有所鬆動，離岸金融中心的避稅港功能開始下降。隨著各國反洗錢行動的深入，離岸市場非法資金流動的管道也會愈來愈窄。

主要離岸金融中心

離岸金融中心作為世界各國金融市場國際化的一種重要手段，不僅可以帶來巨額國際資金的流動，同時對於帶動金融業、服務業發展，增加就業，促進一國經濟發展都起著舉足輕重的作用。

目前離岸金融中心的類型主要有四種：內外一體性、內外分離型、內外滲透型和避稅港型。

內外一體型離岸金融中心：倫敦和香港

內外一體型離岸金融中心的特點是資金流入和流出不受限制。入境資金不需交納存款準備金，其運用收益也不納稅，該市場允許非居民經營在岸業務和國（地區）內業務。

倫敦

英國金融市場的監管採用金融服務局（Financial Service Authority, FSA）的單一監管模式[19]，它以原則監管和風險控制為基礎，強調與企業的溝通協調而非公開懲戒。以原則監管為基礎意味著更多地依賴於原則並且聚焦於結果，以高層次的規則作為手段，從而達到FSA所期望實現的監管目標。FSA的監管效益是透過仔細測算監管成本與收益後得出的，這一效率衡量方式奠定了FSA的監管程序。

監督官們會定期與金融企業的高管進行開誠佈公的交流，討論企業經營過程中遇到的監控難題，及時發現經營中的風險和監管的薄弱環節，幫助企業出謀劃策，在提高企業經營能力的同時做好合規性管理工作，從而既做到防範風險，又最大限度地降低監管成本。這一監管制度既能靈活應對金融市場的新變化，又有利於提高企業的經營主動性，同時較好地保護了市場投資者利益，提高了市場的公信力，達到鼓勵投資的目的。

監管環境的親和力是倫敦相對於紐約的最大比較優勢。倫敦一直奉行自由經濟，實行不干預經濟政策，外匯、黃金、證券、期貨等自由進出、自由買賣。其自由程度比其他發達國家要高得多。全球金融危機以後英國金融監管框架發生了調整。《二〇一二年金融服務法案》於二〇一三年四月正式生效。

該法案廢除了FSA並建立了新監管框架。該法案賦予了英格蘭銀行金融穩定的目標，強調宏觀和微觀審慎性監管的協調，原FSA的單一監管被英格蘭銀行的金融政策委員會（Financial Policy Committee, FPC）、金融行為局（Financial Conduct Authority, FCA）和審慎性監管局（Prudential RegulationAuthority, PRA）所取代。金融政策委員會負責識別和監控系統性風險。金融行為局負責金融市場主體行為的監控，創造競爭和公正的市場環境。審慎性監管局負責監管金融機構，保證這些機構自身的穩健性，並防止由個體機構擴散至整個系統的風險。

英國國內金融市場和國際金融市場一體化，而倫敦又屬於內外一體型金融中心，離岸和在岸交易一體，貨幣自由流通境內外，非居民和居民自由交易。例如英鎊貨幣市場和歐洲貨幣市場相通，參加資本市場活動的投資者常要同時進行外匯交易。這是近年來金融市場大發展，加之管制放鬆，使各類市場日

⑲該局於一九九七年十月由一九八五年成立的證券投資委員會（Securities and Investments Board, SIB）改組而成。

益互相依存，它們中間的界限日趨模糊的必然結果。

英國銀行分為英格蘭銀行、清算銀行、商業銀行和貼現行。英格蘭銀行是英國的中央銀行，有發鈔的特權，是商業銀行存款準備金的保管者、票據結算者。它審批和監督金融機構，充當最後貸款人，代理國庫和外匯平衡賬戶，經營黃金、外匯、特別提款權。一九四六年英格蘭銀行國有化。清算銀行由最大的六家商業銀行組成。

商業銀行分為承兌所和發行所，目前倫敦大約有一百家，其中十六家成立了承兌商委員會。貼現行主要從事票據貼現和公債買賣業務。倫敦的黃金市場由六家公司組成。其他金融機構有建築社、投資信託公司、小額信託公司、金融公司、保險公司、養老基金組織和國民儲蓄銀行。世界上第一家保險公司勞合社（Lloyd's）誕生於此，它是目前全球第二大商業保險人和第六大再保險人，其絕大部份業務來自外國。外匯市場由三百多家外匯指定銀行和十四家經紀公司組成。

五百多家外國銀行中三〇%以上來自歐洲，外資銀行數量最多。近二百個外國證券交易中心也匯聚於此。倫敦金融機構眾多，特別是外國機構雲集，市場競爭異常激烈。倫敦外國銀行的數量遠遠超過其他金融中心。在倫敦的美國銀行數量甚至超過紐約。

倫敦黃金市場是世界黃金精煉、銷售和交換的中心，其價格是世界上最主要的黃金價格。倫敦還是歐洲債券一、二級市場核心、全球最大的同業拆借中心、基金管理中心、最大保險業中心、金屬交易中心、能源交易中心。

金融服務業是倫敦乃至英國的支柱產業之一。自一九八六年金融「大爆炸」自由化和一九九七年英格蘭銀行獨立以來，金融業在英國不斷取得快速發展。據倫敦國際金融服務機構二〇〇九年五月統計

（IFSL, 下同），二〇〇一年金融服務業在英國經濟中的比重為五．五%，到二〇〇七年這一比重升至七．六%。二〇〇八年金融業貿易順差三百五十六億英鎊，高於二〇〇五年的一百九十三億英鎊。二〇〇八年底，金融服務業就業人數一百萬人。倫敦金融和商業服務部門佔總產出的四〇%，大倫敦的GDP佔全英的五分之一左右。

在銀行業方面，在英外資銀行數世界第一。二〇〇八年三月底英國共有各類外資銀行分行或子行二百五十家，居全球首位。二〇〇八年九月外資銀行管理的資產為七．五兆英鎊，佔英國銀行業資產總額的一半以上。二〇〇八年三月跨境銀行貸款業務量佔全球的二〇%，位居榜首。

在保險業方面，倫敦是世界最大的保險市場。英國保險業歐洲第一、世界第二（僅次於美國），在國際保險和再保險市場居主導地位。二〇〇七年英國保險業的全球保費收入為二千六百三十億英鎊。倫敦是全球唯一聚集了世界前二十大保險和再保險公司的金融中心，二〇〇七年倫敦地區的保費收入達二百四十五億英鎊。一六八八年開業至今的倫敦勞埃德市場以經營高風險保險業務聞名於世，其業務遍及世界二百多個國家和地區，九二%的富時一百指數公司和九三%的道瓊指數公司在勞埃德市場投保。此外，倫敦還是世界主要的航空險和海事險中心，佔全球市場份額的二十%。

倫敦是世界最大的外匯市場。二〇〇八年四月份倫敦外匯市場日均交易額一．八一九兆美元，佔全球外匯市場的三四%，超過美國和日本的總和。

在基金業方面，倫敦是全球第二大基金管理中心。二〇〇七年英國基金管理業負責的養老基金、保險基金、互助基金、對沖基金、私募股權基金等各類基金的總規模達四．一兆英鎊。倫敦還是私募基金、對沖基金和主權財富基金營運中心。

倫敦是最國際化的股票和債券市場。在倫敦證券交易所掛牌上市的外國企業為六百九十二家，居世界主要證券交易所之首。外國企業在倫敦證券交易所的交易量佔國際企業股票交易額的二九％。據不完全統計，歐洲債券的一級發行的六〇％至七〇％在倫敦，全世界的七〇％至八〇％的國際歐元債券也在倫敦交易。

倫敦是全球最大的金融衍生品交易市場。倫敦擁有四家衍生產品交易所，倫敦衍生品交易佔全球的四三％。倫敦金屬交易所是全球最大的金屬交易所。倫敦是歐洲最大的商品交易市場，佔全球商品交易的一五％。

香港

香港是目前世界上少數實行混業經營、分業監管的地區。香港金融監管架構具體由金融管理局（金管局）、證券及期貨事務監察委員會（證監會）、保險業監理處（保監處）及強制性公積金計畫管理局（積金局）四大監管機構以及相應的行業自律協會構成，分別負責監管銀行業、證券和期貨業、保險業和退休計畫的業務。

香港金融監管的另一大特徵是香港的銀行業、證券業、保險業均採取政府監管及行業自律的兩級監管模式，其銀行業、證券業和保險業的行業自律機構分別是香港銀行公會、香港交易所和香港保險業聯會。政府在監管中充當管理者和協調者；行業自律協會的工作重點是自身內部風險的控制和審查。

香港允許多金融機構進入，建立多主體市場，採用頒發執照的辦法進行許可管理。從二十世紀七〇年代開始，香港政府改變了過去消極不干預的態度，採取積極干預政策，從保守的金融政策轉變為自由開放的金融政策。此後，香港政府不斷放寬管制：一九七三年解除了外匯管制，實行貨幣兌換和資金進出自由；一九七四年開放黃金市場；一九七八年放寬外國銀行在港開設分行的限制，在香港的所有銀行一律平等地經營境內境外各種金融業務；一九八一年銀行公會成立，所有持牌銀行加入銀行公會，貫徹港府和財政司的政策意圖，統一制定港元存款最高利率。外匯基金獲准可向外舉債調節貨幣供給，開展公開市場業務；一九八二年取消對銀行業外幣存款徵收的利息稅，後來對港幣存款的利息稅也取消了；一九八三年十月，香港政府宣佈實施港幣和美元掛鉤的固定匯率制度，確立了港幣的地位；一九九三年外匯基金與銀行業監理處合併為香港金融管理局，職能有：制定和執行貨幣政策；維持港元聯繫匯率制度；銀行體系的最後貸款人；中央票據的結算管理；政府代理銀行；監管銀行業機構。

自二十世紀七〇年代以來，香港堅持市場主導、公平競爭的自由經濟體制，實行貿易自由、貨幣兌換自由、資本進出自由、黃金交易自由、投資自由和低稅率的政策，為跨國銀行和境外資本提供了一個安全自由的環境，外資金融機構大量湧入香港，使得香港外資銀行和金融機構的數目僅次於紐約和倫敦，確立了香港國際金融中心的地位。

香港金融以銀行業為主體，由貨幣市場、資本市場、基金公司、外匯市場、保險市場等組成。但是近年來的發展趨勢顯示，企業更倚重股市、債市融資，表明香港金融體系由過去的銀行業為主導轉向資本主導的趨勢。

香港銀行業實行三級制：持牌銀行、有限持牌銀行和接受存款公司。截至二〇一一年二月，持牌銀行為一百四十六家，有限持牌銀行為二十一家，接受存款公司為二十六家。香港沒有中央銀行，央行職能由政府成立的專門機構和商業銀行執行。港鈔最初由滙豐、渣打香港發行，一九九四年中銀香港成為第三家發鈔行。

在金融發展水準方面，香港是世界第三大銀行中心、第四大外匯交易中心、第五大股票市場、第五大金融衍生品交易中心、第五大黃金交易中心，也是亞太區最大的保險市場、第二大基金管理中心。

香港有發達的銀行業，二〇一〇年底，銀行資產總額一萬五千六百零九億美元。至二〇〇七年十二月，香港有持牌銀行一百四十三家，外國銀行代表處一百五十九家，銀行總數一千四百五十二家。香港的銀行數目和外國金融資本僅次於倫敦和紐約，銀行業務的六〇%直接以外幣進行。香港有金融和投資公司二萬五千九百九十七家，證券、期貨及金銀經紀、交易所及服務機構一萬四千八百五十一家，其他金融機構二千三百一十一家。

二〇〇八年，香港期貨及期權的總成交量為一千五百萬張合約，比一九九七年的九百七十萬張大幅增長九．八二倍。此外，交易型開放式指數基金（簡稱ETF）成交數量也大幅增加。二〇一〇年上半年，所有上市的六十二支ETF每日平均成交額達一九．六六億元，較上年同期增長一二．五%，總市值（不計黃金ETF）達一千八百億港元，較上年同期增長二九．七%。

以成交額及市值計算，香港已成為亞洲第二大ETF市場。二〇一〇年，香港聯交所金融衍生產品的交易額達五千四百三十億美元，在全球各交易所中高居首位。二〇〇九年，香港金融及保險業就業人數為一八．五六萬人，佔就業總人數的七．四%；創造的GDP達二千三百五十五．八一億港元，佔GDP總額的一五．二%。

二〇一〇年四月，香港日均外匯交易額從二〇〇七年的一千八百一十億美元增加至二千三百七十六億美元，增幅達三一．三%，佔全球交易額的四．七%。根據國際結算銀行在二〇〇四年進行的每三年一度的全球調查，香港外匯市場的成交額在世界排行第六位。到二〇一二年八月底，香港外匯儲備為二千九百一十二億美元，由外匯基金持有。

二〇一〇年底股票市場總市值為二兆七千一百零四億美元，集資總額達二一九億美元，居亞洲第二、全球第七，外匯基金票據及債券達六五三一．三八億港元。二〇〇六至二〇一〇年間，港股總市值佔生產總值的比重從九〇六％升至一二一四％，銀行貸款佔生產總值的比重從一七三％升至二三八％。

內外分離型離岸金融中心：紐約

內外分離型離岸金融中心的特點是雖在稅收、利率和存款準備金等方面沒有限制，但它必須與國內金融市場嚴格分離。從事離岸業務必須設立離岸賬戶，且只能從事境外與境外的交易，嚴格禁止資金在境內外市場間和在岸、離岸賬戶間流動，將境內外市場絕對隔離。

美國國際銀行設施（International Banking Facilities, IBF）與美國境外銀行享有相同的待遇。一九八一年十二月聯準會對D條例（Regulation D, 存儲機構存款準備金要求）和Q條例（Regulation Q; 聯準會頒佈了一系列金融管理條例，並且按照字母順序，如第一項為A項條例，其中存款利率進行管制的規則正好在Q項，因此稱為Q條例）做出修正後，美國的銀行包括外國在美國的分支機構也可以在美國境內透過建立IBF的途徑享受到許多原來只有離岸銀行才能享受到的好處，凡是以IBF的名義接受的存款都屬於歐洲美元的範疇。IBF吸收到的非居民和其他國際銀行設施的存款，既不受D條例對準備金比例的約束，也不受Q條例對存款利率上限的限制。一九九〇年十二月起IBF吸收的美元存款即美國境內的歐洲美元的準備金比率由原來的三%降為零，美國境內的銀行可以為外國存款戶提供與歐洲美元存款相類似的優惠利息。

ＩＢＦ離岸賬戶管理：開辦離岸業務的金融機構必須設立單獨的離岸賬戶。離岸業務都必須也只能記錄在離岸賬戶中，同時這一賬戶中還包括監管當局需要的各種資訊。ＩＢＦ對非銀行外國居民開展存、貸款業務時，還必須以書面形式將聯準會關於存、貸款用途的限制性規定通知對方，即ＩＢＦ只能接受國外非銀行客戶用於支援海外業務的存款並只對需要資金融通的海外業務提供貸款。

屬於ＩＢＦ的存貸款賬戶必須在每一個營業日結束時保持平衡。業務對象限制：將市場參與者限制在非居民和其他離岸賬戶這一範圍之內。當資金從離岸賬戶流入境內，則視同對本國居民的貸款，需計入外債。美國的存款準備金制度規定：資金一旦從ＩＢＦ流入國內，就必須交納存款準備金。

業務經營範圍：只允許ＩＢＦ從事有限的二級市場業務，如向第三者購買本票、證券、貸款、回購協定等，禁止發行定期存單（ＣＤ）等無記名票證。另外，Ｄ條例規定，ＩＢＦ接受的定期存款只能是兩種，一種是非銀行外國居民客戶提供的不少於兩個工作日的大額定期存款，另一種是由建立ＩＢＦ的金融機構以發行本票、借款認可證或其他類似票據的方式向特定的對象提供的存款業務。

離岸業務的檢查與監督：美國聯邦儲備理事會要求所有已建立ＩＢＦ的金融機構每月遞交「ＩＢＦ賬戶報告」。此外，凡是外國銀行在美國境內的分行或代理機構，聯邦儲備理事會還要求它們在每季的財務報告中如實反映有關ＩＢＦ的經營情況。

紐約作為美國國內的金融中心和全球金融中心，其金融業市場和業務的種類十分齊全，信貸市場、證券市場、保險市場、外匯市場等的市場規模都在全國處於首位，與倫敦、東京等其他國際金融中心相比，紐約在很多方面也處於領先地位。

從州的層面來看，紐約州的金融業在全美處於領先地位。一九八〇年紐約州金融業名目產值為二百六十八・六億美元，二〇〇六年上升到一千七百九十四・七億美元，增長了五・七倍。在美國金融體系發展過程中銀行業和保險業的產值比重逐漸下降，而證券業的產值比重卻在上升。

內外滲透型離岸金融中心：新加坡

內外滲透型金融中心的特點是仍然以分離型為基礎，即在岸、離岸業務仍然分屬兩個賬戶，以此將居民與非居民業務分開，但允許資金在一定的限額內相互滲透，或者開闢一個資金單向進出通道。

內外滲透型模式是絕對的內外分離型向一體型發展的過渡形式，這一過程也是大多數國家離岸金融市場的發展規律。

一九六八年十月一日，美洲銀行新加坡分行設立第一個「亞洲貨幣經營單位」（Asian Currency Unit, ACU），開始亞洲美元的經營。

ACU的金融監管以自由化為原則，逐步降低各類管制至最低限度。監管當局最初不允許居民在亞洲美元市場上開立外幣存款賬戶，直到一九七三年，居民可以開立外幣賬戶，開闢了境內外市場相互滲透的管道，但同時對所借款項設有上限，分別是個人賬戶為十萬新元、企業賬戶為三百萬新元，並要求用於指定用途。隨後幾年內逐步提高借款上限。一九七八年，新加坡全面取消外匯管制，開放外匯市場，取消居民投資亞洲美元市場的限制，離岸金融市場與境內金融市場進一步整合。一九八一年亞洲美元賬戶獲准透過外幣置換新元。一九九二年起陸續上調新元貸款額度上限至一億新元。二〇〇一年取消外資機構對居民提供的交易額下限。

新加坡離岸金融中心的參與主體主要是銀行。一九六八年，新加坡政府陸續批准包括美洲銀行新加坡分行、花旗銀行、華僑銀行、滙豐銀行在內的十六家金融機構設立亞洲貨幣單位，從事非居民境外美元存貸款業務。新加坡對外資銀行的准入資格要求則十分嚴格：除了對設立金融機構規定最低資本金準備以外，對於外資銀行的治理結構、風險管理等都有所要求，另外對母行限制為世界排名靠前的銀行。除了資格要求，新加坡監管當局還規定開辦亞洲美元業務的銀行必須在亞洲貨幣經營單位設立賬戶，且該賬戶只能用於進行非新元的存貸款業務。

同時開立離岸賬戶通常也要向金融監管局申請，要求具備一定的外匯業務實務和經驗。開展離岸金融業務的銀行必須定期報送離岸業務各項報表或臨時要求的特殊報表，以便金融監管局瞭解離岸業務的規模並監督各項管理規定的執行情況。

新加坡的金融體系具有以下特點：

在金融管理體制中，不設中央銀行，而由金融管理局、貨幣局、投資局分擔銀行、貨幣、外匯的管理職能。金融管理局負責執行中央銀行職能（貨幣發行除外）。新、馬貨幣分家後，新加坡貨幣局成立，主要負責發行新加坡元、保管發行準備金及維持貨幣穩定。投資局負責管理公共部門的剩餘資金，包括官方外匯儲蓄剩餘用於投資部份，因而是政府的投資與外匯管理機構。三個管理機構既有分工，又緊密配合，相輔相成，發揮了西方中央銀行的一般職能。

在金融結構中，外資銀行佔絕大比重，本國銀行近年發展較快。新加坡對外資銀行一貫實行開放與鼓勵政策。一九八七年，新加坡商業銀行共有一百三十四家，其中外資銀行一百二十一家，佔全部商業銀行數的九〇％，證券銀行有五十八家，幾乎都是外資開辦或外資參股的。經營亞洲貨幣單位的機構有一百八十八家，其中外國銀行一百二十一家，外國證券銀行五十四家，佔九三％。從新加坡銀行總資產的結構來看，外國銀行佔五七％以上。

可見外資銀行在新加坡金融業中地位之重要，這也是新加坡金融國際化程度高的主要原因。近年來，當地銀行數量明顯增加，資產規模也不斷擴大。另外，新加坡當地資本銀行在國外的投資也逐漸增多。因此，本地資本將在新加坡金融業中扮演愈來愈重要的角色。

金融市場實行內外分離制，但允許資金在一定程度上相互滲透。新加坡將國內金融市場交易與離岸金融市場交易嚴格分離，離岸金融市場不受國內金融政策的制約，從國外引入資金仍運用於國外，以發展國際金融業務，既擔當國際資金供求的中介，又保護國內金融的獨立發展。同時，亞洲貨幣經營單位已經允許居民參加交易，這在維護國內市場的前提下為引進外資開闢了一條新的管道。

在中國—東盟自貿區的各成員之中，新加坡的金融業最為發達，金融體系架構也最完善。作為新加坡經濟的支柱產業，金融業在國內生產總值中的比重一直佔到一〇％以上。從一九九三年以後，金融和商業服務業總產值超過製造業，成為新加坡經濟的第一大支柱產業。

從商業銀行信貸規模／GDP來看，新加坡這一指標持續上漲，但水準較低。新加坡商業銀行信貸規模／GDP於二〇一一年才達到一〇一．〇八％，而英、美、德、中、日、韓等國家均在一九九七年前超過一〇〇％。信貸佔GDP比重反映了一國的間接融資規模，新加坡間接融資規模雖然持續增加，但能力仍然有限。

從金融機構數量上來看，新加坡的金融機構結構較為平衡，銀行類與非銀行類金融機構的數量相當。其中銀行類金融機構中以商業銀行與亞洲美元機構居多，而非銀行類金融機構中則以資本市場服務商、保險類金融機構、豁免型金融機構為主。此外，在商業銀行結構中，外資銀行所佔的比重非常大，體現了新加坡銀行機構的市場化與國際化程度較高。

二〇〇三至二〇〇七年這五年期間，新加坡直接融資所佔的比重維持在七〇%左右，市場主導型的金融結構的功能已經十分明顯。從資本市場淨融資額佔GDP的比重看來，新加坡這一指標最高為二〇·二一%（二〇〇七年），可見其資本市場融資能力較發達國家有較大差距。

避稅港型離岸金融中心：開曼群島和英屬維京群島

避稅港型離岸金融中心的特點是在不需納稅的某一城市虛設一機構，在其賬戶上處理對外交易，實際上這一虛設的機構只是起一個記賬中心的作用。

開曼群島

開曼群島實行的是單一監管，其監管當局是開曼群島金融管理局（CIMA）。開曼群島是著名的「避稅天堂」和世界級的金融離岸中心，之所以有數千家對沖基金和殼公司自稱開曼群島為其總部所在地，其原因不得不歸結於開曼群島金融管理局實施的靈活適度的監管措施。但政府為了改善國際形象，最近幾年來逐漸加強了對金融監管的控制力度，比如從二〇〇二年初開始，政府要求所有在當地註冊的銀行必須在當地設有辦事處或工作人員，銀行必須遵守當地法律。

金融危機之後，迫於國際社會壓力，開曼群島正在從毫無監管向建立合理機制過渡。二〇一三年一月，迫於壓力，擁有實權的開曼群島金融管理局提出新的提案，將對過去的模式做出重大改變。根據這些提案，開曼群島金融管理局還將要求公司和基金董事在該局註冊並獲得經營許可，此舉將令開曼群島的公司監管與多數在岸司法管轄地區存在的公司治理機制保持一致。但是這些都仍然只是提案。

開曼群島金融管理局計畫創建一個在開曼群島註冊的基金及其董事的公開資料庫，這是開曼群島向接受金融投資者和政界人士的國際審查邁出的重要一步。

開曼群島在公司層面自身的金融監管政策主要包括：

1. 組建公司無須政府批准，但某些商務活動可能要求許可或註冊登記。

2. 一般需向公司註冊處提交兩份經簽署的公司大綱。擬擔任該海外公司的一位董事還必須向公司註冊處提交一份聲明，確認該海外公司的商務活動將基本上在開曼群島境外進行。公司設立手續一般可在二十四小時內完成。

3. 公司的組織文件包括公司大綱和公司章程。大綱必須列明公司的名稱和註冊地址，也可包括公司的經營範圍。除非大綱有明確限制，海外公司能行使自然人所能行使的一切權利。公司章程規定了公司與股東和高級管理人員之間的權利和義務。

4. 海外公司至少應有一名董事。董事可以不是開曼群島居民。允許法人擔任公司董事。海外公司必須按章程規定配備相應的高級管理人員。

5. 海外公司至少應有一名股東，可以有名義股東。海外公司的所有股東的姓名都必須記載在股東登記簿中。股東登記簿不必保存在公司註冊位址，也無須供公眾查閱。

6.董事會議必須每一日曆年在開曼群島舉行一次。董事會議可委託代理人參加。會議通知須按公司章程規定發送。除非公司章程另有規定，董事會議或其所屬委員會的會議在只有一名董事出席的情況下也可有效召開。

7.開曼群島公司法並未限定公司章程對公司高級管理人員和董事賠償的程度。唯一的例外是規定了應由開曼群島法院裁定某些賠償條款是否違反公共政策（例如賠償因犯罪、不忠、惡意疏忽或過失所造成的損失）。

8.海外公司不必舉行股東年度大會。除非公司大綱和章程另有規定，股東大會通知的最短期限為五天，股東大會可以由三位股東召集。股東大會可以不在開曼群島舉行。

9.註冊位址和抵押登記簿為公開檔案。

10.沒有最低限度額定股本金或發行股本金。公司應支付的政府年費根據其額定股本金（最高為五萬美元）支付。允許無記名股票、無面值股票；可以全價發行、差價發行或者零價發行。

11.要求海外公司在成立時及其後的每年一月份交納一筆費用。交費標準根據公司類型和股本金多少計算而定。每年一月份，海外公司必須填報所得申報表。此外，海外公司還要確認其公司大綱沒有改動、公司業務主要在開曼群島境外進行、在開曼群島境內至少舉行過一次董事會。

12.開曼群島不對海外公司及其股東徵稅。海外公司有權從開曼群島政府處得到保證，開曼群島對利潤、所得、收益、增值徵稅的立法，以及對房地產和遺產徵稅的立法將不適用於海外公司，也不適用於其股份，也不能以預提方式徵收。

開曼群島主要的離岸金融系統機構（業務）及其特點如下：

1.離岸公司：開曼群島大約有二千五百家註冊公司，其中五五％以上的為離岸公司，大部份公司享有長達二十年的稅收豁免權，而開曼群島本地的公司並不享有這一權利。離岸公司在所有權結構上享有高度保密權，並且不受報表與資本金要求的制約。董事會議要求每年舉行一次，但是可以指定當地人作代理董事。開曼群島的公司普遍作為一種簽約工具——一種價格轉移的載體。例如，開曼群島的公司可能是由多個公司組建的租賃公司，為外國子公司提供設備租賃。租賃的支付結算集中在開曼群島的公司進行，享受到的稅收豁免可以進行再投資，或者在方便的時候返回國內。開曼群島的公司也可能是一種「虛擬中介」，透過雙重發票儲備（double invoicing reserves）積累獲得免稅。尋求對土地所有權的保密也是很多離岸公司設立的目的。開曼群島的離岸公司也可能被用來作為專利或版權，或船舶、飛機的所有權人。

2.銀行：二十世紀七〇年代早期在開曼群島落戶的銀行大多是加拿大和英國的銀行，此後來自美國等地的銀行數量急劇增長。從一九七二年到一九八二年間B類銀行（離岸銀行）數量平均年增長達二三·四％，一九八二至一九八九年間平均年增長率只有三·一％。一九七二至一九八二年間離岸銀行迅速增長的原因是歐洲市場的發展。二十世紀七〇年代開曼群島離岸銀行業務的發展得益於離岸金融市場的快速增長。據國際清算銀行統計，從一九七〇年到一九八一年，歐洲市場的規模從五百七十億美元增加到六千六百一十億美元，主要原因是石油美元的增長。正是在這一期間，開曼群島等地的離岸銀行業務急劇增長，這是因為這些地方的稅收優惠與寬鬆管制對國際銀行頗有吸引力。七〇年代大部份銀行經營的石油美元都是在歐洲市場循環。辛迪加歐洲貸款常常是在像開曼這樣的離岸金融中心進行。很多離岸銀行業務並不需要建立實際的辦公點。在五百三十二家註冊銀行中八〇%以上並沒有任何實際辦公場所。一些公司被稱作「殼公司」、「簿記中心」或「銅牌銀行」，因為它們只有一張由銅或塑膠製作的銘牌掛在某辦公樓的走廊上。歐洲業務賬務記錄在開曼群島的公司名下，但是並不實際進行資金劃撥，而是僅僅由在岸的母公司銀行職員記入賬簿或電腦檔案。五百三十二家離岸銀行中有六家是完全的清算銀行，包括巴克萊銀行、皇家加拿大銀行、豐業銀行、加拿大帝國商業銀行、開曼國民銀行；另有二十四家擁有在岸營業的執照，但是大多數（五百零二家）登記銀行是純粹的離岸銀行。一九九二年開曼銀行擁有差不多四千億美元的外國資產。

3. 信託：信託業是開曼群島離岸金融產業的一個明顯特徵。開曼群島於一九六七年就頒佈了信託法。目前開曼群島有四十多家實體擁有信託業務的營業執照，大部份信託公司的股東是英國、美國、瑞士以及加拿大的銀行。信託公司可以逃避特定的稅收，還可以為外逃資本提供避難所，以及回避某些遺產法或簡化遺產檢驗程序。與離岸公司一樣，信託公司具有法定的隱私保護權，因而頗有吸引力。

4. 保險：開曼群島是世界上排名第二的離岸保險中心（排名第一、第三的分別是百慕達與耿西島）。離岸保險是一種自保險（captives, 專屬保險）業務。除純自保險業務外，其他類型的自保公司包括「協會」或「行業」自保公司以及「機構」和「公開市場」自保公司，其中「協會」或「行業」自保公司是由一組公司或專業協會成員控制的僅僅為其股東提供保險的公司。自保公司相比其他保險公司可以更有效地獲取保險金，降低保險成本。自保公司與離岸公司擁有一些相同的職能，如都可以作為利潤中心，或作為逃稅的中介。

開曼群島的金融發展水準如下：金融產業對開曼群島經濟發展的總體貢獻是難以評估的。一九九二年政府透過註冊登記與離岸金融服務所直接獲取的收入達二千五百萬美元，透過在岸公司與銀行業務實現的收入估計達二千萬美元，佔一九九二年政府總收入的一五%以上。當然政府對銀行等方面的監管也有支出，這方面的資料並沒有統計。離岸金融業務給私人帶來的收入難以量化。包括跨國企業在內開曼群島共有二十五家會計師事務所，十八家法律事務所、近八十名律師，有四十至五十名離岸金融專業人士。十九家企業專門從事離岸公司管理。一九九二年的資料顯示，銀行和保險共佔開曼群島就業人數的一〇%，保險行業共二百二十六名從業人員，其中有二百人為開曼群島本地人。大約七十家銀行與信託公司在開曼群島設有實際代表處。

有一千三百六十三人從事銀行業務，大部份（一千零六十二人）都是開曼人。開曼群島已經變成了一個成功的離岸金融中心，部份原因在於受益於國際市場上的動盪和不穩定，同時也受益於開曼群島金融業對國際資本的開放與對接。金融離岸業務對當地就業和GDP的貢獻率分別為三%至一〇%和一〇%至二四%。該地區年生產總值約六億美元，人均生產總值近三萬美元，是加勒比海最富裕的地區。

開曼群島的公司形態可分為三類：一般當地營業公司（resident company）、非當地營業公司（non-resident company）及稅務免除公司（exempted company）。其中稅務免除公司主要被各國企業、個人用來做金融方面的規劃，稅務免除公司不能在當地營業。

英屬維京群島

據IMF評價，英屬維京群島擁有十分合適的監管環境。法律賦予金融監管局以適當的獨立性與權力對島內所有金融機構進行專業、有效的監管。

因英屬維京群島人口很少，國內金融服務市場空間小，故而沒有對國內金融機構以及離岸金融機構的單獨監管措施，只有少數的登記審查。

銀行業監管很少，只允許聲譽好且實行母公司併表監管的機構從事離岸金融業務。依據法律是一九九〇年的《銀行與信託公司法案》（*Banks and Trust Companies Act*, 1990）及其修正案；《金融服務委員會法案》（*Financial Services Commission Act*, 2001）及其修正案；《監管原則》（*the Regulatory Code*, 2009）。離岸金融機構被要求符合國際清算銀行的標準。國內銀行沒有外在審慎監管要求，不良貸款等情況較多。

離岸保險業務僅限於專業自保機構及其管理者。只允許聲譽好且實行併表監管的機構從事離岸保險業務，多數母公司在美國，受美國國稅局監管。對於申請設立保險公司，當局要求提供業務計畫，並會對其進行評估。島內管理條例主要用來鼓勵新業務，如專業自營保險、再保險，這兩項業務的註冊登記及監督管理都十分靈活。缺少對保險業的指導方針。

國際商貿公司在登記時需要登記代理。登記代理人接受當局監管，保留登記公司的資訊。不允許無記名股票的流通。法律制度靈活，有保密規定。公司註冊名稱自由，無須每年提交公司賬冊，召開股東大會等。但對國際商貿公司有一些限制：不得與島內居民開展業務；不得擁有島內不動產權益；未經許可不得從事銀行、信託、公司管理業務；未經許可不得經營保險、再保險業務等。信託及公司管理服務提供者接受金融監管局的監管。

在銀行、信託、公司管理業中有六種許可證。每一種都必須遵守相關法律規定的最低實繳資本額、許可證年費、會計、審計等相關要求。銀行和信託公司管理機構對許可證進行管理。離岸證券市場僅限於共同基金及其管理者，島內不會對基金規模以及交易者進行審查。

英屬維京群島銀行業很小，只有十一家（二〇〇四年）。重要的幾家都是國際銀行集團的子公司。二〇一二年總資產為二十五億美元，其中存款佔六〇％。存貸比為一．三四。二〇〇八年信貸／GDP為一．二。保險業很小，保費只有四千萬美元（二〇〇四年），總資產只有二十億美元（二〇一二年）。自保業務發展很快，逐漸成為世界自保中心之一。

離岸國際商貿公司非常多，大約有四十五萬家（二〇一二年），約佔世界總數的四五％，其中相當大一部份是中國香港的公司。離岸公司也被用來發展自保業務及共同基金。英屬維京群島沒有證券交易所，除了共同基金，不發行證券；沒有證券零售市場；是共同基金的主要所在地，有二千六百零六支，超過五百五十億美元，其中只有八％為公共基金，其他均為私人或專業基金（二〇〇四年）。

各類型離岸金融中心比較

表6-9羅列了四種類型的離岸金融中心在金融監管和金融政策、金融體系、匯率和貨幣政策、資金來源和籌資管道、基礎設施、增長模式和發展水準以及國際貿易等方面的特點。

在金融監管模式方面，既有分業監管也有混業監管，即使都是內外一體型的離岸金融中心，倫敦和香港的金融監管模式也不一樣。類似的，貨幣政策和匯率體制在各離岸中心也沒有共性。在金融體系方面，這些現有的金融中心的金融體系都很完備，有豐富的產品和服務。

不過這一共性可能更多的是金融中心建設的結果而非先決條件。在資金來源方面，很多離岸金融中

表6-9 各類型離岸金融中心比較

	內外一體型	內外分離型	內外滲透型	避稅港型
典型離岸金融中心	倫敦、香港	紐約	新加坡	百慕達、開曼群島、英屬維京群島
金融監管和金融政策	香港實行分業監管，倫敦實行單一監管，兩地均無外匯管制。	聯邦和紐約州兩個層面共同監管；著重於分業監管和功能監管。	單一監管	監管寬鬆，註冊成本低。
金融體系	全球金融中心，有發達完善的金融體系，金融系統健全，產品豐富。	全球金融中心，有發達完善的金融體系，金融系統健全，產品豐富。	亞洲金融中心，金融體系較發達。	眾多國際公司的註冊地；是全球主要的離岸保險中心。
匯率和貨幣政策	香港為固定匯率制度；倫敦為浮動匯率制度，貨幣政策採用通貨膨脹目標制。	浮動匯率制度，貨幣政策採用多目標。	有管理的浮動匯率制度	固定匯率制度
資金來源和籌資管道	資金來源廣泛，內外相容。	專門的賬戶吸收境外資金	優惠政策吸引外資	優惠政策吸引外資
基礎設施	知識型經濟、研究機構眾多，強調科技創新；人才儲備豐富；是重要的國際空港、港口、物流中心；通信發達。	知識型經濟體、研究機構眾多，強調科技創新；人才儲備豐富；是重要的國際空港、港口、物流中心；通信發達。	知識型經濟體、研究機構眾多，強調科技創新；人才儲備豐富；是重要的國際空港、港口、物流中心；通信發達。	擁有天然良港、通信發達。
增長模式和發展水準	服務和金融產業佔比較高，發展水平處於世界前列。	多行業並存，金融佔比較高，發展水準處於世界前列。	自然資源缺乏，國內市場狹小，多種行業並存，重要部門國家壟斷，發展水準處於世界前列。	自然資源匱乏，國內消費主要依賴於進口，旅遊和金融產業佔比較高。
貿易	與全球的主要貿易國保持緊密聯系。	與全球的主要貿易國保持緊密聯系	貿易在國民經濟中佔有重要地位	貿易夥伴國較為單一

心都採用了優惠的吸引外資的政策，以保證金融中心發展過程中的資金需求。在基礎設施方面，這些離岸金融中心都是知識型經濟體，研究機構眾多，強調科技創新；人才儲備豐富；是重要的國際空港、港口、物流中心；通信發達。

離岸金融中心在經濟增長模式方面並沒有共性，事前也並不具有很高的經濟發展水準，但除避稅港型離岸金融中心外，其他離岸金融中心都有緊密的國際貿易聯繫。

綜上所述，離岸金融中心的發展並不局限於特有的金融監管模式和貨幣政策框架，也不要求特有的經濟增長模式和事前的高經濟發展水準，但資金和各項基礎設施等經營環境是重要的先決條件，國際貿易聯繫或者經濟開放度也是一個重要的條件。

離岸金融中心的稅制比較

離岸金融中心作為世界各國金融市場國際化的一種重要手段，不僅可以帶來巨額國際資金的流動，同時對於帶動金融業、服務業發展，增加就業，促進一國經濟發展都起著舉足輕重的作用。

離岸公司與一般有限公司存在著很大的差別。除了金融監管上的適當寬鬆、公司運作財務上的便利、資訊上的保密之外，以離岸金融中心的低稅負為主要特色的稅收政策是一個十分重要的因素。

「免徵直接稅」模式

所謂免徵直接稅模式，亦稱純避稅港或傳統避稅港模式，指的是所涉國家或地區稅收法律制度簡易，稅種較少，僅課徵少量的間接稅，不課徵包括個人所得稅、公司所得稅、資本利得稅、遺產繼承稅和財產贈與稅等在內的所得稅和一般財產稅。

這就意味著，任何企業和個人的經營所得或其他所得，均不用向當地政府繳納任何稅收。屬於這一模式的國家和地區目前主要有巴哈馬、諾魯、百慕達、格陵蘭、哥斯大黎加、萬那杜、英屬開曼群島、英屬維京群島、新喀里多尼亞、法羅群島、索馬利亞、聖皮爾島、密克羅西亞島、土克凱可群島等。其中以巴哈馬和百慕達最為典型。

巴哈馬位於美洲西印度群島最北端的巴哈馬群島，其財政收入主要來源於旅遊業、以國際匯兌為對象的金融服務業和石油轉口業等。該國稅制簡單、稅種較少，以印花稅、勞務費、離境稅和賭博稅等間接稅為主，在財政收入中所佔的比重不大。不徵所得稅、遺產稅、繼承稅和不動產稅，不徵股息、利息、特許權使用費的預提所得稅，甚至免繳營業稅、入港和出港噸位稅等。

凡在其境內設立製造業公司，均可享受十五年的免稅待遇。在大巴哈馬島自由港區（無稅區）領取執照的所有公司和企業，則更能獲得到公元二〇五四年前，不開徵國內消費稅、印花稅和大多數關稅的保證。巴哈馬的公司法律制度極為靈活。公司（除銀行和信託公司外）註冊，可以不提交審計過的賬目。任何公司都可以發行不記名股票和可贖回股票。公司的董事可以是任何國籍的人，可以在世界任何地方召開董事會。凡主要經營活動在境外的公司，可獲得非居民公司的地位，不受巴哈馬外匯管制的制約。

至二十世紀九〇年代，在巴哈馬組建的各種公司已達一．六萬多家，每年對當地經濟的貢獻約四千萬美元。但絕大多數公司屬於典型的空殼公司（shell company）、信箱公司或紙面公司（mail box company或者paper company），沒有實質性的經營機構，在此註冊的目的是為了避稅。例如美國銀行在這裡設有一百多家金融分支機構，大多數是出於擺脫美國政府對直接資本輸出限制的目的。

百慕達位於北大西洋西部，實行低稅的簡單稅制，不課徵直接稅，僅徵收關稅、印花稅、工資稅、社會保障稅、土地稅、旅客稅、外匯購置稅等少量稅種，其中關稅構成了財政收入的主要來源。在百慕達註冊成立的公司不需要繳納公司所得稅。根據公司法，境內所設公司可以透過註冊合併，不必向政府當局提交財務報表。政府不過問公司的股東或經理人的國籍，在境內設立的公司，在國外發生營業活動，也屬合法行為。目前有各類公司七千多家，多為境外人士所設，其目的就是利用低稅法律環境進行逃避稅收活動。

「免徵境外所得稅」模式

所謂免徵境外所得稅模式，是指所涉國家或地區放棄了居民稅收管轄權，而僅行使所得來源地稅收管轄權，即只對來源於境內的所得行使徵稅權，而放棄對來源於國外或境外的所得的徵稅權。這類國家和地區主要有衣索比亞、賴比瑞亞、巴拿馬、委內瑞拉、哥斯大黎加、玻利維亞、瓜地馬拉、尼加拉瓜、多明尼加、巴拉圭、馬來西亞、汶萊、新加坡、香港和澳門等。其中可以新加坡和香港為代表。

新加坡是個著名的自由港，法定稅種主要有所得稅、遺產稅、財產稅、印花稅和關稅等，且僅對來源於境內的所得徵稅。稅制具有稅種少、結構簡單、稅率低等特點。二〇〇二年新加坡實施稅制改革，境內公司和個人所得稅稅率三年內分別從二四·五％和二六％降到二〇％；估稅時集團屬下公司間盈虧可以相抵，採用公司單層計稅制，更靈活地處理國外商業收入稅務，智慧財產權研發支出免稅，劃減用於獲取智慧財產權的補貼並建立遞延納稅制度，以及免除個人利息收入、國外個人收入匯款、雇主支付外國雇員在海外個人養老金等的個人所得稅等。

香港長期奉行所得來源地管轄權，只對在香港境內取得的所得行使稅收管轄權，遇有受益人未在香港設立機構，仍需就其利得繳納利得稅。相反，對於在香港境外取得的所得，除非被視為來源於香港，不然的話，無論是否匯款到香港，均無須納稅。除此之外，香港還以稅負低、稅制簡單和優惠寬厚聞名全球。

「免徵某些所得稅」

所謂免徵某些所得稅模式，是指所涉國家或地區放棄對個人所得稅的徵稅權而僅徵收公司所得稅；或免徵公司所得稅而僅行使對個人所得稅的徵稅權。採用這一模式的國家或地區主要有位於美洲西印度群島的格林伍德，位於西加勒比海中的一些島嶼經濟體以及位於中東的科威特、沙烏地阿拉伯、約旦、伊朗、敘利亞、阿曼等國家。其中較為典型的有科威特等。

科威特是個著名的石油輸出國家，亦以稅制簡單、稅負輕聞名於世，其財政收入九五％來自石油的公營收入和使用費收入，工商稅收僅佔了三％左右。僅課徵關稅和公司所得稅等少數幾個稅種。公司所得稅的稅負較輕，且其中九〇%的公司所得稅係由石油公司繳納。

二〇〇二年科威特實行稅制改革，旨在提高非石油收入的比重，增加財政收入。其主要內容包括從一月一日起徵收進口產品銷售稅，對香菸、菸草的進口稅從七〇%提高到一〇〇%，對國內非基本消費品徵收高達一〇%的稅。同時，改革所得稅，向私有企業徵收淨利潤的五%，減少外國公司稅負最多達二五%。

「境外所得適用低稅率」模式

所謂境外所得適用低稅率模式，是指所涉國家或地區在行使居民稅收管轄權時，雖課徵個人和公司所得稅、公司財產淨值稅和個人財產稅，但對於居民來源於境外的所得，實行優惠稅率，明顯低於境內所得適用的稅率，以此來吸引外資。

屬於這一模式的國家和地區主要有海峽群島、科克群島、貝里斯、荷屬安地列斯群島、巴貝多以及蒙特塞拉特島和安地卡島等，其中可以荷屬安地列斯群島和巴貝多為例。

荷屬安地列斯群島是最重要的國際避稅港之一。該群島開徵包括個人所得稅、公司所得稅、房產稅、不動產稅、繼承稅、贈與稅以及各種流轉稅在內的多種稅收，同時行使居民稅收管轄權和地域稅收管轄權。但對經營活動在境外的離岸公司提供了近似免稅的優惠條件，並對外國投資者實施以下稅收優惠：凡非居民股東持有的公司股份達二五%以上時，該非居民取得的股息和資本利得不徵稅；凡公司是根據稅法有關條款組建的，則非居民股東可免稅；非居民納稅人免繳繼承稅和贈與稅；凡居民公司支付給非居民的股息和利息免徵預提所得稅；在庫拉索和阿魯巴的公司自由區內，免徵關稅，且僅就公司出口所得徵收二%的利潤稅。

巴貝多對離岸公司實行低稅制或免稅，不徵資本利得稅，不實行外匯管制。現行公司所得稅的邊際稅率高達四〇%，但國際商務公司和離岸金融公司等僅需繳〇至二・五%的所得稅。對於外國銷售公司和免稅保險公司，則免繳所得稅、預留稅和財產轉移稅，不需納稅申報及公佈財務狀況。至二〇〇〇年底，在巴貝多共註冊了八千多家國際商務、銷售、保險公司及離岸銀行。巴貝多僅從離岸金融業務中每年就獲得近七千萬美元的財政收入。

「所得稅和一般財產稅適用低稅率」模式

所謂所得稅和一般財產稅適用低稅率模式，是指雖然徵收所得稅和一般財產稅，但稅率較低、稅負較輕，屬於這一類型的國家和地區主要有奧爾德尼島、安道爾、安圭拉、巴林、曼島、坎彭、賽普勒斯、直布羅陀、耿西島、以色列、牙買加、澤西島、黎巴嫩、列支敦士登、聖赫倫那、聖文森、薩克島、瑞士（一些州和市鎮除外）、東加、阿根廷、海地等。其中以列支敦士登、賽普勒斯為典型。

列支敦士登是位於奧地利和瑞士之間的微型山國，其稅制簡明，稅率較低。所有居民和非居民都有義務繳納個人所得稅和公司所得稅。但公司所得稅的課稅對象為公司的淨所得，實行七・五%至一五%的累進稅率。對股息徵收四%的預提稅。遺產稅按全部遺產的實際價值徵收，如果繼承人是被繼承人的親屬，適用最高為五%的累進稅率。

如果不是親屬，則最高稅率達二七%。賽普勒斯實行以間接稅為主體的簡單稅制結構。公司所得稅係針對居民公司和外國公司的本地分公司的淨收益徵收，稅率為二〇%至二五%。對在賽普勒斯設立的公司依其國內外收入計徵稅額。非居民在賽普勒斯所得特許權費收入按總額的一〇%納稅；利息按公司稅率徵收，特定情況下可以免徵。股東的紅利收入各自納稅，此稅額僅可在預繳稅額中沖減。非居民可申請退還其全部預繳稅。海外公司的股東紅利無須納稅。個人所得稅實行〇至三〇%的超額累進稅率。公司和個人處理不動產或出售含有不動產的公司的股份，課徵二〇%的資本利得稅。不動產買賣須按其售價或市價五%至八%的稅率計算其應納稅額。

「特定行業或經營方式稅收優惠」模式

所謂特定行業或經營方式稅收優惠模式，是近些年來逐步形成的一種新的模式，原來竭力反對避稅港制的一些發達國家，出於吸引外資的考慮，也制定了一些較為靈活的稅法措施，對某些行業或特定的經營形式提供特殊的稅收優惠，例如盧森堡對控股公司、荷蘭對不動產投資公司、英國對國際金融業、希臘對海運業和製造業、美國懷俄明州和德拉瓦州對有限責任公司分別實行了特定的稅收優惠，不僅使前來投資的外國企業和個人直接享受到低稅負的利益，還可用來達到逃避有關國家稅收負擔的目的，因而被有關國家特別是發展中國家指為國際避稅港。其中可以盧森堡和英國為例。

盧森堡是世界第七大金融中心，也是歐洲最重要的籌資市場和資金轉換市場之一，擁有健全的稅收制度，稅種之完善和稅率之高不亞於其他西歐國家。盧森堡對不同類型控股公司實行低稅或免稅優惠，加上它既沒有中央銀行及存款準備金制度，又實行嚴格的銀行保密制度，因而成為聞名於世的控股公司的避稅樂園，目前活躍在盧森堡的控股公司至少有七千多家。

英國由於對國際金融公司採取一系列稅收優惠，而成為國際上重要的避稅港。英國稅法規定，凡擁有英國金融機構賬戶，且與英國公司進行貿易活動的外國人，即可享受免徵資本收益稅的優待。

英國適用的公司所得稅稅率是歐盟國家中比較低的，如果國際金融公司年收益在三十萬英鎊以下，僅適用二三%的稅率。凡非常駐的國際金融公司，僅就其來源於國內的收入課稅。同時，在英國註冊的公司還可利用英國與其他國家簽訂的雙邊稅收協定，進行避稅活動。如果某家公司選擇一個與英國有雙邊稅收協定的國家作為公司管理和經營地，即可依法享受英國的免稅優惠。

一九九四年英國實施對新型公司國際金融總部公司稅收優惠的法令，凡所涉公司的總部在英國，而公司收入中八〇%又來自國外，則公司從國外分配回英國的利潤免稅。即使這部份資金在撤回本國後重新分配，也不需要再納稅。該措施成為英國政府促使國外股東收益資金回流的有效工具，目前在倫敦居住的一大批億萬富翁，正是該措施的受益者。

部份離岸金融中心的特徵見表6-10。各類型離岸金融中心稅收政策比較見表6-11。

表6-10　部份離岸金融中心的特徵

轄區	人口（2010年）	主要特徵
開曼群島	56,000	全球頂級的對沖基金的所在地，也是許多大銀行的所在地。
模里西斯	1,299,000	相鄰印度；與歐洲的離岸金融中心相比壓力小。
澤西島	93,000	靠近倫敦；離岸信託的天堂；沒有所得稅和資本利得稅。
盧森堡	507,000	堅決抵制歐盟的透明度要求；是在美國之後全球第二大共同基金市場。
瑞士	7,664,000	逃稅在瑞士是合法行為；全球第三大私人財富管理中心。
新加坡	5,086,000	區域性中心；連接西方離岸金融中心的紐帶。

資料來源：根據英國《經濟學家》資料整理。

表6-11　各類型離岸金融中心稅收政策比較表

	內外一體型		內外分離型	內外滲透型	避稅港型	
	倫敦	香港	紐約	新加坡	開曼群島	英屬維京群島
企業所得稅	小型微利企業：20% 一般企業：23% 石油企業：19%～30%	個人：15% 公司等法人／團體：16.5%	小型微利企業：8% 一般企業：9%	17%	NA	15%
個人所得稅	免徵額：9,440英鎊 累進稅率： 20%～45%	標準稅率：15% 累進稅率：2%至17%	累進稅率：10%至39.6%	免徵額：20,000新元 累進稅率：2%至20%	NA	免徵額：10,000美元 普通企業：14% 鼓勵投資領域：0
營業稅	NA	NA	3.5%至9%	NA	NA	NA
增值稅	零稅率 優惠稅率：5% 標準稅率：20%	NA	NA	NA	NA	NA
消費稅	菸、酒、博彩、石油產品。	NA	紐約州：4% 地方稅：最高為8.75%	7% 出口貨物和服務：0	NA	NA
印花稅	股票、不動產交易 商業物業：1%至4% 住宅物業：1%至15%	定額：3至100港幣 定率：0.1%至3.75%	NA	房地產轉讓和租賃、收購、抵押不動產及股票。	不動產交易：7.5至9% 擔保：1%至1.5%	國際離岸企業免徵。
關稅	0至30%	NA	企業在自貿區設廠可以不需要支付任何進出口關稅。	NA	20%	5%至20%
註冊費	NA	NA	NA	NA	NA	350至1,100美元

參考文獻

中文部份：

陳雨露，馬勇。《現代金融體系下的中國金融業混業經營：路徑、風險與監管體系》。北京：中國人民大學出版社，2009。
陳雨露，馬勇。《中國農村金融論綱》。北京：中國金融出版社，2010。
陳雨露，汪昌雲。《金融學文獻通論》。北京：中國人民大學出版社，2006。
陳雨露。《國際金融》（第三版）。北京：中國人民大學出版社，2008。
陳雨露。《國際金融學》。北京：中國人民大學出版社，2008。
陳雨露。《金錢統治》。南京：江蘇文藝出版社，2010。
李若谷。《國際貨幣體系改革與人民幣國際化》。北京：中國金融出版社，2009。
吳曉靈。《中國金融體制改革30年回顧與展望》。北京：人民出版社，2008。
吳曉求。《全球金融變革中的中國金融與資本市場——中國資本市場研究報告（2010年度）》。北京：中國人民大學出版社，2010。
弗雷德里克．S．米什金。《貨幣金融學》（第七版）。北京：中國人民大學出版社，2006。
伯南克，勞巴克，米什金，波森。《通貨膨脹目標制：國際經驗》。大連：東北財經大學出版社，2006。
冉生欣。《現行國際貨幣體系與人民幣匯率制度改革》。北京：中國財政經濟出版社，2007。
湯瑪斯．梅耶，詹姆斯．S．杜森貝里，羅伯特．Z．阿利伯。《貨幣、銀行與經濟》。北京：三聯書店，

1994。

葉輔靖等。《人民幣匯率形成機制研究》。北京：中國計劃出版社，2007。

尹豔林。《匯率：多軌合併與適度管制》。北京：中國財政經濟出版社，1993。

中國人民大學國際貨幣研究所。《人民幣國際化報告2014：人民幣離岸市場建設與發展》。北京：中國人民大學出版社，2014。

陳雨露，馬勇，李濛。〈金融危機中的資訊機制：一個新的視角〉。《金融研究》，2010（3）。

陳雨露，馬勇。〈金融危機應對政策的有效性：一個實證研究〉。《財貿經濟》，2011（2）。

陳雨露，馬勇。〈金融自由化、國家控制力與發展中國家的金融危機〉。《中國人民大學學報》，2009（3）。

陳雨露，馬勇。〈中國金融業混業經營中的開放保護與國家控制〉。《財貿經濟》，2008（3）。

陳雨露，馬勇。〈重新解讀現代金融體系：理論詮釋及基於中國國家稟賦的現實選擇〉。《貨幣金融評論》，2008（4）。

陳雨露。〈關於「後危機時代」國際貨幣體系改革的八點建議〉。中國人民大學國際貨幣研究所工作論文，2010。

陳雨露等。〈「後危機時期」的國際貨幣體系改革與中國戰略〉。中國人民大學國際貨幣研究所工作論文，2010。

何帆。〈人民幣國際化的現實選擇〉。《國際經濟評論》，2009（7-8）。

胡曉煉。〈人民幣資本項目可兌換問題研究〉。《中國外匯管理》，2002（4）。

黃達。〈人民幣的風雲際會：挑戰與機遇〉。《經濟研究》，2004（7）。

藍發欽。〈中國資本專案開放的測度〉。《華東師範大學學報》（哲學社會科學版），2005（3）。

李揚。〈國際貨幣體系改革及中國的機遇〉。《中國金融》，2008（13）。

馬勇，陳雨露。〈資本帳戶開放與系統性金融危機〉。《當代經濟科學》，2010（4）。
馬勇。〈金融結構、銀行發展與經濟增長〉。《財經科學》，2010（2）。
麥金農。〈世界經濟能夠承受美國減稅所帶來的影響嗎？〉。《金融與發展》，2001（6）。
王國剛。〈中國資本帳戶開放：經濟主權、重點和步驟〉。《國際金融研究》，2003（3）。
王元龍。〈人民幣資本項目可兑換與國際化的戰略及進程〉。《中國金融》，2008（10）。
吳念魯，楊海平，陳穎。〈論人民幣可兑換與國際化〉。《國際金融研究》，2009（11）。
向松祚。〈國際貨幣體系改革：思想和戰略〉。《國際貨幣評論》，2010（1）。
向松祚。〈美元本位制和浮動匯率「七宗罪」〉。《國際貨幣評論》，2010（4）。
袁水清。〈中國古近代貨幣史「之最」〉。《西安金融》，2003（9）。
巴曙松。〈人民幣匯率改革的多維思考〉。《西部論叢》，2005（9）。
戴相龍。〈中國今後幾年的貨幣政策〉。《國際金融研究》，2008（4）。
何啟志，何建敏。〈國債利率期限結構的實證分析〉。《統計與決策》，2007（24）。
李揚，余維彬。〈人民幣匯率制度改革：回歸有管理的浮動〉。《經濟研究》，2005（8）。
呂江林，汪洋。〈中國轉軌現階段貨幣調控基準利率的選擇〉。《武漢金融》，2004（4）。
呂江林。〈中國通貨緊縮的政策成因〉。《經濟研究》，2001（3）。
任兆璋，彭化非。〈中國同業拆借利率期限結構研究〉。《金融研究》，2005（3）。
孫麗。〈通貨膨脹目標制實踐經驗的國際考察〉。《當代財經》，2007（10）。
吳念魯。〈人民幣匯率形成機制改革的走向〉。《中國金融》，2010（7）。
徐洪才。〈應對人民幣匯率問題的中長期對策〉。《中國金融》，2010（8）。
余永定。〈人民幣匯率制度改革的歷史性一步〉。《世界經濟與政治》，2005（10）。

張曉雯。〈「從緊」貨幣政策解讀——訪中國社會科學院金融研究所所長李揚研究員〉。《中國黨政幹部論壇》，2008（3）。

朱世武，陳健恒。〈交易所國債利率期限結構實證研究〉。《金融研究》，2003（10）。

英文部份：

Benjamin and J. Cohen. "The Seigniorage Gain of an International Currency: An Empirical Test". *The Quarterly Journal of Economics*, 1971, 85 (3): 494 ~ 507.

Federal Reserve Bulletin. *Statistical Supplement to the Federal Reserve Bulletin*. 1984 ~ 2004.

IMF. Financial Stress and Deleveraging Macrofinancial Implications and Policy. *Global Financial Stability Report*. 2008.

J. A. Frankel. "No Single Currency Regime Is Right for All Countries or at All Times". *Princeton Studies in International Finance*, 1999, 215.

P. Hartmann. *Currency Competition and Foreign Exchange Market : The Dollar, the Yen and the Euro*. London: Cambridge University Press, 1998.

P. Hartmann. "The International Role of the Euro". *Journal of Policy Modeling*, 2002, 24: 315.

Hartmann Phillip. *Currency Competition and Foreign Exchange Markets: The Dollar, the Yen and the Euro*. London: Cambridge University Press, 1998: 35 ~ 39.

Ricardo Hausmann, Ugo Panizza, Ernesto Stein. "Why do Countries Float the Way They Float?". *Journal of Development Economics*, 2001 (12), 66 (2): 387 ~ 414.

IMF World Economic Outlook Database. http://www.imf.org/external/, 2008 (10) .

IMF Annual Report. http://www.imf.org/external/, 2006.

IMF Annual Report. http://www.imf.org/external/, 2007.

IMF. *International Financial Statistics*, 1981 ~ 2003.

P. Krugman. "Vehicle Currencies and the Structure of International Exchange". *Journal of Money, Credit and Banking*, 1980.

P. Krugman. The Eternal Triangle. http://web.mit.edu/Krugman/, 1998.

R. McKinnon. "The International Dollar Standard and Sustainability of the U. S. Current Account Deficit". *Brookings Papers on Economic Activity*, 2001: 227 ~ 240.

Ronald I. Mckinnon. "Optimum Currency Areas and the European Experience". *Economics of Transition*, 2002 (10): 343 ~ 364.

R A. Mundell. "Capital Mobility and Stabilization Policy under Fixed and Flexible Exchange Rate [J] ". *Canadian Journal of Economics and Political Science*, 1963 (11).

R. A. Mundell, Swoboda (eds.). *Monetary Problems of the International Economy*. Chicago: University of Chicago Press, 1969.

Pierre-Olivier Gourinchas, Helene Rey. "From World Banker to World Venture Capitalist: US External Adjustment and the Exorbitant Privilege". *NBER Working Papers with number 11563*, 2005.

R. Portes, Rey Helene. "The Emergence of the Euro as an International Currency". *Economic Policy*, 1998, 26 (2): 307 ~ 332.

D. Sandbeck, Bretton Woods. "The Forgotten Concept of International Seigniorage." *Economic Reform*, 2003.

國家圖書館出版品預行編目 (CIP) 資料

人民幣國際化：走向世界之路 / 陳雨露著. -- 第一版. -- 臺北市 : 風格司藝術創作坊, 2017.05
面； 公分
ISBN 978-986-94015-1-7(平裝)

1.人民幣 2.國際化

561.52 105025234

人民幣國際化：走向世界之路

作　　者：陳雨露著
責任編輯：苗龍
發 行 人：謝俊龍
出　　版：風格司藝術創作坊
106 台北市安居街118巷17號
Tel: (02) 8732-0530 Fax: (02) 8732-0531
http://www.clio.com.tw
總 經 銷：紅螞蟻圖書有限公司
Tel: (02) 2795-3656 Fax: (02) 2795-4100
地址：台北市內湖區舊宗路二段121巷19號
http://www.e-redant.com
出版日期／2017 年 07 月　第一版第一刷
定　　價／320 元

本書中文繁體字版由北京人民大學出版社獨家授權知書房出版社出版，中文簡體版原書名為《人民币读本》。

Knowledge House & Walnut Tree Publishing